KEARNEY

スケットゥ・ガンジー｜マイケル・F・ストローマー｜マーク・ラクナー
ティファニー・ヒッカーソン｜シェリー・ホー
監訳 濱口典久 A.T.カーニー シニアパートナー

最強の
サプライ
チェーン

VUCA時代を勝ち抜く
レジリエンスを高める
5つの方程式

東洋経済新報社

我々のクライアント、同僚、親愛なる人々へ

STRONG SUPPLY CHAINS
THROUGH RESILIENT OPERATIONS
5 Principles for Leaders to Win in a Volatile World
by Suketu Gandhi, Michael F. Strohmer, Marc Lakner,
Tiffany Hickerson, and Sherri He

Copyright © 2024 by A.T. Kearney, Inc. All rights reserved.
This translation published under license with the original publisher
John Wiley & Sons, Inc.
through Japan UNI Agency, Inc., Tokyo

原著序文――

混乱に負けず利益を創出する
「最強のサプライチェーン」

●日本企業の頭痛の種であるサプライチェーン

　サプライチェーンの概念が生まれたのは1980年代の米国だといわれている。当時の多くの論文では、ロジスティクス（物流）の概念との間に大きな差異はなかったが、1990年代になるとIT革命による情報通信技術の発達を受けて、サプライチェーンという概念が、調達・製造・物流・販売といった諸機能の間の連携、および多企業間における情報共有やパートナーシップの観点から再構築された。

　当時、アジア製の安価な商品に圧倒された米国の製造業界は、競争力維持のために生産プロセスの見直しだけでなく、一貫したサプライチェーン戦略の中で計画、実行、管理すべきであるという考え方が一般化した。その延長線上に、2010年代以降のIoT、ビッグデータ、AIによる革命的な変化も位置づけられる。

　サプライチェーンの概念と活動が日本企業にも一般化したのは1990年代以降のことであった。リーン生産方式で世界を席巻した日本の製造業が、生産だけでなくサプライチェーンの重要性に気づき始めたのがこの頃である。さて2020年代半ばの今日、日本企業にとってサプライチェーンは古くて新しいテーマである。

　伝統的に、日本企業の製造部門では現場での臨機応変なカイゼン活動が盛んであり、ノウハウが現場の奥深くでブラックボックス化する傾向にある。「社長より工場長のほうが偉い」といわれる大手企業も多い。また、調達や物流においては、「その気になればいくらでも買えるし運べる」という安定的な事業環境が長く続いていたので、あくまで製造優位なサプライチェーンをもつ企業が多かった。2000年代のグローバル化の時代にあっても基本的な構造は変わらず、日本でつくって輸出するか、または現地に日本と同様の方式のオペレーションモデルを持ち込んで複製すればよかった。

ただし、現代的なビジネス環境では、今までのやり方は通用しない。日本企業は、海外にビジネスモデルごと複製するのではなく、M&Aを通じて海外投資先との間でサプライチェーンを統合する必要性に迫られている。また、データ経営の時代においてオペレーションノウハウが現場の人の頭の中やエクセルの中にしかないような典型的な日本企業の状態は、リスクでしかない。データ経営の根幹であるITシステムにおいては、言語の壁に阻まれてグローバルな生態系とは異なる日本独自のそれを形成している。

物流2024年問題が起きたのは生産人口の減少だけではなく、90年代以降の段階的な規制緩和によって6万社の運送事業者が乱立し多重下請け構造になっているという、日本固有の事情も遠因となっている。また、日本の独特な商慣習も混乱を助長する。サプライチェーンの末端である消費者や小売セクターは、世界的に見て稀有なサービス品質をメーカー側に要求している。

これらに輪をかけて、東アジアをはじめとする地政学リスク、日本列島の地震リスク、偏西風と気圧配置による台風や豪雨のリスク、国土の7割を占める山地と急峻な河川がもたらす水害・土砂災害リスク。日本企業を取り巻くリスクの大きさとその増大は、今以上に調達や物流の分断をもたらすだろう。これらは、生産最適でなくサプライチェーン全体最適、ひいては取引先や顧客まで含めたバリューチェーン全体最適となるようなオペレーションの見直しを要請する。そもそも変化を読み切れないこと、よって計画し切れないことを前提とした、我々の言葉でいえば「センス・アンド・ピボット」、つまりリスクを早く検知して早く計画変更するためのITインフラと意思決定プロセス、そしてそれを使いこなすための組織スキルを備える必要性に迫られる。

現代の日本企業の経営者は、より複雑で、より予測不能な環境の中で、日本固有の難しさにも対応しなければならないのである。

◉不確実な世界とどうつき合っていくか

これまでの企業経営においては、製品やサービス、戦略、顧客が注目されてきた。一方で、それらすべてにまたがるサプライチェーンがなければ、企業は顧客に対して価値を提供できないのも事実である。

現在、日本だけでなく世界中で、サプライチェーンがますます企業の重要アジェンダとして注目されている。2020年代初頭の世界は、新型コロナウイルスによるパンデミック、または労働力不足、社会不安、戦争や紛争など、さまざまな社会事象によって、サプライチェーンが壊滅的な打撃を受けた。企業は当時サプライチェーンを再設計せざるを得なかったが、結果として、世界経済や世界の在り方そのものまで一変させた。現在でも、経営者やメディアはいまだにサプライチェーンが壊滅状態だと語る。パンデミックは、企業のサプライチェーンが抱える潜在的な脆弱性を浮き彫りにし、その多くが持続不可能なことを明らかにしたのだ。

2020年代初頭、なぜ世界のサプライチェーンにアジリティ（機敏性）やレジリエンス（弾力性）が十分に備わっていなかったのか？ 何十年もの間、企業は経営効率に着目し、コストを下げることに重点を置き、経営資源を注力してきた。リーン生産方式を主に人件費やその他コストの削減と解釈し、グローバル化による規模の経済を追い求め効率を最大化するあまり、エラーへの対応や冗長性についてはほとんど考慮してこなかった。自分たちの成功がいかに安定性に依存しているかを、十分に理解していなかったのだ。

今日、企業はVUCA[1]の世界でビジネスを行っている。つまり、変動性（Volatility）、不確実性（Uncertainty）、複雑性（Complexity）、曖昧性（Ambiguity）の高い世界である。感染症の流行、自然災害や異常気象の発生、港の閉鎖、近隣国からの侵略、テクノロジーやSNSの急速な進化など、世界情勢は刻一刻と変化しており、変動性はますます高まっている。また、それらのうち少なくとも一部は予測不可能に近く、不確実性も高い。一方で、調達組織の担当者は確実性を好む。「部品は明日の午前9時にここに届くだろう」という予測可能性を前提に仕事をしている。

しかし、不確実性の中でのマネジメントには今までとは異なるスキルが必要となる。また、サプライチェーンの構成要素は個別に状況が変化する上に、その多くは相互に依存していて複雑性も高い。当然、あらゆる不測の事態を考え抜いた、バックアッププランが必要となる。さらに、曖昧性とも闘わなければならない。たとえ情報が入手できたとしても、それを複数の方法で解釈することができるため、誤った結論に行きつくことさえあり得るからだ。

グローバル化の最盛期には、世界は常に安定に向かって進化していくものだと信じられていた。しかし、最近の出来事を考えれば、世界が再び安定化することを期待して待つのは悠長だといわざるを得ない。リーダーは不確実な世界においても、勝てる戦略を見出さなければならなくなったのである。

さて、近年ビジネスの世界ではレジリエンスが注目されている。それは、世界の危機にアンテナを張り続け、不測の事態を積極的に想定することで、自社が進むべき道を見通すための力である。たとえ、とある危機によって部品が納期に間に合わず、なおも影響は広がり続ける中で情報の解釈が困難であっても、レジリエンスを獲得していれば問題はない。プロセス、人材、システムのすべてがあらゆる事態に対処できるように構築されているからである。

●サプライチェーンにレジリエンスを装備するための 「5つの方程式」

レジリエンスはビジネスのあらゆる側面に適用されるが、2つの理由によって特にサプライチェーンにおいて重要となる。

第一に、前述のように、ほとんどのサプライチェーンは安定した世界を前提に構築され、市場の変動性が高まる中でも再構築されることはなかった——**低コストのサプライヤーに変更しよう。リスクはどせ小さいはずだ**——。しかし結局、我々は今、無視できないリスクにさらされている。収益の損失や顧客の喪失につながる在庫切れを恐れ、迅速な出荷のため在庫を過剰に備蓄すれば、コストは爆発的に上昇してしまう。また、絶え間ない対応によって従業員は目的を失い、ついには辞めてしまう。このような状況で、これらのリスクに効果的に対処できるようにレジリエンスを高めることができれば、むしろ競合他社に対して優位に立ち、市場シェアを獲得できるのだと我々は学んできた。

第二に、VUCAとサプライチェーンに注目する中、オペレーションの役割があらためて浮き彫りになった。20世紀初頭、企業は工場の組立ラインや工程を効率的に配置する必要があった。これがオペレーションの時代における、最大の成功の鍵だったのである。しかし、その後、20世紀のマーケティングとテクノロジーの進歩と世界経済

の成熟を経て、オペレーションの重要度は下がり、市場にある需要を起点とした適応戦略が主要な論点となった――**製造オペレーションはもう十分だ。これからは、どうやって宣伝するか話し合おう――**。

現在、我々は1つの重要な変化の真っただ中にいる。例えば先のパンデミックは、単にサプライチェーンの混乱を引き起こしただけではない。これから起こりうる大混乱を、我々に予見させたのだ。一部の企業は、グローバルネットワークを介した資材、現金、情報の流れを最適化することで、こうした混乱を乗り切るだろう。それは、従来のようにコストや広告、あるいは技術に着目し続けた場合よりも、はるかに大きな利益につながっていくことだろう。

この変化は経営陣にとってエキサイティングな機会でもある。しかし、このレベルのレジリエンスに到達するには、まったく新しいオペレーション戦略が必要である上に、多くの労力も必要だ。さらに、レジリエント・オペレーションを企業の中核に据える新しい考え方が必要である。むしろ、オペレーションによって企業戦略が形づくられ、レジリエンスが企業価値を創出するのである。

本書ではその方法論を示していく。中核となる「5つの方程式」を論じた上で、計画とその実践方法を示し、将来のリスクシナリオにどのように対応すべきかを議論する。本書のインサイトは、当社のクライアントとの取り組みから生み出されたものであり、その一部は当社の研究機関である KEARNEY Supply Chain Institute (KSCI) の記事も掲載している。各注記では、個別の業界や課題に特化したより詳細な分析にアクセスすることもできる。

本書は、レジリエント・オペレーションに関する「5つの方程式」に軸足を置く。

方程式① **供給基盤の強化**
供給危機に対するレジリエンスを獲得せよ。

方程式② **顧客価値起点のオペレーション**
需要危機に対するレジリエンスを獲得せよ。

方程式③ **新しい働き方と多様性の活用**
レジリエントな組織を構築せよ。

方程式④ **人間の判断力と人工知能の組み合わせ**
レジリエントな経営脳を強化せよ。

方程式⑤　サステナビリティによる武装

あくまで長期的なレジリエンスを確保せよ。

これらの方程式は、世界を驚かせる斬新なものというわけではない。実際、企業経営のプロフェッショナルの世界においては、過去から現代へと継承されてきたものだ。必要なことは、これらの方程式をオペレーション全体に適用することだ。これら5つの方程式の中から個々の企業に適したものを見出し、組み合わせることでレジリエンスを実現し、その先に待ち構えるいかなる混乱や危機からも弾力的に回復できる再生可能なオペレーションを構築し、サステナブルなビジネスを実現するのである。

第I部では、5つの方程式をどのように組み合わせれば、将来の収益性と成長を促進できるのか、その戦略を示す。第II部では、レジリエンスを実践する方法について、実際の企業での取り組み例とともに、さらにくわしく説明する。各方程式を実現するための戦略から戦術まで、それぞれ5つのアクションを提示している。そして、第III部では、将来的に想定されるリスクシナリオを示し、これらの方程式が不確実性の中でどのように企業の成功に貢献するかを示す。

これらの方程式は絵空事ではない。我々が語るビジネス変革はすべて、KEARNEY（カーニー）というファームの知見・経験の蓄積に基づいている。

KEARNEYのルーツは100年近く前、オペレーションの黄金時代にさかのぼる。創業者であるアンドリュー・トーマス・カーニー（Andrew Thomas Kearney）は、シャツの袖を捲り上げてクライアントの工場の中を歩き回りながら、当時企業が抱えていたオペレーションの問題に対処する手助けをしてきた[2]。その後継者である我々も、それ以来同じことを続けてきている。我々は、実際のクライアントの問題解決支援により知見を蓄積し続ける、現代のオペレーション愛好家のようなものだ。

本書はそうした我々の学びの蓄積を反映したものであり、読者のみなさまが本書を読むことで、みなさまの事業運営の一助となることを願っている。

最強のサプライチェーン ● 目次

原著序文——
混乱に負けず利益を創出する「最強のサプライチェーン」—— i

第 Ⅰ 部

オペレーション戦略を変革する「5つの方程式」—— 001

第 1 章
変化の激しい世界に求められる
レジリエント・オペレーション —— 003

§1 バリューチェーン全体のレジリエンス —— 003

§2 レジリエンスと競争優位性 —— 005

§3 レジリエンスは危機でこそ他社との差別化を可能とする —— 007

§4 現代的な世界ではオペレーションが利益創出の鍵 —— 008

§5 卓越したオペレーションをもたらす「5つの方程式」—— 012

COLUMN レジリエンスとリショアリング —— 014

§6 インサイトから「方程式」への昇華 —— 015

第 2 章

方程式① 供給基盤の強化:
供給危機に対するレジリエンスを獲得せよ —— 019

§1 サプライチェーン断絶を顕在化させた半導体の消滅 —— 019
§2 サプライヤーとの強固な関係がレジリエンスの源泉となる —— 022
§3 レジリエンスを築くエンド・ツー・エンドの観点 —— 025
§4 リショアリングが生み出すレジリエンス —— 028
COLUMN 事例:戦略的提携とリショアリングによる供給基盤の強化 —— 031

第 3 章

方程式② 顧客価値起点のオペレーション:
需要危機に対するレジリエンスを獲得せよ —— 035

§1 ファスト・ファッションからの教訓 —— 035
§2 顧客に対する価値創出の源泉に立ち戻って考える —— 039
§3 思考実験:ポートフォリオの簡素化を考えてみる —— 041
§4 顧客の声を起点としたオペレーション・デザイン —— 043
§5 需要変動の根源的な原因となる「因子」に着目する —— 045
§6 今やバリューチェーンとサプライチェーンは一体化している —— 046
COLUMN 事例:需要予測と製品設計による顧客価値の創出 —— 047

第 4 章

方程式③ 新しい働き方と多様性の活用:
レジリエントな組織を構築せよ —— 051

§1 CEOの成功=従業員の成功 —— 051
§2 レジリエンスを築くのは従業員1人ひとり —— 054
§3 パーパスと喜びがもたらすレジリエンスの強化 —— 056
§4 「規模の経済」から「スキルの経済」へ —— 059
COLUMN 事例:組織のスキルアップでレジリエンスを高める —— 062

第 5 章

方程式④　人間の判断力と人工知能の組み合わせ：
レジリエントな経営脳を強化せよ —— 065

§1　倉庫が示すテクノロジーの未来 —— 065

COLUMN　テクノロジーが倉庫を変える —— 067

§2　テクノロジーが生み出すレジリエンスの鍵＝透明性 —— 069

COLUMN　不当な悪評がついたブロックチェーン —— 071

§3　テクノロジーが可能とするレジリエントなビジネスモデル —— 072

§4　もちろん自動化はレジリエンスを強化する —— 076

§5　レジリエンスを強化させる「学習」プロセス —— 078

COLUMN　事例：エンド・ツー・エンドの透明性と需要予測を通し、
　　　　よりよい意思決定を行う —— 079

第 6 章

方程式⑤　サステナビリティによる武装：
あくまで長期的なレジリエンスを確保せよ —— 081

§1　化学業界が示したこと：サステナビリティがもたらす広範な影響 —— 081

COLUMN　なぜESGは、政治トピックではなく、戦略なのか —— 082

COLUMN　サステナビリティ戦略か？　それとも、サステナブルな戦略か？ —— 087

§2　サステナビリティは施策ではなく価値観である —— 088

§3　サステナビリティによってもたらされたレジリエンスの例 —— 089

§4　サステナビリティ戦略がもつもう1つの側面 —— 094

COLUMN　事例：新たなパートナーシップとテクノロジーによるサーキュラリティの
　　　　実現 —— 096

第 7 章

戦略に対する「5つの方程式」の適用 —— 101

COLUMN　レジリエンス構築の目的をより明瞭にする「問いかけ」 —— 103

第 II 部

戦略から実行へ:
「5つの方程式」の実践 —— 107

第 8 章
サプライヤーとの協働で供給危機に
対するレジリエンスを構築せよ —— 109

§1 複数サプライヤーによるバックアップ体制で長期的なコストを
削減する —— 109

§2 サプライヤーとの協働で「コスト削減を超えた」最適化を目指す —— 113

COLUMN 9時から5時までの指定配達時間は必要か? —— 115

§3 サプライヤーと戦略的パートナーシップを締結する —— 116

§4 サプライヤーの関係と管理範囲を拡張する —— 119

§5 リショアリング・ニアショアリングで地産地消を実現する —— 122

第 9 章
顧客のためのオペレーション体系を
つくり上げ需要危機に備えよ —— 125

§1 顧客の声に真摯に耳を傾ける —— 125

§2 データ・アナリティクスによって顧客接点と需要予測を拡充する —— 128

COLUMN 航空会社の評判が変わる —— 129

§3 顧客価値起点で製品ポートフォリオを再編成する —— 132

§4 オムニチャネル戦略は危機のときこそ顧客価値を守り続ける —— 136

COLUMN パンデミック時のトイレットペーパー不足とオムニチャネルの課題 —— 138

§5 顧客との密接な関係によって「地産地消」を発展させる —— 140

COLUMN　中国へのリショアリング？ —— 142

第 10 章

「スキルの経済」を高め、
レジリエントなチームを育てよ —— 145

§1　従業員の声に耳を傾ける時間をつくろう —— 145
§2　多様なバックグラウンドをもつ人材を採用する —— 148
§3　足りない能力に焦点を当てた研修カリキュラムを構築する —— 150
§4　グローバル規模での人材交流と知見共有 —— 152
§5　個々人のパーパスの集合体で企業文化をつくる —— 155

第 11 章

テクノロジーの可能性を解き放つ、
学習と共有、そして協働 —— 159

§1　AIとデータ分析力の「フライホイール」 —— 159
COLUMN　完璧で正確なデータ？ —— 161
§2　スマート・マニュファクチャリングからヒントを得る —— 165
§3　サプライヤーや顧客との情報共有を進めることで
　　バリューチェーン全体を強化する —— 167
COLUMN　より効率的な外科手術 —— 169
§4　自動化技術でオペレーション上のリスクを軽減する —— 170
§5　データの有用性を高める外部パートナーとの提携を模索する —— 172

第 12 章

サステナビリティを受け入れて
長期的なレジリエンスを確保する —— 177

§1　チームや取引先のコンプライアンス遵守を確実にする —— 177
§2　サプライチェーン全体のサステナビリティリスクを軽減する —— 180

§3 サステナビリティを重要なビジネス指標に昇華させる —— 183

COLUMN　メルク社のサステナビリティ価値ツール —— 184

§4 定量化できるサステナビリティ目標を定める —— 187

§5 循環型ビジネスモデルを通じて「ループ」を閉じる —— 189

COLUMN　循環型プラスチック経済 —— 191

第 III 部

展望:
将来のシナリオに適応するための
レジリエンスの活用 —— 195

第 13 章
不都合で不確実な将来シナリオ —— 197

§1 シナリオの作成 —— 197

§2 シナリオ1：長い冬 —— 200

§3 シナリオ2：90年代の通常状態 —— 201

§4 シナリオ3：適者生存 —— 202

§5 シナリオ4：持つ者と持たざる者 —— 203

§6 シナリオと戦略 —— 205

第 14 章
「5つの方程式」に関する事例研究 —— 207

§1 製薬・ヘルスケア業界 —— 208

§2 テクノロジー業界 —— 212
§3 製造業界 —— 214
§4 小売・消費財業界 —— 217

第 15 章

数々の変革事例が示した共通の「勝ち筋」 —— 221

第 16 章

オペレーション変革の前に 向き合うべき「問い」 —— 223

COLUMN あえて小さなスタート —— 225

注 —— 227

謝辞 —— 247

監訳者あとがき —— 251

索引 —— 254

会社概要 —— 260

著者紹介 —— 262

監訳者紹介 —— 264

第 I 部

オペレーション戦略を
変革する
「5つの方程式」

　「レジリエンス」という言葉を慎重に定義しなければ、単なる流行
語に終わってしまう。実際、「リーン」という過去の概念は、本来は
組織経営全体に深く適用されるべき概念であるにもかかわらず、あら
ゆる場面で断片的・表面的に誤用されるようになってしまった。

　レジリエンスとはリスクに耐える能力のことである。

　そのリスクはさまざまな形態（供給／需要、内部／外部、短期／長期など）で
現れる。また、リスクに耐えるための形態も、透明性の向上、予測精
度の向上、バックアッププランの拡充、意思決定の迅速化など、さま
ざまである。レジリエンスの獲得は容易ではない。

　しかし、ひとたびレジリエンスの高い組織となれば、将来的な成功
確率がずっと増すはずである。第Ｉ部では、オペレーションのレジリ
エンスを強化するための「5つの方程式」を議論する。まず、なぜオ
ペレーションがこれほど重要なのか、そして、なぜ今がオペレーショ
ン変革の好機であるのか、について見ていこう。

第 1 章

変化の激しい世界に
求められる
レジリエント・オペレーション

　新型コロナウイルスのパンデミックは、ひとつの時代の終わりを告げた。また、パンデミックの影響が供給・労働市場に波及する一方で、さらに地政学的対立の激化や気候危機がますます犠牲を増やしている。

　我々は、第二次世界大戦以降最大のグローバル経済再編の真っただ中にいる。産業革命、インターネットの普及、オフショアリングへの移行などをはじめとする過去の変革と同様、この新しい環境について唯一たしかなことは、過去数十年の経済状況よりも不安定だということである。企業は変化し続ける外部環境に必死に対応する中で、ビジネスには柔軟性が必要であると認識しつつある。それはすなわち、レジリエンスの獲得なのである。

Section 1 / バリューチェーン全体の レジリエンス

「**レジリエンス**」とは、困難から素早くかつ弾力的に立ち直る能力のことである。

ただし、変化の激しい世界においては、以前の状態に立ち戻ること＝回復を必ずしも意味しない。なぜなら、以前の状態そのものが、そもそもの混乱の原因となっているためである。世界は決して「元通り」にはならない。新たなビジネスの現実において、もはや正常な状態など存在しない――そこにあるのは絶え間ない混乱だ。そのため、企業はサプライチェーンのあらゆるつながりを積極的に強化することで、あらゆる困難に迅速に適応できるようにする必要がある。そのためには、ビジネス、財務、その他の戦略を組み合わせた明確なオペレーション戦略が必要である。広範で激しい変化が、企業を経営の基礎に立ち返らせている――我々の組織のオペレーションはどのように機能し、どのように効果的に適応できるのだろうか？

　企業に課せられたこの新たな課題は、グローバル・バリューチェーンの根本的な再構築につながっていく。「リーン生産方式」という概念は、コスト、効率性、信頼性、レジリエンスのバランスをとるという当初のビジョンにおいてはいまだに重要であるが、絶対的なものではもはやない[1]。現在まで、コスト削減一辺倒の旧態依然とした姿勢

図表1-1　サプライチェーンとオペレーションはともにバリューチェーンの一部

AI／ML等のデジタル技術　｜　顧客・市場分析　｜　製品ポートフォリオ　｜　計画　｜　サプライヤー　｜　製造　｜　物流　｜　配送　｜　顧客サービス

出所：KEARNEY

は、硬直的でもろいオペレーションをもたらした。パンデミック後の世界では、より敏捷で、より柔軟でサステナブルなオペレーションへの変革が必要である。

オペレーションとサプライチェーンの定義は自明にも思われるが、その関係を少し整理したい（**図表1-1**）。

企業はまず、市場で顧客に何を売りたいかを考え、製品とポートフォリオを企画し、その製造を計画する。サプライヤーは製造拠点に製品を供給し、物流部門は製品を顧客に配送する。狭義には、サプライチェーンはこの図の真ん中の2つのセグメント、すなわちサプライヤーと製造の間だけかもしれない。一方で、サプライチェーンとこれらのオペレーション活動はバリューチェーン全体における構成要素であり、やはり重要性が高い。よりレジリエントで、より敏捷なサプライチェーンの構築により、バリューチェーン上すべてのステップにおいてもレジリエンスを高めることができる。コストやパフォーマンスだけでなく、変化に対する適応力、柔軟性を高めることができる。

Section 2 / レジリエンスと競争優位性

従来のグローバル化の時代では、オペレーションのレジリエンスは必ずしも重要ではなかった。当時は、顧客志向や革新的な製品こそが企業の競争優位性を生むことが多かった。オペレーションは差別化要因というより、むしろ企業戦略全体の実現手段とみなされていた——顧客の好みに合った製品をできるだけ早く届ける。革新的な製品を設計・製造するために必要な資材を得る。コストを低く抑えるため可能な限り効率を追求する——。

もちろん、オペレーション戦略を差別化要因として活用する企業もあった。多くの場合、その目的は、コストリーダーシップの構築やリードタイムの短縮によって他社と差別化したいというものであった。

例えば、1970年代、フェデックス社（FedEx、当時はFederal Express）は、

ほとんどすべての荷物をメンフィスまで空輸し、そこからまた配送するという当時としては斬新なアイデアで配送に革命を起こした。1980年代、トヨタ（TOYOTA）は当時の強大な米国の自動車メーカーに対し、トヨタ生産方式をはじめとする独自のオペレーションを武器に急成長を遂げた。1990年代、ウォルマート（Walmart）は緻密に組み立てられたオペレーションによって、全国の消費者に低価格で商品を提供しながら、同時に利益創出を目指した。要するに、オペレーションは利益と成長の源泉であったのである。

一方で、現代は世界的な混乱の激化により、かつてない規模でサプライチェーンが崩壊している。

基本的に余裕のある資源をもって安定的に供給できたグローバル経済から、その逆の「不足の経済」へと移行しつつある。ただし、重要な資材は魔法のように消えたわけではない——新たな課題は資材の「分配」にある。例えば、パンデミックとそれに関連する労働力不足により、輸送システムは崩壊した。日本では物流2024年問題がさらに輪を掛けた形である。その結果、重要な資材を予定通りに届けることができなくなった。また、貿易障壁や関税は、世界的な自国産業保護の意識の高まりとともに増大の一途をたどっている。エネルギー不足や気候変動による製造停止や価格高騰が世界中で発生している。こうした影響は、ある地域や時間に限定されず、構造的なものであるため、今後世界で恒常的な資材不足をもたらす可能性がある。今言えることは、世界の供給市場がますます不安定になりつつあるということだ。

あなたの会社は、単なるコストの最適化を超えた卓越したオペレーションを構築し、こうした状況に対応できるだろうか？　そうであれば、物流能力を確保し、重要なサプライヤーを特定・開拓し、値上げや供給危機に備えた計画を立てられるだろう。そして、この混乱の中でも成長し、レジリエンスが低く衰退する競合他社を引き離すことができるはずである。しかしそれができるのは、これまで需要開拓に掛けた情熱と労力を、供給能力の発展にも同程度またはそれ以上費やした場合に限られる。

Section 3

レジリエンスは危機でこそ
他社との差別化を可能とする

　2020年代において我々はすでに、労働力、資材、物流能力、エネルギーにわたる危機を経験している。2020年初頭に世界が直面した資材不足は、単純に中国の工場の一時的な閉鎖によるもので、生産の再開によって供給危機も終わることを人々は期待していた。

　しかし、実際には、パンデミックは世界中の工場や港、物流センター、その他の必要不可欠な機能の閉鎖までも引き起こし、サプライチェーンは危機的状況になった。さらにウクライナ戦争が勃発し、穀物や天然ガスの世界的な流通にまで影響を与えた。また、米中の緊張の高まりは、供給拠点にリスクをもたらした。そして気候変動は目に見える形で、より甚大な影響を及ぼすようになった。

　このようにして突然、世界における複雑性が急激に増したのである。半導体は手に入らなくなった。レアアースや医薬品のサプライチェーンは、その高い環境負荷や劣悪な労働条件などから環境・社会・ガバナンス（ESG）目標と衝突した。港は混雑し、脆弱なシステムにより全体が不安定化した。これに対し、サプライチェーン担当者がクリエイティブな解決策を見出しても、**大量離職**（Great Resignation）や仕事に対する関与度を抑える**静かな退職**（Quiet Quitting）が当たり前となった世界では、優秀な人材こそ燃え尽きてしまう可能性もあった。

　このように複数の危機が同時発生したことは、単なる偶然や不運によるものなのだろうか？　これらは新たなリスクとして「把握」しているだけでよいのだろうか？　我々は、これらの危機はむしろより根深い問題を示していると考える。ほとんどの企業のオペレーションは、これほどの変動に対応できるように設計されていない。だからこそ今、企業のオペレーションモデルを変えるときなのである。

　オペレーション変革は、ハードルは高い分、見返りも大きい。レジリエンスの高いオペレーションは、企業の中核に据えて実行されることで、企業に利益創出と成長をもたらす差別化要因となりうる。2020年以降、我々 KEARNEY は、レジリエント・オペレーションを実践

する企業が、異次元の財務リターンを得るのを目の当たりにしてきた。具体的には、製品のセグメンテーションや倉庫内のオペレーションの改善など、手ごろな施策によって、EBITDA（税引前利益に、特別損益・支払利息・減価償却費を加算した指標）を数ポイントも向上させている。

本書は、そのようなオペレーション変革の方向性を示す手助けをするものである。変革をより広範にとらえ、企業全体で統合的に取り組むことの利点を示していく。我々が企業の広範な変革における支援で見てきたように、真に変革すればEBITDAの二桁成長でさえ達成可能なのである。

さて、企業はどのようにそうしたリターンを達成するのだろうか？その答えは、より広範な企業戦略の変革、企業自身の変革、そして変革を推進する人材のキャリア改革、の三本の柱にある。

Section 4 現代的な世界では オペレーションが利益創出の鍵

賢明なCOO（Chief Operations Officer、最高オペレーション責任者）の多くは、すでにオペレーションにおけるレジリエンス向上に取り組んでいる。2022年のKEARNEYの調査では、56%がレジリエンスを経営課題における最優先事項のトップ5に位置づけている。また80%近くが、意思決定プロセスにレジリエンスを組み込んでおり、主要業績評価指標（KPI）として定量化している。そして85%近くが、リショアリング（企業が一度海外に移していた製造工程を、コスト最適化やリスク軽減などの目的で再び自国に戻すこと）、ニアショアリング（企業が製造工程を自国から近い国や地域に移すことで、目的はリショアリングと概ね共通）、またはオフショアリング（企業が製造工程をコスト削減や市場開拓、リソースの観点から遠方の国や地域に移すこと）によって、製造フットプリントをきめ細かく変化させている。インフレに対応するために、半数以上は単なる顧客に対する価格転嫁ではなく、既存のサプライヤーと提携しデザイン思考による解決策を模索している[2]。

図表1-2が示すように、オペレーションのリーダーはオペレーショ

図表1-2　バリューチェーン全体でのレジリエンスの向上が可能

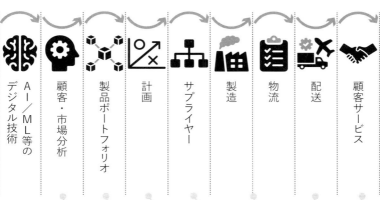

	AI/ML等のデジタル技術	顧客・市場分析	製品ポートフォリオ	計画	サプライヤー	製造	物流	配送	顧客サービス
変革前		・結果指標（売上、客数等）の分析 ・事後的、受動的な分析	・SKUの簡素化	・関連性の弱い需要・供給計画	・サプライヤーに対する低い透明性	・資材の製造、輸送状況に関する低い透明性	・マニュアルでの供給計画、スケジュール作成	・顧客接点に対する低い透明性
変革後		・需要指標の分析 ・事前に変化を感知	・部品の共通化、モジュール化	・需要・供給計画の統合	・サプライヤーの透明性向上	・最適化された調達計画 ・調達の透明性向上	・供給計画、スケジューリングの自動化	・顧客価値の向上（コミュニケーション改善、透明性向上）

出所：KEARNEY

ン変革に取り組むことで、バリューチェーンのどの段階においてもレジリエンスの向上が可能である。

なぜこれら企業はレジリエンスを重要視しているのか？　第一に、パンデミックによって企業はサプライチェーンをその場で再構築せざるを得なかったが、結果的に今では再構築したことによる利益を実感している。そこで、何とかパンデミックを乗り切った再構築後のサプライチェーンを、恒常的な仕組みにしようとしているのである。パンデミック当時ではその場限りのレジリエンスを生み出すのみであったが、今こそ企業に深く構造的なレジリエンスを浸透させるときなのである。

第二に、COOを配置するような企業のリーダーは、オペレーションこそが現代における利益創出の鍵であることを実感している。言い換えれば、オペレーション戦略だけでなく、企業の価値観をも変革することの重要性に気がついたのだ。過去、冷戦末期頃には、多くの企業が「グローバル化」こそ利益創出の鍵だと考えていた——サプライチェーンを低コストの地域に移転させたり、新興経済圏で新たに裕福になった消費者に製品を販売したりすることもできる——。こうした動きは、利益を押し上げるという点で価値があった。しかし、それは同時に、かつて共産主義であった地域が開放されたことにより、新たに労働力と消費者が手に入るようになったという、外的な変化への対応でもあった。実際に企業の価値観にも変化をもたらしていたのである。結果的に、利益を追求する株主の要望をより強く意識したコスト重視の姿勢や、グローバル化による顧客ニーズの多様化への対応につながっていた。加えて、その結果として優秀な従業員にグローバルでのコラボレーション機会を提供できたかもしれない。このような経験から、人々は価値観の変化はよいことであり、必要なことだと考えている——というのも、最終的に利益創出につながっていたからだ。

企業は常に利益創出を目指している。しかし、1990年代後半にインターネットを経由する必要があったように、時には外的な変化によって利益創出までの道のりにわずかな「ずれ」が生じることもある。2008年の金融危機の後、財政管理による遠回りが必要となったように、その道中で妨害されることもある。このようなタイミングで価値観を適応させなかった場合——つまりデジタルの世界でアナログ的な経営をしようとしたり、2010年代に1990年代の簿記で経営をしよう

としたりする場合——あなたの会社は災難に見舞われただろう。

今日までに起きた無数の混乱は、リスクの考慮と対応よりも発展を優先させた我々に対し、そのリスクが顕在化したことで起きた事象であるともとらえられる。我々はかつて、カオス理論を意識することなく流通システムを構築し、例えばパンデミックや自然災害、紛争や内乱、文化の変化など予期せぬ事象がどのように脅威となりうるかを十分に考慮せずに経済の前提を構築し、また炭素の燃焼がもたらす影響を無視して輸送や電力システムを構築した。しかし今、我々は過去よりもより多くの知見をもっているはずであり、適応していくべきなのである。

現在、世界の最貧国52カ国の新型コロナワクチン接種率が6%であることから、将来再びパンデミックが発生する可能性があることを我々は認識している（そもそもパンデミックはいまだ終わっていないともいえる）。世界的な公的債務の対GDP比規模は、2020年には97%に達し、債務危機や経済回復における他リスクをはらんでいる。所得格差の拡大による社会的結束力の低下も懸念される。また、気候変動リスクはすでに顕在化しており、洪水、山火事等の異常気象はその最たるものである。このような高リスクな世界で無駄のない経営を行おうとすれば、企業は将来的に窮地に陥る可能性が高い[3]。

一方、こうした危機は、レジリエンスの高いオペレーションによって競合他社に対し差別化を図ることができると、市場シェアを獲得する機会ともなり得る。これにより、あなたの事業は予期せぬ成長を遂げるだろう。例えば、

- 顧客の近接にオペレーションを移しリショアリングに取り組む中で、コスト削減につながる新たな設計方法を発見する。
- データ分析や人工知能（AI）を活用し、顧客の声を組織全体に届けることで、より賢明でかつ迅速な意思決定を可能にする。
- サステナビリティを企業の基本理念とし企業の全機能とサプライチェーンに導入することで、新たな顧客獲得と新たな成長につながるサステナブルなデザインを発見する。

このような利益拡大を実現させるためには、変革に対する企業の全面的なコミットが必要だ。レジリエント・オペレーションを核に、会

社を変革しなければならない。もちろん、その具体的な方法はそれぞれの企業によって異なるだろう。しかし、レジリエンスを高めるオペレーション変革には基本的な5つの方程式があり、これらを組み合わせて使うことで、企業にこの新しいVUCAの世界での成功をもたらすだろう。

Section 5　卓越したオペレーションをもたらす「5つの方程式」

　レジリエンスの高いサプライチェーンとは、企業の内外で何が起きているかを検知し、その変化に対し迅速かつ継続的な適応が可能であるサプライチェーンを指す。我々は**センス・アンド・ピボット**（Sense

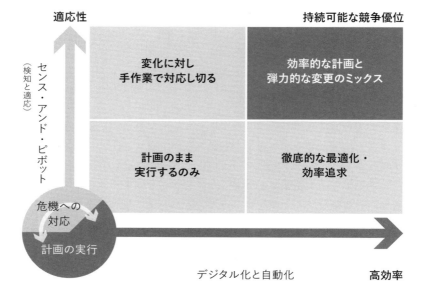

図表1-3　センス・アンド・ピボット

出所：KEARNEY

& Pivot）という言葉を好んで使う（**図表1-3**）。

　まず、外部からのシグナルを**センス（検知）**する——需要の変化や供給不足が起きつつあるかもしれない——。そして、そのシグナルをもとに今度は社内でピボット（適応）させる。変化により適合するようにその場その場で計画と戦略を適応させるのである。すなわち、事前に立てた計画の範囲内・範囲外の双方に対して適応し、弾力性を発揮できる仕組みなのである。また同時に、デジタル化や自動化の能力を高めることで適応スピードと効率の向上も図ることができる[4]。

　実際、KEARNEYはレジリエンス・ストレス・テスト（Resilience Stress Test）という、地政学、サプライヤー、アウトバウンド・ロジスティクス（出荷物流）など8つの指標にわたるレジリエンス指標からカスタマイズして企業のパフォーマンスを調査するサービスを数多く提供している[5]。企業はレジリエンス構築の取り組みに優先順位をつけ、加速するためのツールとしてこのテストを利用している。また、企業のパフォーマンスはコスト、キャッシュ、サービス、レジリエンス、およびサステナビリティという5つの指標を観点として分析されている。

　その他、我々は、計画プロセスにおける欠陥、特定の海外地域に対する過度の依存、製造プロセスにおける柔軟性の欠如など、自社の弱点を特定し攻略することを奨励しており[6]、そのため、時にリショアリングを選択することもある（コラム「レジリエンスとリショアリング」参照）。

　ピボット（適応）は、あるサプライヤーから別のサプライヤーへの転換というように、サプライヤーのみが対象だと考えられがちである。しかし、ピボットはバリューチェーン全体のあらゆるリスクに対応する上で重要となる。例えば、ニューヨーク発のアイウェアブランドのユニコーン企業であるワービーパーカー社（Warby Parker）は、オンライン顧客が同じ眼鏡だがデザインの異なるものを複数注文し、気に入らないものを返品することを奨励した。これは顧客の観点でのピボットを促進した例である。他にも、例えば製薬会社などでは物流の進歩や崩壊を想定し、オムニチャネルの実現に向けた投資を行うことで、チャネル間のピボットが可能となるように備えておくのもよいかもしれない[7]。

COLUMN
レジリエンスとリショアリング

　リショアリングとニアショアリングは、レジリエンスの高いオペレーションとどのように関連するのか。多様なリスクが顕在化したことで、より自国に近い場所で事業を展開したいと考える企業が増えてきた。もしあなたも共感するようであれば、レジリエンスやピボットに関する我々の考え方に疑問を感じるかもしれない。

　たしかに、リショアリングが極めて重要であることには同意する。人々が以前考えていたほど、いまやグローバル・サプライチェーンは信頼できない。変化が激しい現在の世界においては、遠く離れた地域や不確実な政治情勢に依存することは大きな問題だ。レジリエンスを追求しようとすると、オペレーションのリショアリングやニアショアリングを進めることになるだろう[8]。

　しかし、どの業務をリショア化するのか？　すべては不可能だ。検討にあたりそれぞれメリットとリスクをよく考えなければならない。我々の主張である、従来企業はコスト削減を重視「しすぎていた」とは、コストの重要性を否定しているのではなく、他の要素とのバランスをとる必要があると言っているのだ。そして、それらの要素をうまく盛り込む最良の方法は、レジリエント・オペレーションだと考えている。

　例えば、10％のコスト削減は調達部門にとってはよいことだが、混乱や供給不足によって売上の10％を失うリスクを負っての達成であれば、それは割に合わないかもしれない。もちろん、そうしたリスクを定量化するのは難しいが、リスクが増加することは明らかだ。最低限、リスクを分析する必要があるのはたしかであり、そこでレジリエンスの観点が役立つのだ。

　このように、本書が紹介する各方程式は、リショアリング／ニアショアリングの決定に役立つだろう。方程式を取り入れることで、供給危機あるいは需要危機、またはその両方に対するレジリエンスを高めることができるため、オペレーションにおけるある機能の拠点変更を決断する一助となるかもしれない。リショアリングには、よりよいチ

ームの構築、技術の発展、サステナビリティの強化、あるいはこれら
のオプションのすべてに役立つ／まったく役立たない可能性が、いず
れも存在する。

重要なのは、ただリショアリングしておきたいという願望から検討
を始めるのではなく、賢明な意思決定につながる方程式を用いた体系
的な検討から出発すべきということである。リショアリングという手
段を目的化させてはいけない。真に必要なのは、レジリエントなオペ
レーションの実現をサポートするためのリショアリングである。

本書は、レジリエント・オペレーションを可能とする方程式をより
戦略的な観点から解説したものである。読者の組織個々の状況に合わ
せて分析を行うことはできないが、我々が学んだことをより一般化し
たコンセプトとしてお伝えすることはできる。我々が伝えたいことは
明確だ——企業はオペレーションのレジリエンスを高めなければなら
ない。それはどのような企業でも実現可能であり、やがては企業に優
位性をもたらす——。

Section 6 インサイトから「方程式」への昇華

レジリエント・オペレーションの構築は明確に可能である。そのた
めのツールは、総合的なリスクオペレーションモデル、ソフトウェア
パッケージやAIソリューション、透明性へのコミットメント、そし
て昔ながらの人間の創意工夫などがある。しかし、それだけで構築で
きるわけではない。企業のリーダーがオペレーション上の課題に自ら
取り組み、手腕を発揮してはじめて実現するのである。

何が課題であろうか？　我々はオペレーション全体に対する調査結
果から、投資対効果が最も期待できる分野を特定した。それは、レジ

リエント・オペレーションの基本部分から、特に混乱が起きている分野、または企業が特に成長を見せている分野の、いずれにもなり得る。そして、それらは最終的に、サプライチェーン、顧客、従業員、テクノロジー、サステナビリティのいずれかに集約される。これらの中には重複するものもあり、また、原理原則があらゆる状況に当てはまるわけではない。本書の目的は、VUCAの世界と関わるための哲学を示すことである。実際に企業戦略を立てる際には、これらの分野をまずは直感的かつ慎重に選定し、最終的に組み合わせることになるだろう。

　我々は、これらの分野にてこれまで獲得した学びを「5つの方程式」に集約した。これらは決して新しいものではない（し、そうあるべきでもない）。その価値はレジリエンスを必要とするリスクの高いビジネスに適用することから生まれるのである。

　以下がその5つの方程式である（**図表1-4**）。

方程式① **供給基盤の強化**
　　　　供給危機に対するレジリエンスを獲得せよ。
方程式② **顧客価値起点のオペレーション**
　　　　需要危機に対するレジリエンスを獲得せよ。
方程式③ **新しい働き方と多様性の活用**
　　　　レジリエントな組織を構築せよ。
方程式④ **人間の判断力と人工知能の組み合わせ**
　　　　レジリエントな経営脳を構築せよ。
方程式⑤ **サステナビリティによる武装**
　　　　あくまで長期的なレジリエンスを確保せよ。

　それぞれの詳細と実際にレジリエンスを導入している企業の事例について、あわせて後の章で説明する。どの事例も、**あるひとつの方程式を中心に据えているが、時に複数の方程式がどのように組み合わさっている**のかも示している。なぜなら、オペレーション変革は何か単発のアクションで実現されるものではなく、いわば「旅」のようなものだからである。単に、社内に対しオペレーションにより集中するようにと指示するだけではない。

　また、ユニークな製品や構造的なコスト優位性、顧客との強力な関

図表1-4　レジリエント・オペレーションの実現に向けた5つの方程式

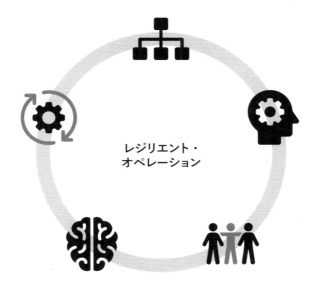

供給基盤の強化
供給基盤を強化することで、供給危機に対するレジリエンスを高める

顧客価値起点のオペレーション
顧客価値起点のオペレーションを活用することで、需要危機に対するレジリエンスを構築する

新しい働き方と多様性の活用
新しい働き方や多様性の利点を活用して、レジリエントなチームをつくり上げる

人間の判断力と人工知能の組み合わせ
人間の判断力と人工知能を組み合わせることで、テクノロジーを通じてレジリエンスを実現する

サステナビリティによる武装
サステナビリティを取り入れることで、長期的なレジリエンスを確保する

出所：KEARNEY

係性など、これまでの強みを放棄することもなく、むしろそうした強みは（そして潜在している強みも）変革を導くであろう。変革の最中は、驚くような脅威や、乗り越えるのが不可能に思えるような試練に直面するだろう。また、変革を実施すると決めた自分の判断に疑問を抱くこともあるだろう。そして変革が終わりを迎えるときには、始めたときとは異なる企業の姿になっているに違いない。しかし、そうした困難を乗り越えれば、大きな成功を収めることができるはずである。

　さあ、飛び込もう！

第 2 章

方程式① 供給基盤の強化：
供給危機に対する
レジリエンスを獲得せよ

Section
1

サプライチェーン断絶を
顕在化させた半導体の消滅

　自動車用半導体の事例こそ、サプライチェーンのパンデミックによる断絶を示す最たる例かもしれない。

　新型コロナウイルスによるパンデミックが発生したとき、新車の需要が事実上なくなった。自動車メーカーは経費節減と労働者保護のため、工場の閉鎖と注文のキャンセルを余儀なくされた。サプライヤーも、ティア（Tier）2サプライヤーも同様に工場を閉鎖し、その影響はコンピューターチップに必要なシリコンウェハの製造拠点にまで及んだ。そして生産再開時も、工場の生産能力が通常レベルに戻るまで時間を要したため、半導体のサプライヤーは特にはじめは収益性の高い製品の生産に注力し、中でも当時需要が拡大していた家電と4G/5Gネットワークに対応した。そのため、2020年第4四半期に新車需要が突然急増すると自動車メーカーは必要な半導体を調達できず、ほぼすべての企業が生産縮小を余儀なくされた。新車の在庫は70％も減少し、急増した需要に対し部品の調達と生産が追いつかず、販売台数は

54%も減少した[1]。

　この状況は、リーン生産方式のあらゆる弱点を突いていた。自動車メーカーは在庫を減らすことでコストを削減していたが、最終的に在庫切れに陥った。サプライヤーから最後の一銭まで搾り取ろうとしたが、自分たちの首も絞めていた。リスクを川下から川上へと押し上げたが、その結果リスクは川下のいたるところに広がってしまった。

　当事例における欠陥は個々の企業にではなく、システムにあった。

　問題の1つは、半導体という製品があらゆるもの（自動車のマイクロコントローラーからドアロック、高度なオートマチック・トランスミッションからシートヒーターまで）に搭載される中、さまざまなティア1、ティア2のサプライヤーをもつ自動車メーカーでさえ、上流では同じ半導体サプライヤーに依存していたことである。

　もう1つの問題は、自動車メーカーが、より新しく優れた300mmウェハよりも、コスト効率と信頼性に優れた旧デザインの200mmウェハの半導体を好んだことである。言い換えれば、自動車メーカーの硬直した技術仕様が、半導体メーカーにとっては優先度の低い旧式製品への依存を招いていたのである。しかし、技術仕様が非常に複雑なため、実際に自動車メーカーが新デザインの半導体に切り替えることは困難であった。

　第3の問題は、半導体のサプライチェーンが、複雑で地理的に分散していたことである。多くの半導体はその製造過程にて、国境を70回以上越え、地球3周分の距離を移動している。

　過去これまでに、こうした自動車メーカーのサプライチェーンの脆弱性が顕在化しなかったのは、自動車メーカーがサプライヤーに対し強大な力をもっていたためである。しかし、このパワーバランスは、自動車デザインの複雑化とデジタル化で半導体メーカーに対する依存度が高まったことで逆転した。

　例えば、テスラ社（Tesla）の最近のThe Tesla Model 3では、2017年のモデルよりも平均して3.5倍もの半導体が使われている（テスラ社は自前での半導体生産に踏み込んだことで、供給危機を一部回避できていた）。また同時に、特に200mmウェハの半導体に対する需要も、IoT製品開発に取り組む他企業の参入によって拡大していた。加えて、半導体メーカーは、米中の政治的緊張、物流の混乱、テキサスでの吹雪、日本での工場課題、そして製造プロセスに不可欠なネオンガスの供給を制限するウク

ライナ戦争など、比較的「普通の」サプライチェーン問題とみなされるような課題にも直面した。

自動車メーカーは、意図的に在庫保有量を縮小させ、注文から生産、販売までのリードタイムを短くしていたため、限られた範囲でしか対応できなかった。サプライチェーンにおける各リスクと責任を転嫁していたサプライヤーの行動に大きく依存していたのである。さらに悪いことに、一部の自動車メーカーではサプライチェーンの透明性に欠けており、ティア1のサプライヤーが必要な製品を供給できないことを迅速に気づけなかった[2]。

しかし、自動車メーカーを責めてはならない。これは少なくとも自動車メーカー「だけ」の問題ではない。真の問題は、こうした危機的状況に対応するための適切な選択肢がほとんどないシステムであったことである。

問題は、システム自体が脆弱であることで、大規模から小規模、医療から地政学リスク、半導体やその他小さくても不可欠な資材に関するどのような危機によっても断絶されてしまう可能性があることなのである。

これはまさにレジリエンスの欠如だ。企業は、災害や感染症流行、戦争や内乱、予期せぬ需要急増など、こうした近頃では当たり前になっている「予期しなかった」危機への対応に苦慮している。次の供給危機に対するレジリエンスを構築する1つの方法は、もろいサプライチェーンを再構築し、危機によって「折れる」のではなく柔軟に「曲がる」ようにすることだ。リスクを単一のサプライヤーに集中させるのではなく、サプライチェーン全体に分散させるのである。

一方で、当時の自動車メーカーの惨状に対して、半導体危機の影響を遅らせた自動車メーカーがある。それはトヨタだ。リーン生産方式やジャスト・イン・タイムの在庫管理で知られるトヨタだけに、意外に思われるかもしれない。しかし、2011年の東日本大震災の後、トヨタは在庫を2倍に増やし、またサプライヤーとの密接な連携によって、半導体などの重要部品は最大4カ月分の在庫を確保していた。しばしば誤解されるが、トヨタのリーン生産方式の解釈は、コスト削減というよりも、サプライチェーンを注視することに重きが置かれ、潜在するリスクの特定とその影響の最小化に取り組むことでもあった。実際には、トヨタは危機を完全には回避できず、供給不足の長期化に

よって最終的に他の企業とともに影響を受けた。しかし、その初期対応は多くの競合他社よりもレジリエンスがあることを示していた[3]。

トヨタの例が示すように、混乱に対処するには、レジリエンスを強化する必要がある。しかし、混乱は実に多様なため、必要なのは部分的なレジリエンス強化ではなく、すべてのオペレーションにまたがるレジリエンスの哲学を醸成することである。企業は、硬直的で低コスト体系のサプライチェーンから利益を絞り出すのではなく、各サプライヤーが提供する価値やリスクに応じ、よりレジリエントなエコシステムを構築する必要がある。

Section 2 / サプライヤーとの強固な関係が レジリエンスの源泉となる

レジリエンスの向上には、まず「価値の源泉」であるサプライヤーの見方を変えることから始めるべきである。サプライチェーンを、特に意味のない個々から構成されるものとみなすのではなく、サプライヤーをパートナーとしてとらえるのだ。強靱なサプライヤーがいなければ、レジリエント・サプライチェーンを構築することはできないからだ。

サプライヤー・リレーションシップ・マネジメント（SRM）について話していると思うかもしれない。これは部分的には正しく、部分的には間違っている。答えはイエスでもありノーでもある。サプライヤーとの関係は重要で、その関係は管理によってより強固なものになる。SRMに対し、これはサプライヤーが価格をあと4％下げるまで引き下がらないといった、コスト削減を目的とした狭義の取り組みと考えている人もいるようだが、それはリレーションシップではなく、虐待である。サプライヤーによっては、そのサプライヤーが生み出す価値の大きさ、貴重さからコスト削減をあえて求めない戦略をとってもよく、これもSRMの取り組みの一部になる。どのような関係もそうであるように、SRMは相手サプライヤーの強みや問題を深く理解すること

を含んでおり、そのためには必要に応じ企業幹部レベルでのコミュニケーションも想定されるだろう。

　例えば、業務用キッチンを製造するラショナル社（RATIONAL）は、サプライヤーとの緊密な協働により、KEARNEYの「ファクトリー・オブ・ザ・イヤー」プログラムの2022年総合部門を受賞した。ラショナル社のSRMは、技術、品質基準、そしてサプライヤーとの長期的な信頼構築に重点を置き、その結果、サプライヤーが自ら進んで相互に有益な投資を行っている。ラショナル社のサプライヤー・フィットネス・プログラムは、自社とサプライヤーがともに成長を遂げるためのものなのである。例えば、ラショナル社がサプライヤーに対し生産量の拡大を求める場合、ラショナル社から専門家を派遣して生産の最適化とその実行を支援し、すべてのステークホルダーにとってサステナブルな仕組みとすることを保証している。

　あなたのサプライヤーは設計を手伝ってくれるだろうか？　あなたのサプライヤーは、あなたの会社のチームや他のサプライヤーのチームと、積極的に協働しているだろうか？　逆に、あなたは賢明で有益な意思決定に必要な情報を、サプライヤーに十分提供しているだろうか？　こうした質問を通して、あなたの会社はリレーションシップの中にいることを自覚したはずである。協働状況や透明性、満足度のような指標を管理することこそ、SRMの核心なのである[4]。なぜか？あなたの企業はコスト削減ではなく、価値の源泉であるサプライヤーが生み出すその価値を最大化する必要があるためだ。

　我々は「コストに注目するな」といっているのではなく、「コストだけに注目するな」といっている。例えば、ある世界的な食品企業が包装コストの削減を決定した際、包装サプライヤーとBOM（Bill of Materials、各材料と製品の関係を示した部品・材料リスト）や詳細なコスト構造までも共有した。その結果、コスト削減だけでなく、部品や材料の使い方や加工方法を工夫することで、今よりも包装のサステナビリティを向上させるアイデアがサプライヤーからもたらされ、実現に向け共同で検討を進めることができた。

　実際、特に主要なサプライヤーは価値の源泉以上の存在、すなわちパートナーであるべきなのである。あなたの会社がレジリエンス向上を目指す上でサプライヤーの協力を求めるのであれば、こうした新しい考え方が必要である。そのときサプライヤーと築かれるのは取引関

係ではなく、むしろ信頼関係である。その信頼を築くためには、あなたの会社のリーダーが必要な時間と資金を投資する必要がある。信頼とは常に双方向のものであるのだ。

- あなたの会社がサプライヤーの危機を救うことができれば、サプライヤーもまたあなたの会社の危機を救ってくれるだろう。
- サプライヤーから、あなたの会社の販売・オペレーション計画（S&OP）の詳細を確認したいと頼まれるかもしれない。これは、あなたの会社のS&OPに問題があると、それはサプライヤーの生産稼働の計画にも狂いが生じ、結果その代償はサプライヤーが払うことになってしまうためである（価格はあらかじめ決められているため、こうした予期せぬコスト増加は価格転嫁できず、利益率が下がる）。しかし、それまでに築き上げた信頼関係から、このサプライヤーはあなたのS&OPに口出ししたいわけではないと、あなたが確信できていれば問題はないだろう。そして、たとえS&OPの内容や精度に問題を抱えているとしても、それをあらかじめサプライヤーと共有し、発注に影響が及んだ場合の対応策をともに検討できていれば、信頼関係をさらに高みに導くだろう。
- あなたはサプライヤーに帳簿を見たいと頼むかもしれない。これは、あなたがサプライヤーの課題を理解し、その解決にあたってあなたがどのようにサポートできるか検討したいためである。例えばその帳簿からサプライヤーのあるコストが高止まりしていると判明した場合、あなたはサプライヤーの製造工程を精査し、過剰なスペックを生み出している工程の改善を提案することができる。これに対しサプライヤーが、あなたが帳簿を見ることによってさらなる値下げ交渉に取り組む意図がないと信頼できていれば、問題はないだろう。

すべてのサプライヤーとこのようなことができるわけではない。あなたの会社のエンジニアがサプライヤーの現地に赴いたり、最高調達責任者（CPO）がサプライヤーの最高経営責任者（CEO）、時には双方のCEOが面会したりする必要があるため、これは数百万ドル規模の契約を結ぶ大口のサプライヤーに限られるだろう。ここで、カテゴリー・マネージャーではなく、CPOやCEOが出向くメリットは、長期契約を結べる可能性があることである。また、まず大口のサプライヤ

ーとこうした信頼関係構築に努めることは、他のサプライヤーに対するあなたの会社の姿勢にもよい示しとなり、結果としてサプライヤー全般と協力的な文化を確立することができる——このような新しい姿勢・文化を醸成するのはまさにトップリーダーの仕事である。

　ここでのレジリエンスとは、サプライチェーン内のつながりを強化することだ。主要なサプライヤーとの信頼関係構築がサプライヤーの強化につながり、強化によってレジリエンスが構築される。サプライヤーがレジリエンスに富んでいれば、将来の危機発生時も生き残ることができ、他の顧客に乗り移ろうという誘惑に駆られることもない。そうすれば、当然あなたの会社も生き残ることができる。

Section 3 レジリエンスを築く エンド・ツー・エンドの観点

　サプライヤーとのパートナーシップでは、単に製品スペック等の仕様だけでなく、「ストーリー」の共有も重要だ。

　サプライヤーはその資材が最終製品にどのような価値をもたらすか、「エンド・ツー・エンド」の全体像を把握するべきである。ここでの「エンド・ツー・エンド」とは、ある製品のサプライチェーンのはじめから終わりまでを意味しており、「自分が生産する資材や部品が最終的に誰にどのような価値をもたらすのか」、または反対に「自分が販売する商品は、どのようなステークホルダーがかかわって自分の手元まで届いているのか」といった観点をもつことである。例えば、あなたが自動車メーカーであるとして、サプライヤーである鉄鋼メーカーがあなたの技術仕様を理解していれば及第点を達成できている。しかし、もしその生産者が真のパートナーとして、あなたの顧客がおしゃれなデザインを求めていることまでも理解できていると、そのおしゃれなデザインの実現をサプライヤーとしてサポートしてくれるかもしれない。

　同様に、仮にあなたがアップル社（Apple）でiPhoneをつくっている

としたら、サプライヤーにはアップル社が提供している価値とそれより上のものがどういうものであるかを理解してもらう必要があり、さもなければ、――**アップル社は力のある会社だから、アップル社の言う通りにしていればよい**――となりかねない。サプライヤーは、iPhoneがエンドユーザーにもたらす価値（例：落としても割れないガラス）までを理解すべきなのである。そうすれば、サプライヤーの自らの意思決定にアップル社にとってのメリット・優先事項を組み込んでくれるはずである――**うちのエンジニアがガラスを薄くする方法を発見した！　アップル社に教えてあげよう！**――。

　しかし、サプライヤーはどのようにエンド・ツー・エンドの全体像まで知り得るのだろうか？　答えは、あなたの会社の調達チームからである。調達チームの作業は従来、市場、コスト、価格などの調査、つまり「机上調達」にとどまっていたが、今や調達チームはサプライヤーとその製品を熟知する必要がある。具体的には、調達チームは、**サプライヤーがあなたの会社に対し、またあなたの会社が顧客に対し「どのように価値を創造しているか」について理解している必要がある**。こうした知見は、サプライチェーンの協働、開発、リエンジニアリング、その他の変革を可能にさせる。この2つの価値創造（サプライヤー⇒あなたの会社、あなたの会社⇒顧客）を完璧に理解できていれば、業界の常識を根本から覆すことができるはずである[5]。

　言い換えれば、今や調達チームのカテゴリー・バイヤーはそのカテゴリーの真のマネージャーでなければならない。エンド・ツー・エンドの全体像を把握するには、コスト削減余地のみに焦点を当てるのでは不十分であり、市場全体を理解する必要がある――技術は何か？　何がユニークなのか？　各サプライヤーの特徴は何か？――（詳細については第8章で説明する）。こうした変革をうながすためには、調達チームに適切な目標とインセンティブを設計することが重要である。

　例えば、ある産業用機器メーカーがケーブルのサプライヤーを切り替える機会に、当時のカテゴリー・マネージャーは単なる25％のコスト削減以上のことに取り組んだ。マネージャーは、エンジニアにケーブルの使用方法、材料費、総コストについて聞いたところ、より安価なケーブルは平均して4年で壊れうるにもかかわらず、当メーカーが生産する現製品には5年保証がついていることを知った。したがって、サプライヤーの切り替えを取りやめ、既存サプライヤーとコスト

削減を協議することで、当メーカーはレジリエンスを獲得した。しかし、もしこのマネージャーに与えられたインセンティブがコスト削減規模のみを対象としていたならば、同じ行動および意思決定をしていただろうか？

　また、サプライヤー管理は調達チームだけの仕事ではない。企業全体が、レジリエント・サプライチェーンについてエンド・ツー・エンドで考えなければならない。例えば、調達部門が代替材料を検討する際、その材料の品質等の妥当性を判断するためには研究開発部門からのサポートが必要である。また、その代替材料を正式に採用するには、製造部門のサポートのもと試験を行うことも必要となる。

　さらに、レジリエント・サプライチェーンには予測不可の事態に対応するために、権限委譲された分散型の意思決定が必要かもしれない。例えば、ある遠隔地の輸送レーンに木が倒れた場合、その地域の調達に影響が出るが、その情報が意思決定する経営層に届くまでに時間を要してしまい迅速な対応をとることができない可能性がある。

　特に日本においては、こうした情報伝達スピードの遅さは階層型組織によるところが大きい。現場レベルや調達担当者が得た情報は、経営層に伝わるまで何層もの伝達を経る必要がある。特に不都合な情報であると、大ごとになる前に担当者レベルで何とか取り繕おうとすることによって、経営層までなかなか情報が届かない。こうした重階層の組織にもかかわらず、各層がもっている情報や取り組んでいる状況も可視化されておらず、情報の中身を正確に把握することも極めて困難である。一方、日本企業では現場のオペレーションレベルが高いことも事実である。東日本大震災などの自然災害発生時は、経営層からの指示を待つことなく、現場が自力で、今自分たちが何に取り組むべきか、何を優先すべきか検討し、先に動き出すような事例も多々見られた。

　こうした環境下では、単にあらゆる権限を現場に委譲するのではなく、ある程度現場にガバナンスを利かせながらもそのフットワークを重くしない程度の部分的な権限委譲が最も効果的かもしれない。

　実際、現代のサプライチェーンは非常に複雑化しており、資材の調達から消費に至るバリューチェーン全体をコントロールする力をもっているプレーヤーは1人もいない。もはや従来のようなサイロ化されたアプローチでは管理できず、プレーヤー全員がより協働する必要が

ある。下層サプライヤーから技術プラットフォーム、生産者、流通業者まで、すべてのステークホルダーが、予測のためのデータ分析を導入し、サプライチェーンを最大限可視化させる必要がある。変化する需要と供給と、上流から下流に至るまで隠れたリスクを把握できる状態にする必要があるのだ[6]。

これこそが、本書がサプライヤーの**エコシステム**とその強化を説く理由である。サプライチェーンという言葉は、広く周知された便利な言葉だが、内包される意味は変わってきた。(1) もはや工場に届く資材ではなく、最終顧客に至るまでのバリューチェーンを把握する必要があり、(2) バリューチェーンは、**「チェーン」**という**言葉が示すような弱いつながり**ではなく、相互依存関係が意識される「エコシステム」として管理されるべきである。

Section 4 / リショアリングが生み出すレジリエンス

リショアリングがこれほどホットな話題であるにもかかわらず、なぜこの章ではまだ取り上げていないのかと不思議に思われる方もいるかもしれない。

たしかに、リショアリングはリスクを減らし価値を生み出すことができる素晴らしいものだ。実際に我々がおつき合いしている企業の約40％は、調達や製造の一部をすでに自国市場の近くに移しているか、今後3年以内に移す予定だという。しかし、当然コストがかかるため、すべてをリショア化することはできない。何をリショアするのかを考える際には、より広範なレジリエンスの考え方が必要なのである。それでは、リショアリングはこのサプライヤーのエコシステムとエンド・ツー・エンドの考え方とどのように関連するのだろうか?

まず、トレードオフについて整理したい。リショアリング（あるいは価値観を共有する国のサプライヤーを利用するニアショアリングやフレンド・ショアリング）には、物流面、戦略面、ブランドイメージ面でのメリットがある。し

かし、リショアすることによって労働力に対するコストが拡大し、安価でなおかつ製造に関する専門性をもつ人材を採用することは難しい。また、リショアによって二酸化炭素排出量は必ずしも減らない。輸送による排出量は削減できるが、自国に近い場所で新たに工場をつくる必要があるかもしれない。第5章で述べるように、テクノロジーはその助けとなるが、そのテクノロジーにも投資が必要である――では、どこに最初に投資すべきなのか?

答えは、より新しく、より利益率の高い製品のリショアリングが優先されるべきである。利益率の高い製品（医療機器など）は、より複雑であることが多い。つまり、そうした製品はリショアリングによって、自国に新しい技術を蓄積させることができる。また、利益率が高いということは、遠く離れたサプライチェーンの混乱によるリスクも大きくなる。そして、輸入関税コストの削減や、リショアリングに対する補助金制度の活用が可能であれば、リショアリングはますます魅力的な選択肢となる[7]。

リショアリングは多くの場合、地理的に分散したサプライチェーンが包含するリスクへの対処が目的であり、複数地域に分散させるマルチローカル（地域分散型）・サプライチェーンの構築を目指すことを明確に目標設定すべきである。

サプライチェーンはグローバル・ガバナンスを介してつながってはいるが、**地域分散型ではある地域で、同じその地域のためにモノをつくる、いわゆる地産地消の実現を意味する**。地域的な自給自足を目指す企業もあるだろう。例えばヨーロッパは、各地域の供給と需要が互いにつながった経済圏ともいえる。また、既存のサプライチェーンを維持しつつ、ターゲット顧客に近い場所に拡張性のある新たな生産拠点を構える方法もあるだろう。また、両方のアプローチを両立させる企業もある――つまり、収益性が高く少量生産向けの資材については需要地に近い場所での生産（マルチローカル・アプローチ）を、一方大量消費向けの資材についてはコスト最適化のためにグローバル・サプライチェーンを利用する方法などである――。

しかし、ここで重要となるのは、新たにリショアリングする設備には、自動化、最先端の生産革新、サイクルタイムの短縮、顧客との近接性など、従来とは異なる新たな強みが何かしら必要だということである。また、利益率が低いことでリショアリングの優先順位では低い

製品であっても、今後市場シェアを拡大させドミナント戦略を目指すのであれば、優先的にリショアリングを行うという意思決定もあり得る。いずれにせよ、低コストの国にあるものを、自国に近い場所に移すだけではただコストが増大するだけであり、レジリエンスを創出することにはならない。

こうしたサプライチェーンのあるべき姿は業界によって異なる（**図表2-1**）。あなたの会社のサプライチェーンがいかに複雑か、いかに資産集約的であるか、そして重要な部品や資材をどこから調達しているかが戦略検討の鍵となってくる。例えば、ハイテク産業や半導体に見られる、収益性確保には高い稼働率の維持が重要である自動化工場をもつ企業では、稼働率を下げうる冗長性を確立するのは難しくなる。また、既存のサプライヤーが地理的に集中している状況であれば、特に自動車業界などでは組立工場をそのサプライヤーの製造拠点の近くから移転させることは困難である。さらに、医薬品のような規制が厳しい業界であれば、生産拠点の移転と、移転にあたり必要な許認可の取得が難しく、膨大な時間を要する。リショアリングの決定は、エン

図表2-1　業界ごとのリショアリング判断マップ

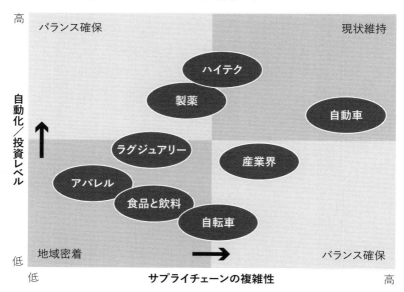

出所：KEARNEY

ド・ツー・エンド・ネットワークの（再）設計と連動させるべきなのである[8]。

エンド・ツー・エンド思考をサプライチェーンに取り込むこととは、サプライチェーンを従来の**硬直化およびサイロ化したモデルから、アンチェインド（Unchained）と表現されるようなモデルへ移行**させることを意味する。アンチェイン（Unchain）とは、境界を減らす、あるいはなくすことである。サプライチェーンを語るときに「アンチェイン」と言うと逆説的に感じられるかもしれないが、アジリティ（あとで説明するように、多くの場合テクノロジーで実現される機敏性）を上乗せして柔軟性を得ることで、サプライチェーンは予測できない混乱に耐えるだけでなく、その混乱から学び、より賢く、より強くなることができる（コラム「事例：戦略的提携とリショアリングによる供給基盤の強化」参照）[9]。それこそがレジリエンスだ。

COLUMN

事例：戦略的提携とリショアリングによる供給基盤の強化

ある企業は世界中に何十もの工場をもっていた。資材の多くは単一のサプライヤーから調達しており、特に東南アジアへの依存度が高かった。同社はサプライチェーン全体の不安定性に加え、新型コロナウイルス、地政学・自然災害などの潜在的リスク、さらにはサステナビリティや調達における倫理的責任、資材のトレーサビリティを懸念していた。

まず、そのサプライチェーンの構造と関係性を整理し可視化することから始めた。そのために最も末端の部品メーカーや素材メーカーをも含めた複雑なデータベースを構築した。特定の部品に施される表面処理はどの会社が行っており、その会社はどこにあるのか？　隣接するゴム部品に使用される潤滑剤を製造している会社はどこか？　その組み立てには、近々生産が終了してしまうような部品は使われているか？　それらの情報を収集することで、重要な課題を特定することが

できた。

　この整理にはティア2、ティア3のサプライヤーも対象としていたため、同社はティア1のサプライヤーと緊密に協力しながら実施する必要があった。そうでなければ、供給危機の可能性を知ることができないからだ。資材が1つでも手に入らなくなれば、同社は製品をつくることができなくなる。しかし、多くの場合、代替のティア1サプライヤーを見つけても、そのティア1サプライヤーもまたティア2サプライヤーの生産に依存しているため、同社が資材を調達できるようになるとは限らない。

　健全な協力関係を構築するため、同社は長期で取引しているティア1サプライヤーと信頼を築いた。例えば、同社のビジネスの方向性と優先順位をサプライヤーと共有し、その実現に向けてサプライヤー側の効率をさらに向上させるにはどのような変革が必要かを議論した。

　シンプルな製品については、取引するサプライヤーを多様化させた。少なくとも2つ以上の地域で生産工程を確保するようにした。サプライチェーン全体で複数のサプライヤーによるバックアップ体制の構築に取り組んだ。予期せぬ混乱からの回復力を高めるため、事前に計画を立てた。供給不足を早期で警告するシステムを開発した。備蓄が必要な資材を特定した。

　第二の供給源を見つけることが困難な資材も一部あった。そこで同社は、そうした資材のサプライヤーに対してより理解を深め、関係をさらに深めることに努めた。問題を抱えていたサプライヤーもいくつかあった。例えば、あるサプライヤーは人件費や資材費の高騰に直面し、近いうちに債務超過に陥る可能性があった。そこで同社は、サプライヤー・フィットネス・プログラムを開始した。

- 第1段階：サプライヤーの銀行に対し取引内容の意向や条件を提示し、同社が保証を提供することで、サプライヤーの信用格付けを向上させた。
- 第2段階：サプライヤーとティア2サプライヤー間の臨時交渉をサポートし、当サプライヤーのコストが上昇することを可能な限り回避できるようにした。
- 第3段階：さらなるコスト削減のため両社が共同で材料と工程の見直しを図った。結果、別の材料への変更や、製造工程の合理化に取

り組むことにつながった。

第 **3** 章

方程式② 顧客価値起点のオペレーション：
需要危機に対する
レジリエンスを獲得せよ

Section 1 ファスト・ファッションからの教訓

　どんな業界も、その内部にいる者にとっては魅力的だ。しかし、時にはある業界が最初に変革を遂げ、その結果、他の業界にも影響を与えるようなことが起きると、変革を遂げたその業界が魅力的になることもある。

　2002年から2017年まで、世界のアパレル産業の年平均成長率は8％だった。世界の繊維製品の売上高は、2002年の約1兆ドルから2015年には約3兆ドルに成長した。その間に、衣料品の年間売上は60％増加した[1]。この爆発的な成長は、企業がより安く衣料品をつくることができるようになり、また世界中の人々が衣料品により多くのお金を使えるようになったためといえる。フォード・モーター社（Ford Motor Company）を設立したヘンリー・フォード（Henry Ford）が、フォード社の従業員さえも自らの給料で買うことができる車をつくったのと同じように、世界のアパレル産業はコストを削減し、顧客層の拡大を実現させたのである（この事例は、環境・社会・ガバナンス（ESG）の観点で恐ろし

い問題を引き起こしたという負の側面もあり、これについては第6章で取り上げる）。

　しかし、これは伝統的なリーン生産方式による成功事例とは異なる。実際、爆発的な成長の原動力となったのは、顧客志向の価値創造における革命だった。

　もちろん、従来からアパレルブランドは顧客が着たいと思う服をつくるために、常に顧客志向であり続けてきた。しかし、従来の商品開発サイクルは24カ月という厳格なスケジュールで行われていた。ファッションデザイナー、つまりアーティストがデザインを生み出し、ランウェイショーや一流メディアの一面を飾るような、華やかなオートクチュールの世界で発表される。そして、長い時間をかけ流行可能性が見込まれたファッションが、ハイエンドから**一般大衆向けへ**、ファッションデザイナーの閉鎖的な世界から利益を生む小売の世界へ、デザインからオペレーションへ、アイデアから利益へと移り変わっていくのである――。

　一方、ファスト・ファッション企業はそのすべてを破壊しアパレル産業に革命を起こした。ZARA（ザラ）、H&M（エイチ・アンド・エム）、Topshop（トップショップ）、Primark（プライマーク）といったファスト・ファッションの先駆者ともいえる企業は、デザイナーではなく顧客を中心に事業を展開した。革命の初期、ファッションショーなどのイベントであるデザインが顧客の中で人気が明らかになると、ファスト・ファッション企業は、そのデザインに近いものを迅速かつ安価に生産できるオペレーションを確立した。ファスト・ファッション企業の効率的なオペレーションは、従来よりずっと早く顧客のニーズを実現したのである。

　その後、これらのブランドは決まったシーズンごとではなく、継続的に新商品を発表するようになった。ZARAは、週に何百もの新商品をごく少量ずつ提供することもある。これは世界で最も気まぐれといわれるアパレル産業の顧客と、完璧にマッチすることがわかった。顧客は頻繁に買い物する中で、数量限定で来週には手に入らないかもしれないという、商品がもつ稀少性に惹かれたのである。これらの顧客は、従来の熟練ファッションデザイナーによるしがらみやスケジュールにほとんど関心はなく、また服に対する好みは一夜にして変わってしまうものであったのだ。

　一方、このような顧客の行動や心理も、それによって商品のライフ

サイクルが必然的に短くなることも、みなが前から知っていた。では、なぜ伝統的なブランドは24カ月という長いサイクルで新商品を開発し、製造していたのだろうか？　これにはそれまでの歴史的背景が深く関連している。

　アパレル産業では、顧客が次にどのようなデザインに惹かれるか予測することが非常に難しいことから、オートクチュールのイベントに依存せざるを得なかったこと、顧客がみな同じテレビ番組を見るような時代で、テレビCMなどのマス広告によって商品のライフサイクルを延ばすことができたこと、技術が原始的であり従来のやり方に対し発展余地がほとんどなかったこと、などである。しかし、業界の破壊者となったファスト・ファッション企業は、競合他社よりも先に、外部環境の変化が新たな競争優位性をもたらすことを見抜いていた。

　こうして、1990年代から2000年代初頭で迎えた、リーンでグローバル化されたサプライチェーンの最盛期というタイミングでも、破壊者であるファスト・ファッション企業は迅速な対応ができるサプライチェーンへとシフトしていった。例えば、ZARAはコンピューターによる生地裁断のような資本集約的なオペレーションに投資することで差別化を図り、またこれを外注せずに内製で実現させた。縫製など労働集約的な業務はスペインのガリシア地方にある本社近くの縫製業者たちに外部委託した。アジアの縫製業者のほうが安かったが、顧客のファスト・ファッションへのニーズに応えるために、輸送時間が長くコストもかかるアジアの縫製業者は見送ったのである[2]。

　革命を起こすことと、その後も革命の先陣を走り続けることはまた別のことだ。2000年代初頭以降、また新たなイノベーションによって、ファッションブランドは顧客の理解を深め、そのインサイトを活用してオペレーションも変えることができた。例えば、実店舗をもたないで、ウェブサイトから直接販売した。毎週数百にとどまらず、数千もの新商品を発表した。また、ファッションウィークのブロガーではなく、ソーシャルメディアのインフルエンサーから需要やトレンドの変化を検知するようになった。加えて、マーケティングでは、従来のような雑誌出版ではなく、インフルエンサーを起用した。こうした**オペレーションにおける変化は、ウルトラ・ファスト・ファッションと呼ばれる**こともある。

　このようなイノベーションは、新たなチャンスを生んでいる。例え

ば、ファッションショーのモデルではなく、マイクロインフルエンサーに焦点を当てれば、ビッグサイズの商品やその他のニッチ分野でのビジネスチャンスに出会うことができる。低コストの実現よりも、変化するトレンドに迅速に適応できることをサプライチェーンの強みとすれば、突然のスタイルの変化にも対応できる。また、実店舗への依存から脱却すれば、たとえ感染症の流行や災害により急遽すべての店舗が閉鎖されるような事態となっても影響を最小限にできる。

　パンデミックはファスト・ファッションの終焉をもたらしたという人もいた。しかし、実際Primarkのようなブランドは、数十億ドルもの在庫を抱えたまま売れずに立ち往生した一方で、オンラインだけの新興企業Boohoo.com（ブーフー・ドットコム）は成功を収めた。結局のところ、パンデミックは人々が服を買う場所（店舗からウェブサイトへ）と服を着て人に見せる場所（パーティーからInstagramへ）を変えただけで、ファッションを楽しみたいという欲求を変えたわけではない。今や顧客は、パンデミックによる外出自粛の状況に合わせ、パーカーやスウェットパンツなどをベースとしたおしゃれを追求している。ウルトラ・ファスト・ファッションの新興企業は、ファスト・ファッションの先駆者よりもさらに顧客重視の姿勢が強く、変化に迅速に適応でき利益を創出するバリューチェーンをもっている[3]。

　ファスト・ファッションの大きな教訓の1つは、顧客のニーズを中心に事業を構成することの重要性だ。低コストの実現や、伝統的なビジネスのやり方の維持、また最も才能のあるアーティストやデザイナーの要求に応えることでもない。この教訓は、直感的にわかりやすいものの、実行するとなると非常に難しい。しかし、加えてこの教訓には、明白ながらさらに困難な別の教訓も埋もれている。こうした顧客ニーズを中心に据えたオペレーション変革は、一度だけやればいいというものではない、ということである。ファスト・ファッションのモデルを店舗に導入し、そのモデルをそのまま永遠に維持できればいいというわけではない。常に顧客のために行動し、必要な変革を実行し続けることが必要なのである。

　ファスト・ファッションのような革命は、どの業界にも起こりうる。あなたの顧客は、ファスト・ファッションの顧客ほど気まぐれではないかもしれない。しかし、それでも顧客というものは気まぐれだ。結局のところ、人間なのである。エミリー・ディキンソン（Emily

Dickinson）が書いたように、"The heart wants what it wants"（心は自分が本当に望むものを望む）のである。このことをあなたの会社の営業チームやマーケティングチームはすでに知っていて、顧客の心にできるだけ近づくよう努力しているはずである。こうした営業とマーケティングチームに追随するべく、あなたの会社のオペレーションを持続的に変革させていく準備はできただろうか？

Section 2　顧客に対する価値創出の源泉に立ち戻って考える

　どの企業も、自分たちは顧客と密接であり、顧客を理解し、顧客のために活動できていると信じたいものだ。しかし、どのようにしてそれを確認できるのだろうか？　これを測る1つの方法は次の質問を検討することである——顧客の好みが突然変化した場合、どれくらいの早さでオペレーションに反映できるか？——これは、自社のレジリエンスを測る尺度の1つである。

　例えば、あなたが仮に自転車を製造するとしよう。その自転車の色は何色にするべきか？　あなたが卸売業者に販売し、その卸売業者が小売業者に販売し、最終的にその小売業者が顧客と相対する場合、その意思決定は難しいかもしれない。ファッションのエキスパートに今年の流行色を聞くこともできるが、それでは顧客と会話しているわけではない。これが、顧客への直販チャネルが魅力的になるポイントである。中間の業者を省くことで、コストの節約だけでなく、顧客との親密な関係を築くことができるのである[4]。

　しかし、顧客との親密な関係があったとしても、2つの問題が残る。1つは、顧客に適切な質問をし、適切なデータを収集し、それを実際に活用できているだろうか。いつも同じ顧客に質問したり、自転車を買った直後にのみ質問したりしているのであれば、顧客のことを本当に理解できているとはいえないかもしれない。あなたが理解しているのは、たまたまその販売店を利用した一部の顧客について、そしてそ

の顧客の購買意思決定だけであって、顧客がもつ自転車の利用習慣を理解しているわけではない（そしてデータが適切に活用されていなければ、それすら理解できていないかもしれない）。第二に――本書のここでの目的に最も関連することだが――、顧客に関して得た情報に応じて、オペレーションを変革する能力はあるだろうか？ 顧客が黄色い自転車を欲しがっていると知ったら、実際に黄色い自転車をつくることができるか？ オペレーションの柔軟性は、顧客のニーズの変化に対するレジリエンスを築くのである。

新製品を開発する際のキーワードとして、デザイン・トゥ・バリュー（DtV）という言葉がある。我々は、このDtVのアプローチは、より高位（Elevated）で、アジャイル（Agile）で、かつクラウドソース（Crowdsourced）であるべきだと考えている。Elevatedとは、企業の経営層（CXO）がスポンサーとなり、最高マーケティング責任者（Chief Marketing Officer, CMO）と最高サプライチェーン責任者（Chief Supply Chain Officer, CSCO）が共同で開発を主導すること。アジャイルとは革新的だが不完全なアイデアをサプライヤーや顧客と迅速にテストするアジャイル・プロセスを展開すること。クラウドソースとは調達、サプライチェーンリーダー、外部の製品・パッケージデザインの専門家、エンジニア、顧客心理のアナリストがはじめから開発に参加すること。

このように、特定の課題や機能のみに取り組むポイント・ソリューションと比較して、DtVアプローチでは、コスト、需給の不確実性、サステナビリティという相互に関連する課題にうまく対処することができるのだ[5]。

ところで、このセクションで取り上げた自転車の例に戻るが、あなたの顧客が、自転車の色にあまりこだわりがないとしたらどうだろう？

Section 3

思考実験：ポートフォリオの簡素化を考えてみる

複雑性は高コストや脆弱性を招く。サイズや詰め合わせ、フレーバーの組み合わせなど、多種多様な商品を扱う場合、オペレーションがコストを押し上げリスクを増大させる。したがって、複雑性が増すことを恐れると、顧客のニーズに応えることをためらうかもしれない。

しかし、顧客も複雑性を嫌うことが多い。小売企業もまた、複雑性を嫌う。小売企業は在庫管理単位 (Stock-Keeping Units, SKUs) が増えると在庫切れの増加を招きうることから、SKUの最適化を常に追求している。そのとき、顧客視点を活用すれば製品ポートフォリオをシンプル化することができる。その際、運用のしやすさ、モジュール性、レジリエンスを備えたものを設計することができる[6]。

その好例が、世界最大で最も収益性の高い玩具メーカーであるレゴ (LEGO) 社だ。ブロックを3,600ピース用いる商品のうちの2つ、ランボルギーニ・シアンFKP37とブガッティ・シロンをつくってみたところ、これら2つのモデルはブロックのデザインの75%を共通化しており（色は考慮していない）、商品独自のブロックはそれぞれわずか6%と12%であることがわかった。

レゴ社はプラットフォームの方程式を製品デザインに応用したのである。プラットフォームとは、共通の設計、エンジニアリング、オペレーション手法、および共有コンポーネントの集合体である。プラットフォーム化により、顧客にとって重要な部分ではバラエティを保つ一方、バックエンドでのオペレーションの複雑さを最小限に抑えることができる。製品設計プラットフォームを使用することで、慎重に設計されモジュール化された共有アセットを活用しながら、幅広いカスタマイズを行うことができる。プラットフォームにより共通のコンポーネントをもち、それらを柔軟に組み合わせることができることから、迅速にさまざまな製品を生み出すことができ、結果として需要の変動リスクを最小限に抑えることが可能となるのである。

例えば、マットレス会社のヘリックス・スリープ社 (Helix Sleep) は、

図表3-1 ポートフォリオの簡素化

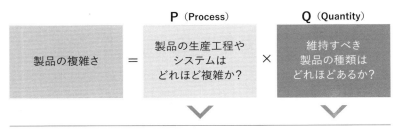

出所：KEARNEY

顧客に簡単な質問に答えてもらうことで、硬さ、体動の伝わり方、温度調節等に関する、その人独自の要望を聞き出している。その後、ヘリックス・スリープ社は、その要望に合わせてマットレスをカスタムデザインし製造するかというと、そうではない。あらかじめ用意された10種類程度のマットレスから、顧客から得た要望の大半を満たすことができるものを選んでいるのである[7]。

しかし、ポートフォリオ簡素化の前段階として顧客アンケートを実施するだけでは、真のレジリエンスを構築できないことに注意されたい。これは、単にSKUを簡素化するだけではなく、サプライチェーン、プロセス、技術スタック、ITシステムを簡素化する必要があるからである。つまり、多くの場合、ポートフォリオ簡素化は、特にバックエンドの生産や調達工程の簡素化には必ずしもつながらない。たとえSKUの種類を減らしたとしても、生産工程におけるモジュールの数は変わらない場合、こうしたバックエンドの複雑性は何も変わらない。

したがって、ポートフォリオ簡素化は、レジリエンスに向けたより

広範な変革の一環ととらえるべきである。それは、顧客とより密接になり、何が顧客にとっての価値の源泉となっているか特定することから始め、続いてQ（Quantity：SKUの数）とP（Process：バックエンドの工程とシステム）両方の簡素化を図る。このような取り組みは部門横断的に実施するのが好ましい（**図表3-1**）。実際、このような取り組みをサプライチェーン全体に広げることもあるだろう[8]。

Section 4
顧客の声を起点とした
オペレーション・デザイン

　パンデミックは従来の小売業のカレンダーを狂わせた。2020年の新学期セールは、子供たちが通学できるようになるのかさえわかっていないときであった。また、ブラックフライデーのセールは、まだ顧客が常に1.5メートルのソーシャルディスタンスを維持する必要があるときであった。しかし、これらの混乱はさほど大したことではない。顧客にとっては、ソーシャルディスタンスがとれないとしても、クリスマス商品がハロウィン前から売り出されなかったとしても、または寝具が年末のゲストが家に来る前にセールにならなかったとしても、大した不便にはならない。

　要するに、機械的なカレンダーに無条件にしたがうことは、本当の意味での顧客中心主義ではない、ということである。顧客が本当に求めることはカレンダー通りに商品が売り出されることではないかもしれない。これまでの硬直的なやり方から脱却しよう。これは、小売企業やCPG（消費財）企業だけでなく、どのような企業にも当てはまることである。品揃え、在庫配置、価格設定、プロモーション、満足度に関する基準を顧客にあわせて柔軟に変更できる企業は、将来どのようなことが起きても適応することができるだろう[9]。

　しかし、その実行には顧客の声に耳を傾けるという行為が必要になる。それは時に直接顧客とつながることを意味し、小売業者や卸売業者、あるいは自分たちに都合のいい解釈によって顧客の生の声にフィ

ルターをかけてはならない。例えば、KEARNEY Consumer Institute (KCI) は、品質や利便性について顧客と意見交換をする際、カスタマー・ジャーニーの中の段階が違えば、その意味が異なることがあることに企業は注意すべきことを明らかにした。例えば、ある商品がもつ「品質」が何であるか顧客に質問した際、「商品を購入した理由」を聞かれたときとは異なる回答をした顧客がいる。ポテトチップスであれば、**食べたいという欲求よりも歯ごたえ**を強調し、小型家電であれば、**ブランドよりも耐久性や長寿命**を強調した[10]。同様にKCIは、顧客が求める利便性についても、企業が考える利便性の定義とは必ずしも一致しないことを明らかにした[11]。これはつまり、顧客の意見を実際に聞き、その意見を信頼することの必要性を示唆している。たとえ顧客の意見に相反することがあっても、自分たちに都合のいいものを優先して片方を無視するなどということはしてはいけない。

　特に商品開発においては、ビッグデータが役立つことがある。例えば、あるグローバル大手のFMCG（日用品、消費財メーカー）企業は、中国の顧客ニーズ、特に成長著しいeコマース・チャネルに絶えず対応している。その際、顧客データを取得するために、大規模なデータプラットフォームとの提携を行っている。中国を拠点とするデジタル・イノベーション・センターでは、デジタル・マーケティング、ビッグデータ、人工知能（AI）の活用によって顧客の声を聞くことで、サプライチェーンをより効率的でインテリジェントにしている。中国市場向けには、従来の工程管理型のイノベーションプロセスを転換し、イノベーション・サイクルを従来の2年から約6カ月に短縮した。これにより、新製品発売の成功率が60％向上した。一方、在庫を30％削減し、物流コストを15％削減すると同時に、納期遵守率99.9％を達成した。

　これは、顧客を中心に据えてオペレーションを展開する一例に過ぎない。同社は、中国の顧客は他の国の顧客とは異なること、そしてこれは需要変動の1つであり、よってオペレーションにレジリエンスが必要となることまで理解していた。そこで、同社は、顧客の声に耳を傾ける創造的で新しい方法に投資し、オペレーションによる対応を可能にしたのである。

Section 5

需要変動の根源的な 原因となる「因子」に着目する

　本章ではこれまで、顧客のニーズを知り、製品、ポートフォリオ、プロセスをそれらに適応させることが、サプライチェーンを強化しレジリエンスを高めるために役立つ、と述べてきた。しかし、逆の考え方として、需要を構成する因子を理解することでレジリエンスを実現することもできる。

　オペレーションの改善を試みるとき、多くの企業が**サプライチェーン計画**の策定を見落としてしまうのはおかしなことだ（あるいは、サプライチェーン計画の策定を、予測精度から在庫管理まで、すべてを大規模に見直す手間のかかる作業とみなしている）。たしかに、危機が続く中で計画を立てるのは難しいが、計画を策定することが無意味になるわけではない。

　地に足をつけたボトムアップの実践的なアプローチは、在庫管理とサービスレベルの維持に役立つ。さらに、計画策定によって、サプライチェーンの問題の根本原因を突き止めることもできる。また意識的に計画を立てることで、迅速に、かつ有意義なリターンを生み出す重要なアクションを特定できる。例えば、ある日用品メーカーは、その大規模なポートフォリオを数量と変動性で区分した。変動性が高く、販売量の多い商品は、売上の43％を占めており、安全在庫や季節在庫を強化するなどのアクションに焦点が向けられた。対照的に、より安定した大量生産品目では、需要予測の精度を高めることが、より大きな価値を生むと明らかになった[12]。

　このようなサプライチェーン計画は、需要の予測と計画によって決まる。業界によっては、需要が予測不可能なところもあることは明らかである。しかし、今日のデータ分析技術を用いれば、需要を検知、形成、予測することは可能になりつつある。例えば、需要予測能力を向上させるため、10年先の将来の結果を予測する代わりに、シナリオを作成し、サプライチェーンに対する投資をうながす変曲点を見出すのである[13]。

　精度の高い需要予測は、マーケティング、eコマース、サプライチ

ェーンに関する戦略的な決断の指針となる。それは、短期的および長期的な需要曲線を予測するためのアルゴリズム、需要を形成するきめ細かい地域固有の因子、そして需要変動につながる細かな変化に関する情報に基づく必要がある。「需要」という結果ではなく、その需要を形成した「因子」に着目し、各因子の予測によって需要予測を形成するアプローチをとることで、その需要予測がアジリティ（機敏性）の高い意思決定や選択をうながすことができるだろう[14]。

Section 6 今やバリューチェーンとサプライチェーンは一体化している

　かつてサプライチェーンとは、工場へ資材を運送することを指していた。しかし、製品を工場から顧客に届けることも必要である。eコマースの台頭により、顧客に製品を届けるための選択肢は急増し、サプライチェーンに新たな断絶の可能性と、レジリエンスに対する新たなニーズが浮き彫りになった。このような問題を乗り切るには、「常に顧客のために価値を創造する」という指針をコアに据えることが重要である。

　例えば、**リショアリング**を考えてみよう。リショアリングは顧客に対する価値創造に役立つだろうか？　リショアリングによって納品までの時間を短縮することができることは明白である。しかし、その答えは一般的なものである必要はない。顧客は、この特定の資材に対し、納品までの時間が短縮することに価値を見出すだろうか？　もしそうでないなら、その資材はリショアリングの検討対象ではないのかもしれない（もし顧客がリショアリングに価値を見出すかわからないのであれば、リショアリングへの投資よりも、顧客をよりよく知るための投資のほうが、価値のある投資かもしれない）。

　もう1つの話題の例は、**ラストマイル・デリバリー**である（現在では、返品のためのリバース・ロジスティクスを考慮して、**ラストマイル／ファーストマイル**と呼ばれることもある）。先のパンデミックで加速したeコマースの急成長によって配送能力が不足し、配送コストが高騰したとき、多くの企業は

顧客のセグメンテーションを行うことで対応した——配送までの時間を短縮することは、どのような顧客にとって重要であり、かつ可能なのか——。その答えこそが優先して満たすべきニーズであった。当然、顧客が何を重視しているかをあまり知らない企業は不利となったのである[15]。

より広範にいえば、これらの例はバリューチェーンの末端（コンシューマー・エンド）が拡大していることを示している。かつて顧客は常に店舗で商品を購入していたが、今ではオムニチャネル戦略が、小売業者にとっても、多くのメーカーにとっても不可欠となっている。これは、しばしば困難なオペレーション上の課題をもたらすが、その解決に取り組むことは2つのメリットにつながる。第一に、顧客にとっての価値創造がより洗練される。第二に、よりレジリエントなオペレーションを構築できる（コラム「事例：需要予測と製品設計による顧客価値の創出」参照）。この顧客価値とレジリエンスとの結びつきは、バリューチェーンの上下にまで広がっている。

COLUMN

事例：需要予測と製品設計による
顧客価値の創出

CPG（消費財）業界のあるグローバル企業は、利益率を改善し、レジリエンスを高め、顧客価値を向上させたいと考えていた。同社は、シャンプー、香水、メーキャップ用品などのトイレタリー製品や化粧品など、多種多様な製品を、自社の販売チャネルではなく、小売店（実店舗とオンラインの両方）を通じて販売していたが、顧客の声にもっと耳を傾ける必要があると考えたのである。

まずはオンライン販売から始めることにした。アマゾン（Amazon）を通じて多くの商品を販売していた同社は、将来の売上を予測するためにアマゾン・フォーキャスト・サービス（Amazon Forecast Service）を利用した。この予測は、アマゾンが検索結果における妥当性と表示順を決定するために使用している「A9アルゴリズム」が関連していた。

A9とは、機械学習とAIを独自に組み合わせて、商品の詳細、カスタマーレビュー、販売データ、広告情報など、さまざまな要素を分析するものである。しかし同社は、フォーキャスト・サービスとA9では外部要因を十分に考慮できないことを懸念していた。予期していなかった検索数の急増をもっとうまく予測し、対応できないだろうか？需要要因をサプライチェーンともっとうまくリンクできないか？A9のランキングを向上させ、需要を喚起できないか？　同社は、アマゾンの予測機能を強化できる、市場特有の外部データセットを特定した。特に品切れ予測を改善することで、購入金額の返金におけるチャージバックが減少し、検索順位が向上した。一方、同社のアナリストは、商品の在庫状況、プライシング、プロモーションなどの内部要因を含む、需要と供給の65の潜在的なドライバーを精査した。その結果、予測と注文処理を改善する鍵となるドライバーを5つ特定した。

- 販売履歴：過去に販売された商品の販売実績（販売速度や商品レビューなど）を把握することで、顧客の行動や購買パターンに関するインサイトが得られる。それが将来の需要予測に役立つ。
- 在庫状況：商品の出荷までのリードタイムや在庫の有無は、顧客の購入意思決定に影響する。製品がそのタイミングで入手可能、かつすぐに出荷可能にすることで、顧客満足度とロイヤルティを維持することができる。
- 競争力：他の類似商品と比較した商品の価格も、需要を左右する重要な要素である。価格設定やプロモーションを調整することで、市場での競争力を維持することができる。
- 製品レビュー：質の高いレビューと高い評価得点をもつ商品は、一般的に人気なものとされ、アマゾンの検索結果で上位に表示される。
- 市場トレンド：季節のトレンド、グーグル検索におけるトレンド、その他の市場トレンドを把握することで、需要の変化を予測し、それに合わせてサプライチェーンを調整することができる。

　この調査結果は有意義であった。しかし、このプロジェクトでは、データの一部が顧客の声のまがいものを含むことも示された。そこで同社は、オンライン顧客と従来型顧客の両方を製品設計プロセスに参加させることにした。コンジョイント分析を実施し、顧客がどの機

能・要素を評価しているかを把握した。このような分析を行わなけれ
ば、ブランドと価格しか判断材料がなかったのだ。ある事例では、顧
客は、再利用するためのパッケージの閉じ方、商品の質感、材料の透
明性といった要素に同等の価値を置いていることがわかった。これら
はすべて同社がコントロールできる要素であり、微調整が可能であっ
た。

　顧客が何を求めているかをより深く知ることで、同社はよりオペレ
ーションを簡素化させることができた。5つの異なる閉め方をするボ
トルや、さまざまな素材の製品をわざわざ製造する必要はなくなり、
本当に価値をもたらす要素に集中できるようになったのである。簡素
化することでコストが下がり、利幅が拡大し、さらにはレジリエンス
も向上した。オペレーションが簡素化されたことで、顧客ニーズの変
化やサプライチェーン上の危機により迅速に対応できるようになった。

　このプロジェクトはよい結果をもたらした。そして、顧客中心の変
革における新たな可能性を同社に示した。第一に、製品ポートフォリ
オを簡素化するため、同社は現在、製品設計におけるプラットフォー
ム方式を研究している。第二に、顧客満足度をさらに向上させるため、
同社は厳選したサプライヤーと協力し、顧客が最も喜んでお金を払う
製品を改善したいと考えている。第三に、こうした顧客価値の原動力
に関する理解の維持・深化のため、創造的で新しい、顧客の声の収集
方法を試し、顧客の声が全部門に浸透するような仕組みを目指してい
る。

第 4 章

方程式③　新しい働き方と多様性の活用：
レジリエントな組織を
構築せよ

Section 1 CEOの成功＝従業員の成功

　人目を気にしたCEOは、街の裏手にある埃っぽい小屋に忍び込む。看板には「タロット、手相、占星術」と書かれていた。中に入ると、神秘的な衣装を着た女性が彼の手をとり、じっと見つめる。驚くべきことに、彼女はすぐにそのCEOの最大の問題を見抜いた。「あなたはクビにされるかどうか心配していますね」。

　現実はこうはいかないだろう。我々はみな、CEOの在任期間は占いや直感だけで決まるわけではないと信じたい。しかし、なぜCEOは解雇されるのだろうか？　我々の同僚であるアレックス・リュー (Alex Liu) は、2011年から2016年までと2016年から2021年までの2つの期間にわたり、200社のCEOの退任実績を分析した（**図表4-1**）。総転職者数はそれぞれ150人と155人で比較的安定している。しかし、非自発的な離職者、つまり解任されたCEOの人数は41人から52人に増加した。さらに、業績要因以外の原因による解任件数は5倍近くに増加している[1]。

図表 4-1　なぜ CEO は解雇されるのか

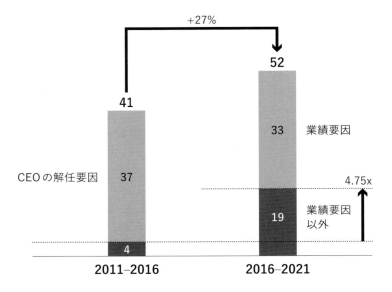

出所：ASX、Capital IQ、KEARNEY

　アレックスが書いているように、「このことは、CEOが問題のある企業文化を見て見ぬふりをしたり、従業員の社会的責任のない行動に対処しなかったりすることで解任されるケースが増えていることを示唆している」。より単刀直入にいえば、単に業績が悪いというだけでなく、お粗末なチーム・リーダーシップのためにCEOを解任されるケースが増えているようだ。

　2016年から2021年は、文化が激動したタイミングであった。まず、海外に目を向けてみよう。米国では、MeToo（ミートゥー）運動、ジョージ・フロイド（George Floyd）殺害事件、2021年1月6日の連邦議会議事堂襲撃事件などが短期間のうちに続々と発生した。これらが示した最大の変化は、そうした反乱者、性的虐待者、人種差別主義者に対し、多くの人々が「**こうした人たちは解雇されるべきだ**」と考えるようになったことであり、これは広範な行動規範が確立されつつあることを象徴した。

　例えば、2020年にセントラルパークでバードウォッチングをしていた黒人に対し、犬を散歩させていた女性が「自分に危害を加えよう

としている」といった虚偽の警察報告書を提出した結果、翌日彼女は保険投資の職を解雇されるという事件が発生した（後に不当解雇の訴訟で敗訴）。彼女は勤務時間外であり、軽犯罪で起訴されただけだったが、雇用主は彼女の人種差別を容認しなかった。つまり、彼女は業績とは無関係の理由で職を失ったのだ。ゆえに、CEOにもそのようなことが起きていても不思議ではない。『アスウィークリー（Us Weekly）』誌が「CEO、彼らもまた我々と同じなのだ」というように。

　こうした文化の激動は決して対岸の火事ではないだろう。日本においても、近年はコンプライアンス違反や各種ハラスメントに対する責任と社会からの目は非常に厳しいものになりつつある。CEOや経営幹部が、企業の財務パフォーマンスに関係なく、こうしたコンプライアンス違反やハラスメントによって解任を迫られ、その企業に対する評価も一瞬にして地に落ちるようなことは十分に起こりうる。現に今あなたの頭の中にこうした事例はいくつも思い浮かんでいるだろう。この背景の1つとして、コーポレート・ガバナンス強化のトレンドが関連しているかもしれない。今日、日本企業においてもコーポレート・ガバナンスがやっと整いつつあり、結果として日本の平均株価も高値で推移を続けている。ESGの観点でもガバナンス強化は重要なアジェンダであり、SやGに含まれるコンプライアンスやハラスメントに対する社会の目が厳しくなるのはある意味自然な流れであろう。

　しかし、逆転の発想をしてみよう。CEOは自分の運命をコントロールできる（『グレート・ギャツビー』（"The Great Gatsby", 1925）の著者F・スコット・フィッツジェラルド（F. Scott Fitzgerald）は「CEOはその特権的な立場や影響力から、我々とは違う」と主張するだろう。また、同じく作家で権力の不均衡を描くアーネスト・ヘミングウェイ（Ernest Hemingway）も、「そうだ。CEOには職場での権力があるためだ」と答えただろう）[2]。

　CEOは、職場で素晴らしいチームと文化を築くことで成功することができるのである。取締役会では、業績だけでなく、働きやすい職場をつくることでも報いられるだろう。実際、従業員を幸せにすることが株主価値を高める有効な方法の1つであることは、絶えず研究で明らかにされている[3]。

　それは、まさに現代に当てはまる。なぜなら、さまざまな危機に対し効果的に対応するためには、**レジリエンスのある人材**が必要だからである。さまざまな課題に直面する中で力を発揮するためには、協力

し合いながら乗り越える力が必要である。また、サプライヤー、顧客、テクノロジー、そしてサステナビリティとともにレジリエンスを育むためにも、レジリエンスがもつ力を信じる人材が必要である。人材が最大の資産であるならば、レジリエンスを備えた人材の集合体こそが最もレジリエンスの高い集団であり資産なのだ。

Section 2 / レジリエンスを築くのは 従業員1人ひとり

　あなたの会社がレジリエンスを築くために何をするにしても、実際にそれを進めるのは従業員である。従業員が意思決定を行い、用いる技術を選定し、サプライヤーと話し合い、顧客を理解し、戦略を策定する。つまり、レジリエンスに長けた人材——簡単な、実現コストの低い選択ではなく、レジリエントな選択をできるような人材——が必要なのである。また、従業員自体が危機に際して冷静で賢明でいられるレジリエントな人材である必要がある。そして、レジリエントなチームを組成する必要がある。なぜなら、個人がスーパーヒーローでなくても、チームであれば個々の能力を掛け合わせることで力を発揮することができるためである。

　言い換えれば、我々はレジリエンスをシステムや組織の観点から考えることが多いが、従業員1人ひとりの観点で考える必要もある。レジリエンスには特定のスキルセットが必要であり、そのために多様な人材を雇用することから取り組むべきである。これはダイバーシティ、エクイティ、インクルージョン（DEI）の取り組みによって現在受け入れられている教訓だ。「多様性のあるチームはよりよい決断を下す」。問題を多角的にとらえることで、よりレジリエントな解決策を導き出すことができる。

　変動が少なく、予期せぬ危機が少なかった、かつての時代であれば、多様性がなくてもそれほど痛手ではなかった。チームは常に同じスキルセットを使っていればよかった。しかし、変化が予測不能で、また

そのスピードも迅速な今日においてよりレジリエントな解決策を得るためには、チームにはより多様な視点が必要だ。多様なチームを編成するためには、まず多様な人材を雇用しなければならない。ここでいう**多様性とは、多様な人種、性別、性的指向のことのみを指すのではなく、多様なバックグラウンド、スキル、特徴も含んでいる。**

　人材がアジリティ（機敏性）を獲得するには、人の潜在能力を評価するような考え方の転換が必要である。あなたが抱く「印象的な履歴書や職務経歴書の定義」を広げるべきである。それは、チームに必要なスキルセットを備えている人材を獲得したり、高学歴の人材を増やしたりすることでは必ずしもない。その代わり、変わった経歴をもつ人材でチームを補完するのだ。起業に２度失敗し、海外NGOで経験を積んだような人材は、スキルを深め、広げる能力を備えているかもしれない。そして、そうした人材を確保しその潜在能力を最大限引き出すためには、トレーニングに力を入れる必要がある。

　例えば、ある電子機器製造メーカーでは、品質重視のマインドセット、交渉、コミュニケーション、コラボレーション、テクニカルスキル、財務トレーニングなど、個人の育成が必要なスキル・目的ごとのトレーニングプログラムを開発した。この会社は、出身校や在職期間といった従来の成功の尺度ではなく、個人のスキルセットを重視している。このように、必要なスキルや視点について自分自身でギャップ分析をさせることが重要である[4]。そして、そのギャップを埋めるためにエンプロイー・バリュー・プロポジション（Employee Value Proposition, EVP）——従業員が本当に大切にしていることは何か、従業員が最高の経験をするために何を提供すればいいのか——を定義し継続して取り組ませることが必要である。例えば、配送センターで従業員の離職率が100%を超えている小売チェーンにて、従業員をEVPにて評価し、ギャップを特定し、能力を高めるための短期的・長期的な対策を策定した。このプロセスにて、従業員が企業文化やキャリア開発の機会を高く評価している一方、報酬に対する満足度は勤続年数によって異なっており、賃金の決定方法に対し改善の必要性があると明らかになった。その結果、離職率が半分以下になったほか、生産性が劇的に向上し、サービスレベルが改善され、最終的に顧客満足度の向上につながった[5]。

　もちろん、多様性やスキルを求めて採用するだけではレジリエンス

構築には十分ではない。多様なチームを効果的に管理する必要もある。人々の潜在能力を最大限引き出すには、想像力とモチベーションを高める必要がある。新世代の情熱的な人材にも指導は必要で、そのためリーダーや中間管理職は、スキルの中でも特によい「対話」を行うためのコーチングを受ける必要があるかもしれない。今日の従業員は、信頼性と説明責任を果たせるリーダーを求めている。もはや権威だけでは不十分であり、リーダーはチームをより信頼しありのままの自分でいる必要がある。要するに、チームとパーパスと喜びを共有する必要があるのである[6]。

Section 3 / パーパスと喜びがもたらすレジリエンスの強化

　世界は今、パーパスにおいてあるギャップに直面している。企業の社会的責任（CSR）のコミットメントでは、変化をもたらす上での「意図」と「行動」の間にギャップが存在している。これは人類社会の将来だけでなく、従業員の満足度にとっても重大な課題である。ユニリーバ（Unilever）社の元CEOポール・ポルマン（Paul Polman）氏によれば、「人々は自分のしたことを振り返って、『Doveの市場シェアを4.5％獲得して…』と言いたいわけではなく、『私は何百万人もの女性の自尊心を高めた。また、多くの人々の栄養レベル向上を助けた。そうすることで、会社に貢献できたのです』と言いたいのです。そして、それこそが人々の行動におけるパーパスなのです」[7]。

　あなたの会社の目的は何だろうか？　レジリエントであろうとするならば、それは「株主のための価値創造」以上のものでなければならない。皮肉なことに、よりパーパス・ドリブンの組織になることで、株主により多くの価値を生み出すことができるかもしれないのである。パーパス・ドリブンの企業は、顧客ロイヤルティが高く、従業員のパフォーマンスと定着率が高い。また、株式市場においても秀でており、平均的な企業よりも早く成長し、イノベーションのレベルも高い。つ

まりパーパスは、価値を創造するための強力なドライバーなのだ[8]。

だからこそ、パーパスの構築が必要なのだ。しかし、それ以上に重要なことは、その**パーパスをオペレーションに組み込む**ことだ。それができている企業はわずか45％で、これこそがパーパスと行動のギャップなのである[9]。しかし、この章のポイントはここにある——それは、取締役会と従業員とのギャップでもある——。CXO（企業の経営層）は、自らの企業の「パーパス」の指標に対し、中間管理職よりも約40％高い評価をしている。若手や新人の回答は、その中間管理職よりも低いものであった[10]。

要するに、従業員は上司ほど仕事に充実感を感じていない。これこそが**喜びのギャップ**であるのかもしれない。我々の同僚であるアレックス・リュー（Alex Liu）の調査によると、調査対象となった社会人の半数以上が、自分が抱いていた期待ほど職場で喜びを感じていないことがわかった。この結果は、世代、地域、組織レベルで共通しており、そしてそれは先のパンデミックの中でさらに悪化した[11]（**図表4-2**）。

我々は、人々が職場でどのように喜びを感じるかを知っている——

図表4-2　仕事における喜びのギャップ

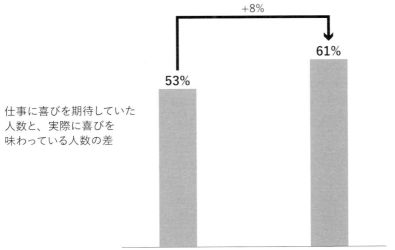

出所：KEARNEY

周囲との調和、自己承認、そして影響力——。チームにおける連携や団結を感じ、また自分の成果が評価されることを望んでいる。また、自分の仕事の目的とその仕事がもつ影響力を理解したいと思っているのである。

ギャップというものは相互に関連している。パーパスのギャップを解消することで喜びのギャップも埋めることができるし、人々の個人的なパーパスと組織のパーパスを一致させることも可能だ。CXO以外の人々が共感できる方法で会社のパーパスを定義する。そして、そのパーパスに基づいてEVPを構築し、リーダーや従業員が共通のパーパスを公式または非公式に実践できるような仕組みをつくるのである。

パーパスは人工的につくり上げられたものではなく、感情から有機的に生じるものでなければならない。アレックスは、「従業員は、リーダーが一方的に語るパーパスではなく、自分自身のパーパスを理解する必要がある」と述べている。そのためには、「従業員が、自らのコンディションを万全にして、もてる力のすべてを仕事に注ぎたいと思える価値を仕事に感じなければならない」。従業員は自分が自分らしくいられると感じたいのである[12]。

ここで、目的がDEI目標にどのように結びつくかを説明しよう。何十年もの間、ほとんどの企業は従業員がありのままでいることを否定してきた。個性的であること、黒人であること、女性であること、タトゥーが入っていること、妊娠していること、自宅で仕事をする必要があること、白いシャツとネクタイが快適でないこと、などだ。70年前、企業はこのような表面的な体裁面で従業員の足並みを揃えていた。しかし今では、企業は従業員にパーパスによって足並みを揃わせることができるのだ。

なぜ企業はこのような変化を起こすべきなのか？　なぜなら、従業員にパーパス意識を定着させることができている企業は、不安定な環境の中でよりよい業績をあげることができるからだ。従業員は、自分が日々の困難に立ち向かっているのは、給料のためではなくパーパスのためであると知っていると、困難を克服するためにより懸命に努力するようになる。こうした従業員はレジリエンスの源泉となるだろう。

Section 4

「規模の経済」から「スキルの経済」へ

　旧来のコスト重視のサプライチェーンは、「**規模の経済**」に基づいて構築されており、規模を拡大すればコストを下げることができた。レジリエント・サプライチェーンは、「**スキルの経済**」に基づいて構築されるものである。これは単なる「うまい表現」にとどまらず、レジリエント・オペレーションを実現するために採用すべき4つの戦略を具体的に指す。

- 成果報酬型への転換
- グローバルな専門知識の活用
- 生涯学習を通した進化
- スキルセット構築に向けた全社戦略策定

　従業員に支払っている給料は、週40時間の勤務に対するものだろうか？　それとも成果に対するものだろうか？　**成果報酬型**のほうがより速く新しい解決策を見出そうとするインセンティブが働くため効率的だ。これはホワイトカラーの仕事に最も効果的ではあるものの、ブルーカラーの仕事も最適化できる（そもそも多くの仕事でこの区別は消えつつある）。たしかに、一部まだ時間をもとに測られる必要があるものもあるだろうが、それが標準であってはならない。というのも、成果ベースの仕事が浸透すれば、規模の拡大ではなく、人材のスキルや熟練によって、より効率的になるためである。

　あなたの会社がグローバルにオペレーションを分散させている場合、各拠点にエキスパートが必要だろうか？　それとも、1人の確固たる専門家に権限を与えて、その専門家が**グローバルにサポートを提供する**ほうがいいのだろうか？　必要に応じ、その専門家は問題のある拠点を訪問したり、オンラインツールを用いてリモートで支援したりできるだろう。重要なのは、全拠点にいる従業員が、その専門家が誰であり、何ができるかを知っていることである。専門知識は必ずしも規

模の経済を求めない——すなわち、各拠点に配置する必要はない——。その代わり、専門知識を有効に活用できる仕組みが必要だ。トレーニングを通じて専門家のスキルを他の従業員に普及させていくか、あるいは、その専門家を中心に専門チームを構築してもよい。

例えば、脱炭素化の実現に向けた新たな文化を組織全体に根づかせたい場合もあるだろう（その理由については第6章で述べる）。旧来のリーン生産方式では、多くの製品を安価に生産するためには規模の経済が必要だった。今日、製品をサステナブルに生産するには、「スキルの経済」が必要となる。サステナビリティの実現には、新しい才能と能力、新しいビジネスプロセスとエンゲージメント管理の方法論、新しいデータソースと意思決定ルールなど、さまざまな要素が必要になる。しかし、従業員全員がこれらを習得する必要はない。ある専門家を獲得・育成し、その専門知識を普及させればよいのである[13]。

あなたの企業において、人の力こそが最高の再生可能エネルギーである。人は学び、変化し、成長したがる。だから、あなたの企業文化にて**生涯学習を奨励**することができるし、またそうすべきなのである。従業員に機会を与えれば、多くの従業員は自ら能力を高めたいと思うようになる。インセンティブやキャリアパスといった形式的な動機づけは必ずしも必要ではない。ただ、自分にとって役に立つこと（単に会社にとって有益なだけではない）を学べ、その学びが楽しいものであればいいのである。これがゲームのように日常の仕事や学びをより楽しく、魅力的にする「ゲーミフィケーション」（Gamification）の仕組みである。たとえゲーム内の報酬が現実の世界ではあまり意味をなさないとしても、こうした仕組みは「役に立つ」「楽しい」という感情を後押しする。

（そして、ゲーミフィケーションは今注目されているトピックであるため、ここで立ち止まって補足しよう。ゲーミフィケーションとは、特定の報酬に紐づかせた、従業員ごとに「個別課題」を与えることを意味する。実際に、これによって学ぶ意欲は高まるという実例も存在するように、これはエンゲージメントを高める素晴らしい方法なのだ。しかし、従業員が成果よりも報酬に関心をもつとこれは学びの弊害になることもある。例えば、ある企業では、社内ネットワークの記事にコメントすると「ポイント」がもらえる仕組みを設けたが、ポイント獲得のみを目的に「面白い！」といった一言のみのコメントも許容した結果、その企業が本当に促進させたかった有意義な議論や学習が阻害されてしまったのである）[14]。

従業員の生涯学習を促進することで学ぶ組織をつくり上げれば、レ

ジリエンスは高まる。従業員が成功を追い求め、また変化に対しても自信をもって対応できるようになるのである。変化する時代において重要なパーパスの浸透もできる[15]。これは年齢に関係なく、若手にも年配従業員にも当てはまる。また、優秀なリーダーであっても、自分のスタイルを適応させ、スキルセットを拡大できなければならない。言い換えれば、リーダーも日々の対話や部下からフィードバックを受ける「逆メンターシップ」などの手段を通じて、耳を傾け、学ぶことが必要なのである[16]。

　学ぶ組織になるための方法はさまざまある。わかりやすいものでいうと、メンタリング、ガイダンス、ラーニングランチ、その他の人間関係構築かもしれない。または、出向やジョブ・ローテーションかもしれない。リスクを冒し早期に失敗することに対し、公式に報酬を与えればいいのかもしれない。リーダーが学習に対するあるべき取り組み姿勢を示すとよいのかもしれない。どのような形であれ、学ぶ組織への移行には、その移行とそれにより生まれた新しい文化を根づかせるための、包括的な全社戦略が必要である[17]。

　その戦略の一環として、将来の強み獲得に向けた土台を構築することがあげられる。そのためにはある程度将来のシナリオを描く必要がある。例えば、今日において内燃機関の修理に関するスキルセット構築の必要はないが、代わりに、**将来必要となるスキルに優先順位**をつけ、達成のための充実した育成プログラムを構築することが必要である。ニーズと機会をはっきりさせることで、DEI目標も改善される。今まで企業で埋もれていた層も、仕事でより大きな貢献ができる道筋をはっきりと見すえられるようになるためである[18]。

　実は、人事のリーダーはこれまでも長い間、学ぶ組織となることを奨励してきた（コラム「事例：組織のスキルアップでレジリエンスを高める」参照）。今日変わったのは、誰もがそのメリットをより明確に理解できるようになったことである。学ぶ組織はレジリエントであり、個人／企業ともに、危機を成長するための機会ととらえられるようになる。

　このような組織には、既成概念にとらわれない発想ができるレジリエンスのある人材が多く、こうした人材は部門横断的な視点をより強くもっている。また、不安や不快である状態に慣れて、ストレスに対し強くなる。同様に、要件や外部環境が変わると、学ぶ組織の人々は容易にそれに合わせて変化できるのである。

COLUMN
事例：組織のスキルアップでレジリエンスを高める

　ある大手グローバル物流企業は、新型コロナウイルスパンデミック
の「受益者」だった。誰もが自宅でオンライン注文をするようになり、
配送サービスは急増した。もちろん、パンデミックの最中に需要が爆
発的に増えることは、決してプラスになることばかりではない。物流
企業は十分なトラックをもっていただろうか？　増加した仕事量を効
率的に処理するための倉庫スペース、技術、オペレーションの専門知
識はあったのだろうか？　パンデミックによる需要変動は当業界に激
動をもたらした。2日後から翌日、当日、と配送サービス基準は際限
なく上がり続けた。自動化やその他の技術的進歩の到来は目前に迫っ
ているように見えていたものの、業務プロセスの調整が必要で、その
ため新技術は一度で全体に適用されるわけではなかった。新しい配達
形態には、宅配ロッカーや、小売店などの代替受け取りオプションも
あった[19]。

　このようなプレッシャーの中、物流企業の人材がそうした変化に適
応できるかどうかが最大の問題の1つであった。この業界は伝統的に
離職率の高さに悩まされてきた。従業員の属性はさまざまで、貴重な
ベテランは平均寿命が延びたためにキャリアを延長させる一方で、新
入社員の最大50％を占めるY世代はマネジメントについて従来とは
異なるイメージをもっているようであった。同社は企業の顔となるよ
うな、優秀なドライバーをより多く求め、また仕分け担当、積み込み
担当、そしてマネージャーも必要だった。しかし、パンデミックの恐
怖の中では、採用は容易ではなかった。

　この企業は、よくある解決方法を片っ端から試した。例えば、従業
員の給与、福利厚生、労働条件を改善させ、またパンデミックの中で
人々の日常生活を支えた「エッセンシャルワーカー」を称賛した。経
営戦略においては、柔軟性とレジリエンスを重視した。

　しかし同社は、レジリエンスを高める最善の方法が、現従業員のス
キルアップであることにすぐに気がついた。新入社員を大量に採用し

て火事場をしのぐよりも、既存の従業員に対するよりよいトレーニングの提供を考えた——新技術にくわしいマネージャーを新たに雇うよりも、既存の従業員がそうしたスキルを習得して昇進できるように支援する。不満を抱えた従業員を辞めさせるのではなく、よりよいキャリアパスを提供して引き留める。ロボットに仕事を奪われるとスキルの低い従業員に心配させるのではなく、ロボットを用いてより付加価値の高い仕事ができるようにスキルアップさせる——。

また同社は、従来のトレーニング方法や内容が、現場の監督者やマネージャーに十分に役立っていないことに気がついた。部分的な修正だけでは十分でなく、トレーニングと能力開発を担う組織の構造を徹底的に再編成する必要があった。新しい使命とビジョン、学習戦略、指導原則、カリキュラムの枠組みの開発に向けて部門の再編成を目指した。

このような組織再編成は、数年にわたるプロセスになりうる。しかし、同社は、MVP（Minimum Viable Product）アプローチによって、短期間で達成可能な方法を見つけた。同社は、最も利益に貢献する「重要な役割」とそれに必要な技術的スキル、リーダーシップスキルを特定した。これら一部の要素に対するカリキュラムを構築する際、効果を体系的に測定するツールを盛り込んだ。なぜなら、こうしたトレーニング実績は研修生だけに限定されるものではなく、組織にも学びとして還元されるものだからだ。

同社のアプローチの特徴の1つは、ラーニング・ジャーニーを描いたことだ。従業員のキャリアにおける鍵となる「重要な役割」について、あるべき学習のタイミング、理解の深さ、提供方法を特定した。例えば、監督者には、管理能力とリーダーシップに加え、ビジネス感覚が必要である。適切なタイミングで適切な洞察力を生み出すには、講義型研修、自習型eラーニング、実地マイクロラーニングなどを、どう組み合わせるべきか？　ゲーミフィケーションやバーチャル・トレーニングは、どのような場合に特に効果的か？　スキルを小規模単位に区切って理解度を図るマイクロテストは、どのように学習効果を高めることができるか？　SNSを用いたソーシャルラーニングや研修生間での相互フィードバックを最も効果的に支援できるツールは何か？　それぞれのトレーニングに対してこれらを検討することで、同社は従業員の能力向上とキャリア機会の獲得の可能性を最大にしたの

だ。

　同社は、従業員の現在地の能力と目指す先とのギャップ分析により、どのトレーニングを最初に開発するか優先順位づけを行った。KPIに最も大きな影響を与えるモジュールはどれか？　部門別のリーダーはどこにトレーニング内容と実務のギャップを感じているか？　オペレーションにとっての最大の課題は何で、トレーニングはそれにどう対処できるか？　などを確認した。その後、多様な研修生の学習をさらにうながすために、さまざまなツールやアクティビティを開発した。例えば、講義の割合を25％以下に抑え、アクティビティを多く取り入れた。バーチャル・トレーニングでは、チャット、ディスカッション、ブレイクアウトセッションを積極的に取り入れ、受講者の興味を持続させた。ここでは70／20／10という人材育成のアプローチを採用した。これは学習の70％は現場での経験から、20％はメンタリングや人間関係から、そして10％は研修から得られるというものだ。

　最終的に、社員の定着率が上がり、スキルが向上した。それだけでなく、企業文化がよりアジャイルで、適応力があり、責任感のあるものへと変化し、自立心など、より強いリーダーシップの才能をもった社員が育っている。このようなソフトスキルによって、従業員は「自分はどんな困難にも対処できる」という自信をもち、よりレジリエントになった。さらに、長期的なキャリアパスや能力開発の可能性を見出すこともできるようになり、結果として離職率が低下し、企業全体がよりレジリエントになったのである。

第 5 章

方程式④　人間の判断力と人工知能の組み合わせ：

レジリエントな経営脳を強化せよ

Section 1　倉庫が示すテクノロジーの未来

　倉庫というものは、ほとんどの人が気にもとめていない。**倉庫**といえば、高速道路の出口付近にある巨大で何の変哲もない建物で、今では**配送センター**と呼ばれることも多い。しかし、過去10年間、倉庫はデジタル技術の絶え間ない革命とは切っても切り離せない関係にある。倉庫の管理機能はすでに大きな変化を遂げ、また今後も変化し続けるだろう。

　倉庫の変革ストーリーは、テクノロジーの可能性を示す魅力的な物語でもある。同様の技術的進歩は、あなたの業界も含め多くの業界に変革をもたらすだろう。それ以上に重要なのは、こうした技術的進歩は、**サプライチェーン上の重要な構成要素**においても、魅力的な変化をもたらすということである。やがてサプライチェーンにも決して無視できない変化をもたらすはずだ。

　何十年もの間、倉庫は商品を顧客に出荷する前の単なる保管場所に過ぎなかった。保管されていた在庫は、毎分管理コストを食い、浪費

する存在であった。倉庫の建物や不動産もまた、コストとして最小限に抑えるべきものであり、土地の安い郊外の、平凡で安価な建物が求められた。そして、できるだけ小さなスペースで在庫回転率を最大化することが必要であった。

その後、いくつかのオンライン小売業者（主にアマゾン）が「消費者のための倉庫オペレーション」を始めた。アマゾンなどはまず、より迅速な配送と幅広い品揃えを提供した。しかし、消費者は満足することはなく、より早く、より幅広い品揃えを求めるようになった。そこで倉庫は、需要の変動に柔軟に対応するための、戦略的資源の役割を果たすようになった。企業は倉庫をダムや水門のように活用し、需要の急増や減少に機敏に対応して商品の流れを調整する必要がある。倉庫が完璧に配置され、完璧に稼働していなければ、顧客の注文と期待に応えることができない[1]。

その結果、新しいタイプの倉庫が出現した。eコマースのフルフィルメント・センターは、高い天井と複数の中２階が特徴的な倉庫である。また、倉庫と店舗のハイブリッド型が出現し、そこでは買い物スペースのほか、スペースの一部をオンライン注文と返品の処理に充てている。加えて、閉店した都市部の小売店舗のスペースをラストワンマイルの配送に特化した物流拠点として活用する、ダークストアが生まれた。これらの新たな倉庫はすべて、従来の倉庫のパレットサイズの荷物よりも小さく、しかし複雑で高価な在庫も取り扱っている。

消費者直送（Direct-to-Consumer）を実現しようとすると、倉庫の商品フローと補充はより複雑になり労働集約的になる。eコマースの顧客は返品が多いため、オペレーションはリバース・ロジスティクス（顧客から発送元への返送ルート）を考慮する必要がある。また、先のパンデミック以降、多くの企業がより多くの安全在庫を抱えるようになった。このように物流における複雑性が増す中、倉庫業界の労働市場では常に人手が不足しており、年間離職率が43％と非常に高い。

要するに、倉庫にはレジリエンスが必要なのである。そして、そのためにはテクノロジーが必要だ（コラム「テクノロジーが倉庫を変える」参照）。

倉庫は非常に複雑で問題が起こりやすい一方、戦略上不可欠であるため、一部の消費財メーカーや小売企業は倉庫業務の内製化を進めている。また、倉庫業務の外部委託先であるサードパーティー・ロジスティクス・プロバイダー（3PL）に対し、より戦略的な役割を果たすよ

う能力の強化を求めている企業もある。ベイン・キャピタル・リアル・エステート（Bain Capital Real Estate）などのPEファンドは、物理的なスペース自体に多額の投資をしている一方（倉庫の拡充、再開発、新規建設等）、ラックス・キャピタル（Lux Capital）やコスラ・ベンチャーズ（Khosla Ventures）などのベンチャーキャピタルは、ロボットを超えたテクノロジーや自動化ソリューションに投資している[2]。

COLUMN
テクノロジーが倉庫を変える

　倉庫業務は、商品を移動させることがすべてである。商品が到着し、棚に並べられ、注文に応じて取り出され、そして出荷される。フォークリフトに乗った人たちが、これらすべてを移動させている。しかし、この仕事は面白くなく、給料もよくなく、不安定で、特に安全でもない。つまり、ロボットやオートメーションにはうってつけなのである。

　商品の移動に対し、大規模な倉庫ではシャトルシステムに投資することが多い。小規模な倉庫では、自動搬送車（AGV）や自律移動ロボット（AMR）を好むかもしれない。しかし、効率的に注文品を取り出すにはどうするのだろうか？

　かつては、人が倉庫の隅々まで足を運んでいたが、今はAMRやAGVが助けてくれる。カルーセル、垂直リフト、自動保管・検索システム、ミニローダー、自動資材運搬車などのテクノロジー・ソリューションを使えば、従来とは異なる形で在庫を取り出すことができる。多くの倉庫は、ロボット自体に大量投資するよりも、ロボットをパッケージサービスとして（RaaS）購入している。このモデルでは、倉庫にかかる費用が設備投資費用（capex）から営業費用（opex）に変わるため、多くの場合柔軟性や法人税・キャッシュフローに利点をもたらす。

　また、RaaSではインフラの構築が少なくて済み、季節的な増減に合わせて容易にスケールアップ／ダウンができる。しかし、倉庫では単に商品を保管するだけではなく、商品がどこにあるのかを把握できる必要がある。荷主やサードパーティー・ロジスティクス・プロバイ

ダー（3PL）は、商品をリアルタイムで追跡したいと考えている。その
ため、インターネット対応のセンサー（IoT）や無線自動識別（RFID）へ
の投資も求められる。温度管理が要求される生鮮品や医薬品の「コー
ルドチェーン」では、センサーがパレットの時間と温度を監視する。
棚卸しには、5G対応の屋内測位システムを活用したドローンを使用
する倉庫もある。

　すでに多くのテクノロジーが出現しているが、よりよい管理のため、
倉庫はさらに多くのテクノロジーを必要としている。伝統的な倉庫管
理システム（WMS）は現在、多くの場合、倉庫実行システム（WES）で
補完されている。倉庫を流れる情報量は指数関数的に拡大している
（テクノロジーそのものに関する情報もある）ため、それらを管理するのがWES
だ。

　倉庫のストーリーは、リーン方式（コストを下げろ！ 在庫を低く抑えろ！）
とリスク管理（安全在庫を増やせ！ 敏捷性を上げろ！）の衝突の代表例だ。そ
のときテクノロジーは助けになる——商品を運び、その情報を提供す
る。しかし真の価値は、テクノロジーが、創造的思考、健全な判断、
危機管理といった人間の能力と結びついたときに生まれるのだ[3]。

....

　要するに、倉庫業はビジネスとしてはあまり注目されていないかも
しれないが、多くの技術的進歩の最前線にある。企業は、ロボットや
人工知能（AI）のどの分野にどれだけ投資するかという選択に迫られ
ている。しかし、環境は変わり続ける。したがって、ここでの主な課
題は、今日欲しいと願い開発を始めた技術が、1、2年後に完成した
時点で果たして、いまだに適切なのかを考えることにある——顧客の
期待はまたすでに変化を遂げているかもしれないのである。

　そのため、我々は企業に対し常に、テクノロジーそのものではなく、
それによって何ができるかに焦点を当てるようにうながしている。AI
や機械学習（ML）がこれほど面白いのは、AIやMLは自ら学習できる
からこそである。これらのテクノロジーへの投資は、今日の問題を解
決するためだけではない。将来起こりうる問題を、学習によって解決
するためでもある。

　繰り返しになるが、テクノロジーそのものよりもその結果に焦点を

当てよう。必要なのは絶え間ない学習だ。レジリエンスを達成するためには、組織は常に学習する必要がある。AIやMLは学習できるが、学習自体は人間がすでに得意としていることでもある。少なくともあなたの会社では、AIとHI（ヒューマン・インテリジェンス）の違いは大げさに解釈されているかもしれない。**AIとHIの組み合わせ**こそが、倉庫、ひいてはすべての企業のすべてのオペレーションを助けることになるだろう。テクノロジーに投資するだけでなく、絶え間ない学習にも投資することで、レジリエンスを向上させることができるだろう。

Section 2

テクノロジーが生み出すレジリエンスの鍵＝透明性

　理想的には、サプライチェーンのすべてをリアルタイムで可視化したいだろう。製品が製造される様子を観察でき、トラブルの発生をリアルタイムで検知できる。製品が輸送網を伝って倉庫に収納され、最終的に倉庫を出て顧客のもとに届くまで見届けることができ、顧客がその製品をどのように使用しているかまで見ることができる。保険会社が自動車の運転記録によって運転の一部始終を把握できるのならば、他のあらゆる種類の製品においても、どのように使用されているかを製造者が知ることもできるのではないか？

　レジリエンスの鍵の1つは透明性である。透明性とは、何か問題があれば感知できる能力である。サプライチェーンを「見通す」ことができればできるほど、危機を未然に防ぐために、より迅速に行動することができる。そしてその範囲を、製品を使用する顧客から資材のサプライヤーに至るまで、より広範に定義すればするほど、レジリエンスは高まる。自動化、サイロ化の打破、絶え間ない学習など、何をしようとするにしても、すべては透明性の構築から始まるのである。

　もちろん、完全なる透明性を実現するのは不可能である。しかし、今日デジタル化がもたらす情報は、これまでよりもはるかに透明性を高めてきた。IoTは、製品の中、パレットの中、倉庫の中、あるいは

ティア2やティア3のサプライヤーなど、あらゆるモノや場所をセンサーにできる。パンデミックの中、小売店が閉鎖されオンライン需要が高まる中、ナイキはRFIDタグを使って10億単位の靴と衣服を追跡した。「在庫を可視化し情報を活用することで、市場全体と小売店舗全体の需要に対応することができた」と、ナイキ（NIKE）のマシュー・フレンド（Matthew Friend）CFOは決算会見で述べた[4]。

一方、5Gワイヤレス規格（そして間もなく登場する6G）は、大量の情報伝送を可能にする。例えば、在庫の5〜10%を占めることもある倉庫内のパレットの紛失という作業ミスに対処するため、世界最大級のコンテナ船運航会社の1つであるA. P. モラー・マースク（以下、マースク社とする。A. P. Moller Maersk）社は倉庫内を飛行する自律型ドローンを配備している。最終的に、ビデオ分析とAIを使用して、ドローンの画像、ビデオ、3Dスキャンを処理し、紛失したパレットを見つけ出す。その結果、この作業ミスはほぼすべて解消された[5]。

実際サプライチェーンでは、他の経済セクターと同様に、大規模なデジタル化が進む可能性が高い。2009年以降、アマゾン・ウェブ・サービス（AWS）の売上はゼロから900億ドルに達したが、その主な理由は、金融やエンターテインメントなどの業界があらゆるものをデジタル化（そして、そのデジタル情報をAWSのサーバーに保存）しようと考えたからである。完全にデジタル化された環境で業務を行うことで、これらの業界は新たな能力を引き出すことができた。こうした進化がサプライチェーンにおいても起こると考えるのが自然ではないだろうか？ プランニング、受注、サプライヤーとの連携、これらすべてが完全にデジタル化され、新たな力を引き出すことができる。それらはすべて透明性の向上から始まるのだ。唯一の課題は、大量に生み出される情報群をどのように構造化し、管理するかということだ（コラム「不当な悪評がついたブロックチェーン」参照）。

ブロックチェーンの有無にかかわらず、デジタル化と透明性のメリットを得るには、多大な信頼関係が必要だ。サプライヤーは、透明性向上をあなたから課せられた義務や罰と受け止めるべきではない（サプライヤーは、あなたの従業員以上に、取引相手に肩越しに監視されることを望んでいないのだ）。むしろ、第2章で述べたように、これはサプライヤーとのパートナー関係を強化する取り組みの一部である。あなたはサプライヤーから、単なる資材だけではなく情報も買うことになる。あなたはサプ

ライヤーに、この情報を得ることによる利点を理解してもらい、必要であれば、サプライヤーに対しその対価を支払うべきである。

COLUMN
不当な悪評がついたブロックチェーン

　分散型台帳はブロックチェーンを支えるテクノロジーの総称であり、暗号資産やNFT（Non-Fungible Tokens）、サム・バンクマン゠フリード（Sam Bankman-Fried）の「天才」疑惑、その他あらゆる空想的な物語の背後にある。しかし、分散型台帳は、より平凡で、しかし間違いなくより有用な、サプライチェーンへの応用も可能だ。

　サプライチェーンのオペレーションは現在、署名、検証、検査、紛争解決など、多くの面倒で非効率的な手作業プロセスによって滞りがちだ。センサーやその他のテクノロジーは助けになるが、その情報はどのように保存され処理されるのだろうか？　分散型台帳すなわちブロックチェーンは、物流の非効率性を根本的に削減しうる分散化と透明性を提供することができる。例えばブロックチェーン技術を使って船荷証書を発行することで、偽造や書類作成の遅れを防ぐことができるのである。また、サプライチェーン上のすべてのステークホルダー間でブロックチェーンによるデータ交換が可能になった場合には高いレベルの透明性を得ることができる。

　しかし、このアイデアを実現するには、あらかじめ多くの「信用」が必要となる――暗号資産はかつて信用の必要性を排除すると宣伝されていたのに、皮肉なものだ――。真の効率化のためには、すべての企業や政府がシステムに対し前もって同意する必要がある。一方、ネットワーク内のすべてのデータにすべてのユーザーがアクセス可能とすることは、企業の機密情報を損なう可能性があり、その信頼を得るのは難しく、また技術的な問題もある。例えば、スマートコントラクトでは、商品が配送されたという事実を記録する機能は、配送地点でシステムや各デバイスの接続がなければ自動的に実行されない。技術的な問題のほとんどは解決可能だが、多大な協力が必要となる。利害

が対立する関係者が協力するのは難しいので、解決は遠い未来になりそうだ[6]。

　試験導入事例は有望なものが多い。例えば、ウォルマート・カナダ（Walmart Canada）は2019年から、70社のサードパーティー運送業者からの請求書と支払いを自動化するプライベート・ブロックチェーンを開発した。ウォルマートと運送会社は利害を一致させた。ウォルマートは情報の透明性を獲得し、運送会社はタイムリーな支払いとより優れた照合作業を受けることができる。以前は、請求書の70％以上に問題がある状態であったが、ブロックチェーンによってこれが1％未満までに削減された[7]。デメリットは、こうしたメリットがこの小さなネットワークに限定されることだ。また、2010年代半ばまでさかのぼると、多くの試験導入が行われてきたが、刻々と変化する今日の世界で抜きんでた成果をあげたものは、実はほとんどない。

　ブロックチェーンはサプライチェーンを変革するか？　数年前、我々は慎重ながらも楽観的であった。ハードルはあるものの、このテクノロジーは他の新しいテクノロジーとうまく融合していた。しかし、ブロックチェーンに関連するトレンドが世間を騒がせることで、その根底にあるテクノロジーに不当な悪評がつくかもしれない。それはブロックチェーンによる変革のハードルを取り払うどころか、むしろハードルを上げることになりかねない。

Section 3 / テクノロジーが可能とするレジリエントなビジネスモデル

　我々は今、製造と生産の風景が大きく変化する時代にいる。インターネットやソーシャルメディアの出現に比べれば、一般消費者にはピンとこないものかもしれない。しかし、こうした変化を活用しレジリエンスを築くことが重要である。

まず、いわゆる第4次産業革命 (i4.0) について話そう。ロボットや人工知能などのデジタル技術は、すでに生産サイクルのあらゆるステップを再編成しつつある。やがて、物理的、デジタル、そして生物学的な世界が予想もできない形で交わり、機会と危機の両方を生み出すことになるだろう。ここでは、最も変革をもたらしうる5つのテクノロジーを紹介する。

- **IoT**
- **AI**
- **先進ロボット**
- **ウェアラブル**
- **3Dプリンティング**

　例えば、IoTは単なる「デバイス同士の連携」ではない。それは、企業の戦略策定、スケジューリング、製品ライフサイクルシステムなどの主要なビジネス機能に不可欠な情報を提供するデバイスだ。

　世界的なベアリングメーカーであるSKF（エスケイエフ）は現在、AWSを活用したSKF Axiosと呼ばれる産業機械向けの予知保全ソリューションを提供している。このソリューションは、IoTセンサーとML機能で構成されており、何かトラブルが発生したときにユーザーに通知することで産業機械の信頼性を高めている[8]。

　AIは、平凡なマーケティング・テキストを無料で生成するためのものではない。またAIは、顧客の行動をより迅速かつ正確に学習し適切な行動をうながすだけでなく、予知保全、プロセス最適化、品質管理の改善を通じて生産性を向上させることも可能である。ウェアラブル・テクノロジーは、次の主要なコンピューティング・プラットフォームとして、携帯用機器やその他機器の後継となる可能性がある。例えば、ウェアラブルは、作業員のトレーニングを効率化したり、生産性と安全性を向上させたりすることができる。加えて、3Dプリンターは他の生産システムと統合することで、従来の製造システムを補完することができる。この組み合わせによって、大量カスタマイズを実現させるだけでなく、航空宇宙機器、医療機器、工具のような少量・高付加価値の部品を製造することもできるようになる。

　多くの人が思っている以上に、急速に融合が進むこれらのテクノロ

ジーは「未来の工場」を生み出すだろう。コストが低減される一方で効率は向上し、高品質で迅速な「一品生産」が可能になる。例えば、スイスのツークにあるシーメンス（Siemens）のスマート・インフラ工場は、「サプライチェーンのレジリエンスにおける卓越性」のカテゴリーで2022年のファクトリー・オブ・ザ・イヤーに選ばれた。この工場は、火災探知機やその他のビルオートメーションシステムの部品を製造している。需要予測をアジャイルに組み立てていることで、供給計画と連携して迅速な適応を可能にしている。具体的には、1,500社以上のサプライヤーと、天気予報などの外部データを継続的に監視し、リスク事象とその潜在的な影響を予測している。マーケット・インテリジェンスを活用し、適切な安全在庫をプロアクティブに推算しているのである[9]。

このようなテクノロジーの融合は、カスタマイズされたコネクテッド製品や、成果報酬型の斬新なビジネスモデルを生み出すなど、新たな可能性を示すだろう。しかし、このような技術革新の価値をフルに発揮させるには、サプライヤーやその他のパートナーとの革新的なコラボレーションが必要となる。レジリエンスを実現するために、サプライチェーンを強化する必要があるのである[10]。

新しいテクノロジーの開拓は魅力的だ。しかし、それが利益を生む仕組みになるためには、新しいビジネスモデルの開発が必要である。迅速な一品生産を実現できても、あなたの顧客はそれを求めるだろうか？ ウェアラブルやロボットによって、従業員が従来のやり方から解放され、刺激的で新しい価値を生み出すことができるようになるだろうか？ 3Dプリンティングはリショアリングを加速できるか？ これらは単なる奇抜なテクノロジーではない。サプライチェーンやレジリエンスの考え方を見直す機会となるのである。

例えば、過去10年間で最も話題になった、Uber（ウーバー）とAirbnb（エアビーアンドビー）という2つの企業を考えてみよう。UberとAirbnbは、乗り物や宿泊施設の売り手と買い手をつなぐ、今や誰もが知るプラットフォームである。新たにホテルの部屋をつくったり、タクシーの車両をリースしたりする必要がないため、サプライチェーンが存在しないモデルである。ただし、実際両社は（時間通りに、かつ十分な品質で）商品やサービスを提供するサプライチェーンをもっている。両社はともにテクノロジーを使って、ビジネスモデルとサプライチェ

ーンを見直しただけなのだ。

　実際、パンデミックの最中にも、Airbnbは再びビジネスモデルの見直しを行っていた。新型コロナウイルスによって短期のレジャー用宿泊施設の需要が著しく減退したとき、Airbnbは新たな顧客ニーズに注目した。例えば、混雑した都市から離れた遠隔地に長期滞在したい、長引く危機を乗り切るために家族の近くに滞在したいといったニーズである。Airbnbはビジネスモデルと宿泊施設の「サプライチェーン」を見直すことで、新型コロナウイルス以前のレベルに匹敵するビジネスボリュームにまで拡大させた。レジリエンスによってAirbnbは困難を乗り切るだけでなく、新たな市場の成長も実現できたのである[11]。

　昔からいわれているが、危機はチャンスでもある。テクノロジーによって強化されたレジリエンスは、ビジネスモデルを変化に適応させ、危機をチャンスに変える力を生み出すのである。

　海運大手のマースク社を考えてみよう。前節（「テクノロジーが生み出すレジリエンスの鍵＝透明性」）で述べたように、同社は、ロジスティクスにおける透明性がもつ価値と、そこにおけるテクノロジーが果たす役割がますます大きくなっていることを理解していた。同社は貨物のデジタル・テクノロジーに投資することで、エンド・ツー・エンドのプロバイダー、つまり荷主のためのワンストップサービスへとビジネスモデルを転換しようとした。これにより好不況のサイクルに飲まれてしまう海運業から、**荷主と運送会社の間を仲介するフォワーディング**（freight forwarding）という付加価値の高い事業へとポートフォリオを多様化することができる。このため、マースク社は最近、数多くのロジスティクス企業（倉庫を含む）を買収した。フォワーディングはレッドオーシャンであり、マースク社がこの目標を達成できるかはまだわからない。しかし、もしそうなれば、マースク社は外航海運の脅威に対するレジリエンスを獲得することになるだろう。

Section 4

もちろん自動化はレジリエンスを強化する

　サプライチェーン内の幅広い領域で、ついにテクノロジーが人間の労働に取って代わる準備が整いつつある。前節（「テクノロジーが可能とするレジリエントなビジネスモデル」）では、こうした素晴らしい新技術をいくつか紹介した。ここでは、テクノロジーによる作業や生産の自動化に注目したい。結局のところ、サプライチェーンがこれほど遠く、もろくなった要因は、すべてが人間の仕事であり、それを低コストで遂行してくれる人材が必要だったためである。もし、その作業をしなくて済むとしたらどうだろう？　あなたは好きな場所で働くことができるようになるだろう。

　これこそが、新技術が約束するものである。ロボットが溶接をすれば、人がする必要はない。IoTセンサーが情報を送信し、3Dプリンターが部品を製造し、ドローンが不足している在庫を見つけ、AIが状況を分析すれば、あなたの意思決定が人件費や働き手の確保に縛られる必要がなくなる。好きな場所で働くこともできる。顧客の近くに移転することもできる。現地の管理職が優れた専門知識を蓄積しているのであれば海外で製造を続けることもできる。台風被害の多い地域から工場を移転することもできるし、CEOの通勤時間を短くしたいがために家の隣に置くこともできる。自動化によって、優先順位に基づいた戦略的な意思決定ができるようになるのだ。

　自動化は万能ではない。高齢化が進む、人件費の高い市場での製造には特に価値があるが、そのような市場では製造する必要すらないかもしれない。自動化は導入するにあたりトレーニングが必要だ。例えば、ChatGPTのようなAIソリューションは、従業員の効率化を助けることができるかもしれないが、それは従業員がその使い方を知っている場合に限られる。従業員や顧客は自動化に抵抗するかもしれない。自動化はサイバー攻撃の標的になり得る。また、自動化もスペアパーツや安価なエネルギーに対し依存することがある。こうした点を踏まえながら、自動化はあくまで慎重に進める必要がある。

しかし、特にAIにおける、潜在的ではあるが大きなメリットは、予測と判断を分離させることにある。機械の知性と人間の主体性を再均衡させるチャンスなのである[12]。世間では、自律走行などの完全自動化され、独り立ちしたサービスにおけるAIに注目が集まっているが、あくまでもAIは人間の補完的な役割であるということを強調したい。例えば、コボット（人間と直接対話するロボット）を考えてみよう。これは、AIとHI（ヒューマン・インテリジェンス）の組み合わせによってはじめて製造施設の人件費の削減を可能とするものである。

製造現場では、いまだに製造オペレーションのほとんどの業務を人間が担っている。KEARNEY/Drishtiの調査によれば、製造現場での業務の72％は人間が行っており、これは生み出される価値の71％に相当する規模である。結局のところ、人間には推論し、適応し、革新する能力があるのである。

問題は、人間のこうした能力は一貫性を欠くことがあり、コストを増大させる欠陥につながることもある。そこでコボットが役に立つ。反復的な動きを必要とする仕事や、製造ラインの最終段階での品質管理の強化が可能となる。また、AIも同じく、特に製造ライン全体で行われる膨大なデータ分析において役立つ存在である[13]。

このように、人間を完全に排除するのではなく、人間が最も得意とすること、つまり経験と専門知識に基づく重要な判断に専念できるようにするのだ。人間はシステムの不具合を調査し、そこから学ぶことができる。人間であれば同じことを繰り返すのではなく、よりよくすることができる。安定的なパターンとなっているのであれば機械でもできるが、あなたがレジリエンスに関する本をこうして手に取っているということは、パターンは時に不安定であるとわかっているはずである。そこで人間が必要とされるのだ。新しい製品、市場、顧客セグメントに参入するたびに、人間の判断が必要になる。その判断はAIの予測によって補強されるかもしれないが、AIは全体像を考えるよりもタスク実行のほうが得意だ[14]。AIとHIの組み合わせによる絶え間ない学習によって、オペレーションをよりレジリエントなものにできる。

Section 5

レジリエンスを強化させる「学習」プロセス

　真の変革は、テクノロジーを組み合わせること、そしてそれをHI（ヒューマン・インテリジェンス）と組み合わせることができたときに生まれるだろう。人はAIから学ぶが、その逆もある。AIがIoTデータを分析し、ロボットやコボットに情報を提供する。こうしてプロセスが変革され、新しい製品や規模の経済が生まれるだろう。しかし、こうした中であなたは常に次の問いを考える必要がある——変革の各段階における人間の役割とは何か？　どのような人材が必要なのか？　そして、その人材は採用できるのか？

　というのも、結局のところ、完全自動化されたオペレーションを実現することが目的ではないためである。完全自動化されたオペレーションには必ずしもレジリエンスがあるとは限らない。必要なのは、常に学び続ける組織である。学習能力こそが、危機に対応し、変化する顧客嗜好に適応し、イノベーションによる恩恵の享受を可能にする。ウェアラブルやその他のセンサーが多くの情報を提供し、AIがそれを分析し、3Dプリンターが大量カスタマイズを可能にするなど、テクノロジーは我々の学習を助けてくれる。しかし、学ぶのは人間である。人は学ぶことに貪欲であり、ツールに対して疑問をもつことでより知的に学ぶことができ、またより広く学ぶための創造性と柔軟性をもっている。

　レジリエンスはテクノロジーそのものではなく、テクノロジーを用いた学習によってもたらされる。レジリエンスを実現するのは、人間の判断力とテクノロジーツールの組み合わせなのである（コラム「事例：エンド・ツー・エンドの透明性と需要予測を通し、よりよい意思決定を行う」参照）。第4章では、従業員と組織に必要な変化について説明したが、今、我々はその変化にテクノロジーを組み込む方法を見てきた。第6章では、それらを長期的にサステナブルにする方法について見ていく。

COLUMN

事例：エンド・ツー・エンドの透明性と 需要予測を通し、よりよい意思決定を行う

　何千もの店舗をもつある薬局の小売業者は、在庫に関する課題に直面していた。旧来のリーン方式では、ジャスト・イン・タイムの在庫方針がよいとされていたが、不安定な世の中におけるリスクを考えると、それはあまりにも危険だった。店舗を訪れる患者はすぐに薬を欲しがったため、在庫切れを起こすわけにはいかなかった。しかし、ジャスト・イン・ケースの考え方による在庫管理ではコストがかかりすぎる。運転資金が厳しくなり、店舗スペースも生産的な活用ができなかった。また、あるカテゴリーでは顧客がオンラインでの購入に移行するなど購買経路が多様になっていたが、旧来の考え方ではこうした変化が考慮されていない。そんなとき、データと分析技術は役に立つだろうか？

　同社が最初に行ったのは、データの整理であった。例えば、ある商品の過去の販売実績を地域別に把握するためのデータは揃っているか？　在庫率や出荷リードタイムは把握できているか？　価格やプロモーションを追跡できるか？　そもそもすべてのデータは信頼できるものか？　データはどれほどリアルタイムに近いものか？　データの収集方法に一貫性はあるか？　どこに異常があるか？（異常は常に存在するが、同社はそれを把握し意思決定に反映させたかった）。

　そして同社は、データ連携と新しいデータソースの開発に取り組んだ。AI/ML対応プラットフォームを構築し、あらゆるデータを活用した。それらのデータをもって予測を行うアルゴリズムを開発するための専門チームを組成した。さらに、追加のデータセットやモデル結果をテストし、最終的にデータウェアハウスに組み込んだ。そして、社内の各部署のユーザーが仮説検証するためのツールにも投資した。

　このような取り組みは、効果や変化が出るまでに時間がかかるものである。同社は持続的にユースケースを開発・改良した。実験を重ね、必要に応じてKPIやデータ項目を追加した。さらに、利用可能なデータを何週間分も追加した。モデルの強度が向上するにつれて、詳細化

していった。そして、先進的なユースケースをどのように扱うかを検討した。

　同社はさまざまな疑問に答えられるアルゴリズムを開発していった。どのような外部要因が製品の売上を促進するのか？　さまざまなオンラインサイトでのレビューが実店舗での売上にどのような影響を与えたか？　同様に、例えば防腐剤や抗菌剤といった言葉のグーグル検索が急増した場合、製品の売上にはどのような影響が見られたか？

　旧態依然としたビジネス慣習の中で、何が安全在庫のレベルを最適化できない要因なのか？　何事も決めたまま放置してしまう姿勢によるものか？　ビジネスルールやガバナンスの欠如によるものか？　デフォルト値を調整していないためか？　納期厳守のような特定の結果への偏りか？　在庫管理をビジネス目標により合致させるために、どのように改善させるべきなのだろうか？

　アルゴリズムによる自動化に必要なビジネスルールの開発は時間を要した。時間以外にも、多くの人間による介入も必要であった。同社はまず、安全在庫の最小／最大レベルなど、数多くのパラメータを手動で管理することから始めた。ここにおけるAIは、単に人間がその場の状況を把握するきっかけをつくるだけであった。システムは学習が進むにつれて、アイテム／ロケーション・レベルで各パラメータの調整を提案するようになり、人間が内容を承認する際にインプットとする提案の要約文章も作成するようになった。

　同社は6カ月ほどで、在庫の生産性に改善が見られるようになった。今回開発した一連のプラットフォームには、重要なプロセスの変更、例外の報告、補充パラメータの集中管理などのロードマップをもっていることもよい点であった。今後も多くの微調整は必要だが、同社はこれらのインプットに基づいて意思決定を改善し続けるだろう。さらにAIのインサイトを応用する領域をさらに開拓していくはずだ。今のところ同社の取り組みは現在も続いており、同社のオペレーションに活力を与えている。

第 6 章

方程式⑤　サステナビリティによる武装：
あくまで長期的な
レジリエンスを確保せよ

Section 1
化学業界が示したこと：
サステナビリティがもたらす広範な影響

　世界中の企業の取締役会は、サステナビリティと脱炭素化に関して行動を起こしている。環境・社会・ガバナンス（ESG）問題に取り組むイニシアチブを（必ずしも十分な権限を与えられていないにせよ）確立している。あなたが企業のリーダーとしてこれらの命題に賛同している、と仮定して話を進めよう。そうでなければ、コラム「なぜESGは、政治トピックではなく、戦略なのか」をお読みいただきたい。

　ここでは、サステナビリティとレジリエント・オペレーションの関連性を明らかにしたい。長期的にレジリエンスを確保するために、なぜサステナビリティが必要なのか？　それは具体的にはどのようなことなのか？　それは本当にどの企業にも当てはまることなのか？
　これらの疑問に答えるため、化学業界の事例から始めようと思う。化学産業は従事者以外の人にとっては謎が多く、またサステナビリティにおいて決して中心的な産業とはいえない。しかし、それこそ我々

が言いたいことの一部なのだ。サステナビリティは、あらゆる産業におけるレジリエンスに不可欠で、そして、今こそ行動を起こすべきときなのだ。

COLUMN

なぜ ESG は、政治トピックではなく、戦略なのか

　もしあなたが CEO なら、サステナビリティを政治的なトピックだと考えても無理はない。頭脳明晰な人々によるサステナビリティの説明は、いわば略語の羅列——SBTs、COP26、GRI、SDGs——にとどまり、あなたの立場においてサステナビリティが何であるかを教えてはくれない[1]。サステナビリティの技術的な詳細はさておき、CEO として考えるべきことに注目しよう。やはり世界の変化に合わせて、あなたの企業の戦略もそれに対応する必要があるということだ。

　世界は 2 つの点で変化した。第一に、人々は炭素の影響を気にするようになった。人々というのは、顧客や、従業員、資金提供者を含め、ほとんどすべてのステークホルダーを含む。顧客は今やグローバリゼーションの負の側面を理解し、サステナブルな製品により多くの対価を支払うようになった[2]。有能な従業員は、自分たちの選択が孫の世代に影響を与えると考えるようになり、サステナビリティ志向の企業で働くことを好むようになった[3]。また、ブラックロックのような資金提供者は、2050 年までに二酸化炭素排出量ゼロを達成する見通しが立てられているかという観点で事業計画を確認するようになった[4]。

　この時点で、政府の規制当局については一切触れていないことを強調しておきたい。当然政府も今やサステナビリティに関心をもっている。しかし、「政府を満足させなければならない」という考えでサステナビリティの実現に取り組むべきではない。なぜか？　それは、政治的トピックとしてのサステナビリティとは、古くて時代遅れの考え方であるためだ。サステナビリティはもはや論説欄や公聴会で議論されるようなものではない。今や戦略的なテーマなのである。それは顧

客、従業員、資金提供者に影響を与えており、したがってあなたが世界で展開する事業にも影響を与えるものなのである。

気候変動活動家の多くは、いまだに政治の世界から抜け出せないでいる。いかに地球を救うべきかを力説するのだが、「我々はみな地球を救いたいと思っていて、インセンティブさえもっと整えば、より簡単に実現するはずなのに」とイライラしながら主張しているだけである。よいニュースは、すでにそうしたインセンティブは揃っているということだ。今日の世界では、たとえあなたが地球を救いたくなかったとしても、二酸化炭素排出量を削減する戦略は必要である。なぜならあなたの顧客が（従業員、資金提供者、時には規制当局も）そうしたいと思っているためである。環境的にサステナブルなオペレーションを行うことは、利益の増加という、あなたの従来のインセンティブにつながっている。

世界が変わった2つ目の点は、リスクである。気候変動により、あなたの事業も新たな、そしてより大きなリスクに直面している。洪水、山火事、ハリケーン、地震など、そのリストは年々長くなっている。気候変動は、ティア3のサプライヤーから消費者へのラストマイル・デリバリーまで、バリューチェーン全体にわたってアセットを破壊しオペレーションを混乱させてしまう。

しかし、今日増大しているリスクは環境的なものだけではないことに留意したい。それは社会的なリスクだ。ESG課題の中で見落とされがちで、かつ数値化しにくい「社会」の要素である。あなたのサプライヤーのある1社が奴隷労働を行っていることが発覚したら？　政治的に非難を受けている国や紛争国から資材を入手していたとしたら？　顧客、従業員、資金提供者が、あなたのサプライヤーの多様性が社会の多様性を反映したものであるか知りたいとしたら？　このような危機が法廷での裁判や収入減、ソーシャルメディアなどでの批判につながる可能性を考えると、このリスクは非常に高いといえる。

これが、サステナビリティ（広義には社会的にサステナブルなものを含む）に対する行動が必要である理由である。また、なぜレジリエント・オペレーションが必要なのかを示すものでもある。そして、それこそが本章のポイントだ。サステナビリティに向けた行動をとることによって、長期的にレジリエンスを向上できるのである。

化学業界では、多くの企業が温室効果ガス（GHG）排出への対応の必要性を把握している。ご存じのように、GHG排出基準は排出量を3つのスコープに分けている。各企業のリーダーは、スコープ1（自社に起因する排出）とスコープ2（購入した電力、冷暖房等による間接的な排出）については、取り組みの必要性をすぐに見出していた。しかし、多くの企業は、スコープ3（自社事業の上流および下流における間接的な排出）を、もっと先の、緊急性の低い問題と誤ってとらえている。

実際には、スコープ3には早急な分析と対策が必要である。顧客、規制当局、投資家から排出量削減に対するプレッシャーが高まると、化学企業は排出量の少なくとも75％がスコープ3由来であると認識するようになった。排出量を削減するために、化学企業はスコープ3排出量のほぼ半分を占める資材調達における排出量削減に取り組む必要がある。

化学企業はなぜスコープ3に注力しなければならないのか？　ここでも政治的および戦略的な答えが両方存在する。政治的には、Science Based Targets Initiative（SBTi）が、スコープ3に対する2023年までの目標設定方法と基準のガイダンスを策定しているためである。また、同イニシアチブは化学産業やさまざまなサブセクターにおける脱炭素化のための具体的な取り組みも進めている。また、米国証券取引委員会は、企業が財務報告プロセスの一環としてスコープ3排出量を公表することを提案している。いずれの取り組みも、2022年に予期されたほど急速に進展しているわけではない。関係者はみな、課題は大きいと理解しつつあるが、これらは依然として政治的優先事項にとどまっている。

規制当局がスコープ3を重視するのは、脱炭素化の問題は全体でとらえるべきものだからだ。もし世界がスコープ1だけに注目すれば、たとえ非難されようが、力のある企業は、二酸化炭素を排出する活動を自社の「責任」範囲から外れるようにオペレーションを再編成するだろう。

例えば、ある石油会社が、ガソリンは顧客に販売されるまでは炭素をほとんど排出しないと主張するかもしれない。この主張では、ガソリンを使う自動車の運転手にスコープ1の責任が発生することになる——もちろん、自動車を運転する個人レベルには規模も市場支配力もないのだが——。このような問題を解決する方法は、すべての企業が

そのバリューチェーン全体にわたって排出量に責任をもつようにすることである。したがって活動家たちは、例えばアップル社にスコープ3の排出量を削減するよう圧力をかけるほうが、iPhoneのコード用の小さな部品をつくるメーカーにスコープ1の排出量に責任をもつよう圧力をかけるよりも効果的であると知っている。また、このような傾向がアップル社や石油会社に影響を与えるのであれば、当然化学産業などのより無名の企業にも影響を与えることになる。このような圧力は、ある程度の政治的な義務感を生み出すのだ。

　しかし、化学メーカー幹部がスコープ3排出量に注目する背景には、政治的理由に加え戦略的理由もある。実は、スコープ3排出量は、化学メーカーに対し供給リスクをもたらすものでもある。政治的な圧力が強まることで、二酸化炭素の排出量が多い原料のサプライヤーが閉鎖してしまったら？　そのサプライヤーの代替となる供給元は十分あるのか？　また、よりサステナブルで妥当な価格の代替品を提供するサプライヤーが、生産規模を拡大するためにサポートを必要としていて、あなたの競合がその援助を申し出たとしたらどうだろうか？　そのサプライヤーは果たしてあなたに売ってくれるだろうか？

　このような動きが、今、化学の世界で繰り広げられている。経営幹部は、自社のスコープ3排出量削減の機会を見出すために、脱炭素化の方法について積極的に学んでいるところだ。例えば、プラスチックを製造しているとしよう。スコープ3の排出量には、プロピレン（プラスチックの原料）を製造するサプライヤーの排出量も含まれる。プロピレンが石炭を原料として製造される場合、KEARNEYではその二酸化炭素排出量を、世界平均でプロピレン1キログラムあたり12キログラム相当になると推定している。これは、プロピレンがナフサからつくられる場合の2.5倍、メタノールからつくられる場合の6.5倍に相当する。工場固有の排出量データとコスト比較により、化学企業はスコープ3排出量の削減機会を特定することができる[5]。

　もちろん、プロピレンは一例に過ぎない。化学会社や類似産業の会社には多くの製品があり、それぞれに脱炭素化への複数の道筋があり、その道筋のいくつかはいまだに明確に定義されていない。

　例えば、アンモニアの製造で脱炭素化を進めるには、原料自体を二酸化炭素の排出がないものに切り替えるのか、それとも二酸化炭素の回収・利用・隔離（CCUS）を追求するのか。現時点では、二酸化炭素

を排出しないアンモニア原料はまだ実験段階であるため、CCUSのほうが現実的な選択肢に思える。しかし、その決定は早すぎても遅すぎてもリスクがあり、またそのリスクは企業文化によって異なる。もしあなたが先行者になりたいのであれば、生産技術がコスト曲線の比較的高い位置にあるうちに投資することを厭わないだろう。しかし、企業文化が後発参入を良しとするのであれば、コスト懸念を克服するのは大変なことである。

さらに、こうした取り組みには当然正確なデータも必要である。しかし、サプライヤーは必要なデータを提供してくれるだろうか？　データ提供によって、あなたが同コストで排出量のより少ない競合他社に切り替え、そのサプライヤーは自社の売上を奪われることになりかねない。特定業界や分野に特化したデータを提供する専門データサービスは、このようなデータのギャップに対処でき、時には特定の工場別排出量をメーカー別で入手することもできる。しかし、すべてのデータが同じようにつくられているわけではなく、データサービス会社によってデータの質や精度は異なる。そうなるとやはり最善なのは、サプライヤーと協力関係を築くことである。

要するに、これまでの章のテーマに立ち戻るということである。オペレーションのレジリエンスは、サプライチェーン全体の協力と信頼によって構築される。これは、混乱に対する短期的なレジリエンスを構築する場合でも、サステナビリティに基づく長期的なレジリエンスを構築する場合でも同じである。

レジリエンスはサステナビリティを意味する。そしてサステナビリティはレジリエンスを意味する。この2つは密接な関係にある。長期的なレジリエンスには、サステナブルな戦略が必要である（コラム「サステナビリティ戦略か？　それとも、サステナブルな戦略か？」参照）。そしてこのような戦略は、実は設計も実施も容易である。

COLUMN

サステナビリティ戦略か？
それとも、サステナブルな戦略か？

　サステナビリティが政治的な問題に過ぎないのであれば、サステナビリティ戦略で対処すればよい。これはおそらく、将来のある時期までに脱炭素を達成し、またサプライヤーと労働力を多様化する計画となるだろう。それは活動家を満足させるかもしれない（あるいは満足させないかもしれない）。またあなたの企業のオペレーション・チームが注目するようなものかもしれない（しないかもしれない）。

　しかし、サステナビリティとは戦略的課題であり、ゆえにより広範な戦略が必要である。「サステナブルであること」を組織の価値観に深く浸透させる方法が必要なのだ。山火事やその他の気候変動、人身売買のスキャンダル、社会不安、政治的悪夢を乗り越えて、生き残るための戦略が必要なのだ。

　それには「緩和」と「適応」が必要だ。例えば、二酸化炭素排出量を削減することで気候変動を緩和させたい。しかし、同時にあなたが高頻度で利用する港が浸水した場合のバックアッププランをもち、気候変動に対し適応もできるようにしたい。同様に、より多様なサプライヤーと取引することで、社会的不公正を緩和したい。一方、例えばティア3のサプライヤーが、自社の製品に使用される綿花を摘む人材をどのように扱っているかを可視化して、社会的責任を果たす上でのリスクに適応できるようにしたい。

　この文脈では、「適応」とは、気候変動と社会正義の現在と将来の影響に適応していくプロセスのことである。気候変動の側面では、今日の企業のイニシアチブのほとんどは、緩和策に重点を置きすぎている。気候変動への投資のうち、「適応」に向けられたものはわずか10％に過ぎない。しかし、適応こそレジリエンスそのものである。これこそがあなたの企業が差別化を図るチャンスなのである[6]。

Section 2

サステナビリティは施策ではなく価値観である

　ここ数年、サステナビリティは流行しているものの、中途半端な対応に終始しがちだ——「コンプライアンスのためにこのチェックボックスを埋めていこう」「サステナビリティ・オフィスをつくろう」「オフィスにリサイクルボックスを設置しよう」——。しかし、このようなことで本来の目的から目をそらさないようにしよう。これまでの議論が示すように、あなたのパーパスが何であれ、サステナビリティはパーパスと完全に一体化するもので、何か既存のオペレーションに付け加えるようなものではないのである。

　サステナビリティとは、経済的、環境的、社会的要素の総合的なバランスで実現するものである。サステナブルなオペレーション哲学を構成するコアとなる価値観から生まれるものである。そのコアとなる価値観がレジリエンスも生む。そして、そのレジリエンスが市場での競争力を生み出す。サステナビリティは競争上の優位性を生み出す。例えば、コカ・コーラ社（Coca-Cola）の2019年の調査では、サプライヤーの多様性への取り組みによって、同社に対する顧客の好感度が上がり、その結果新たに67万人の顧客が同社製品を頻繁に消費するようになることがわかった[7]。

　サステナビリティに対しても、他のビジネス戦略と同じように取り組むことができる。我々はこのプロセスについて説明する、"The Sustainability Chessboard" という本を執筆した[8]。内容を簡単にまとめる。

①**ベースライン**：まず、あなたの現在地を把握する必要がある。サステナビリティについてどの程度取り組みたいのか、また、実際にどの程度実行できているのか。

②**ターゲット**：次に、あなたが目指す方向を明確にする必要がある。達成したいサステナビリティ目標は何か。その目標に向けた道筋はどのようなものとしたいか。

③**ロードマップ**：続いてその野心を行動に移すために、定めたターゲットをロードマップに落とし込み、各ユニットや部門に特化したタスクを設定する。

④**実行**：そしていよいよ実行に移す。各部門は、実行すべきアクションを特定する。そして実行し、結果を報告する。

⑤**評価**：すべての報告に内容を踏まえ、順調に進んでいるかどうか判断する。

　これは実際には非常に複雑なイニシアチブを非常に単純化した要約である（だからこそ、我々は"The Sustainability Chessboard"をつくったのだ！）。あなたがやりたいこととは、現在のサステナビリティ・データをより活用することか、サステナビリティを通じてより価値を創造したいのか、あるいは、あなたの業界のサステナビリティ・イノベーションをリードしたいのか。データ収集と分析の改善から循環型ビジネスモデルへの変革まで、あなたの戦略によってとるべきアプローチが決まる。そして各アプローチには、サステナビリティのベンチマークからビッグデータを活用した全体でのサステナビリティのトラッキングまで、さまざまな手段が存在するのである。

　我々は「**これは簡単だ**」とは決して言っていない。一方、我々は「**これは実は身近なことだ**」と考えている。サステナビリティ戦略策定の利点と落とし穴は、他のビジネス戦略策定の場合に似ている。戦略を立てるのが得意なのであれば、サステナビリティ戦略の策定も同様に得意であろう。反対に、戦略を立てるのが得意でなければ、サステナビリティを通じた長期的なレジリエンスの獲得よりも大きな問題を抱えていることになる。

Section 3　サステナビリティによってもたらされたレジリエンスの例

　この章を読んだことにより、あなたがスコープ3の排出量に対する

戦略を立てたいとしよう。あなたのタスクは、おおよそ、先程述べたようなものになる。

①**ベースライン**：入手可能なデータを使用し、現在の排出量を把握する。また、問題の発生箇所を特定する。
②**ターゲット**：短期および長期の目標排出量を設定する。1つのアプローチは、製品ポートフォリオを分析し製品ライフサイクル全体で最も排出量が大きい製品を確認することである。これにあたり、顧客やサプライヤーを巻き込んで、製品使用時の排出量データを入手する必要があるかもしれない。
③**ロードマップ**：どのようにして目標を達成するのか。1つのアプローチは、サプライヤーを分析、セグメンテーションし、そのうちでティア2やティア3まで含めたサプライヤー全体の関係性を整理することであろう。また、取り組みをどのように測定するのか？ サプライチェーン全体規模で、二酸化炭素の排出量に対し各戦略がどれほどの削減成果を生み出すか、シミュレーションモデルによって測定・追跡できるツール（データやソフトウェアなど）を導入するとよいだろう。
④**実行**：ステップ③で生まれたプロジェクトから最も有望なものを選び、実行に移す。
⑤**評価**：何を実行し、何を学んだか評価する。

「④実行」にて選定するプロジェクトについて一点補足すると、**これは難しいものより簡単なもの、あるいは投資利益率（ROI）の低いものより高いものを選ぶ**ということではない。そのプロジェクトがどこまでの組織レイヤーにまたがっているかが重要である（**図表6-1**）。いくつかのプロジェクト（図ではAと表示）は、購買組織で対応できる。Bのプロジェクトは、組織全体にわたるエンド・ツー・エンドのイノベーションを必要とするかもしれないが、より大きなメリットを生み出す。Cのプロジェクトは、サプライヤーや顧客などのエコシステム全体を巻き込み、新たなビジネスモデルや新たな成長につながる可能性がある。

この3つのタイプのプロジェクトは連続的なものではない。例えば、BとCを始める前にAを最適化する必要はない（するべきでもない）。なぜ

図表6-1　サステナビリティに関するプロジェクトのポートフォリオ

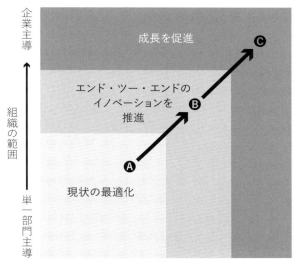

出所：KEARNEY

なら、より複雑性の高いBとCのプロジェクトは、数年にわたる持続的な努力を必要とするからである。このプロジェクトは、研究開発、製品管理、マーケティング、製造、サプライチェーン、財務など、購買以外の組織ですぐにでも根を張る必要がある[9]。

　第三の例として、ファスト・ファッションにおけるサステナビリティを見てみよう。第3章では、ファスト・ファッションを、顧客にとっての価値を創造することでレジリエンスを生み出す例として取り上げたが、このモデルには大きなサステナビリティの課題があるとも指摘した。どうすれば是正できるだろうか？

　我々は、今後起こるであろう破壊がファッション業界をよりサステナブルなモデルへと導くと考えている。その1つは中古品ビジネスだ。顧客は今、中古品を購入するという行動をスマートで、おしゃれであり、かつサステナブルなものであると考えている。当初、世界の中古市場は、純粋な中古品取扱い業者（最も有名なのはスレッドアップ（ThredUp）、ポッシュマーク（Poshmark）、ザ・リアルリアル（The RealReal）だが、他にもたくさんある）によって支配されていた。しかし、中古市場の成長とともに、大

手アパレルメーカーが参入してきている（H&M、リーバイス（Levi's）、ザ・ノース・フェイス（The North Face）、パタゴニア（Patagonia）など）。ビジネスモデルはさまざまで、強みも弱みも異なるが、一般的にアパレルメーカーは中古市場に参入することで3つのメリットを得ている。

- カスタマー・ジャーニー全体を通してブランドの物語を描くことができる。中古車市場に参入する自動車メーカー（ゼネラルモーターズ社（GM）のカーブラボー（CarBravo）、フォード・モーター社（Ford）のブルーアドバンテージ（Blue Advantage）など）と同様に（自動車メーカーは認定中古車というメーカー公式の中古車を展開することで、中古車に対する信頼や価値を高めることができ、比較的高い価格で中古車を販売できている）、アパレルメーカーも中古市場で有利なポジショニングをコントロールできる。例えば、日本のアダストリア社では近年、店舗店員が自分の所有する衣服を出品する専用プラットフォームを立ち上げ、話題を呼んでいる。これは、ファッションの「スペシャリスト」であるアパレル店員が選び、着ていた衣服であることから、顧客は他の中古品の衣服よりもはるかに高い価値を感じることができるのだ。
- 顧客とより深い関係を築くことができる。アパレルメーカーは、衣料品が中古品として売られるとき、すなわち顧客が売り手となるタイミングでその顧客と再びつながることで、価値あるインサイトを獲得することができる。
- 新しい顧客層を開拓できる。新品の高級品を買いたくなかったり、買えなかったりした顧客が、まず中古品から買うことで同ブランドのファンになる可能性がある[10]。

しかし、中古品ビジネスというのは、これから起こるであろうより広範な破壊、すなわち「サーキュラリティ（循環型）」の前章に過ぎない。結局のところ、バリューチェーンのあらゆる段階でサステナビリティが考慮されてはじめて、ファッション業界における真の変革が達成されるのである。つまり、顧客が最初に購入する衣服の数を減らし、より長く愛用する状態である。KEARNEYのサーキュラー・ファッション・インデックス（CFX）は、衣服のライフサイクルを延長するためのファッションブランドの取り組みを評価している。多くのブランドのスコアはかなり低いが、パタゴニア、ザ・ノース・フェイス、リー

バイスは有望である。

- これら企業は、自分たちの製品は耐久性が高いと宣伝している。
- 顧客に古着を店舗に持ち込むよう勧め、それに対しクーポンや割引を与えている（投函された衣服は古着として販売されるか、リサイクルされる）。
- 製品に使用するポリエステルや綿などにおいて、リサイクル繊維の使用割合を増やしている。
- 洋服の修理やメンテナンスサービスを提供している。
- それぞれ、CFXを作成した2020年から2022年にかけてCFXスコアを伸ばしている。
- 各社とも、サステナビリティの向上と健全な財務パフォーマンスの達成を両立させている。

　繰り返しになるが、ファッション業界全体のサーキュラリティ・スコアはひどいものだ。しかし、この3社や時折見られる他の事例は、当業界においても進歩は可能であることを示している。デザイン、教育、繊維、素材調達など、どのメーカーもすぐにできるアクションがたくさんある。実際、少なくともヨーロッパ全体では、多くのブランドがすでにそうしたアクションを複数とっている。ただ、より一貫性のある全体的な取り組みが必要なだけである[11]。

　ここでレジリエンスの話に戻るが、顧客心理が今後も倫理的でサステナブルなライフスタイルへと移り続けるのならば、これはチャンスを意味する。サーキュラリティは、すでにファッション界に次なる破壊をもたらす兆しを見せている。少なくともヨーロッパと米国の一部の州では、規制が始まろうとしている。

　また、サステナブルなファッションのグーグル検索は350％増加している。

　加えて、多くのブランドはわずかであってもCFXスコアを向上させている。サーキュラリティによる破壊がこの業界を襲うとき、これら企業は競争優位な立場に立つことができるだろう。また、例えばワール社（Whirli、玩具を貸し借りや交換するためのサブスクリプションプラットフォームを提供する英国の企業）などの一部の企業は、サーキュラリティが他の産業に波及したときにも、他の企業に対しスタートダッシュを切ることができるだろう。

Section 4

サステナビリティ戦略がもつ もう1つの側面

　本節では、サステナビリティを取り入れることが、長期的なレジリエンスを高めることにつながると主張したい。サステナビリティをコアの価値観に組み込むことで、**競争上の優位性を生み出す**ことができるのだ。そして、その方法は、他の戦略的取り組みと同じように、サステナビリティを追求することである。この考え方を理解したところで、サステナビリティによってレジリエンスを向上させるための他のアプローチを簡単に探っていく。

　まず、サステナビリティについて考える生産的な方法の1つは、**無駄を省く**ことである。無駄が好きな人はいない。廃棄物削減は収益向上につながるだけでなく地球環境も改善できる。さらに、この問題の規模は、「サプライチェーン全体で協力する」というレジリエンスに基づく新たな視点とも一致する。サプライヤーとどのように協力すれば、廃棄物をさらに削減できるだろうか?

　一部の企業は「**デジタルツイン**」の恩恵を受けている。デジタルツインとは、飛行機、オフィスビル、工場、サプライチェーンなど、物理的な資産や現実世界のプロセスをデジタルで再現したものだ。サプライチェーンの資産、ステップ、トランザクション、関係、その他の作業詳細を再現することで、ツインでは高度なリアルタイム・モニタリングと将来シナリオのテストが可能になる。サプライチェーン全般にとって有益で、特にサステナビリティの観点で非常に価値が高い。実際にグローバルの物流企業であるDHL（ディーエイチエル）社は倉庫管理用にデジタルツインを導入している[12]。

　第2に、サステナビリティについて考えるもう1つの生産的な方法は、**デザイン**という観点だ。かつては、**サステナブルなデザインと経済的あるいは収益性の高いデザインはトレードオフの関係にある**と考えられていた。しかし、サステナビリティはもはやニッチな概念ではなくなってきている。例えば、2015年から2020年にかけて、消費財の成長の50%近くは、サステナビリティをマーケティング戦略とし

た製品によってもたらされた。2022年の調査では、回答者の99％が環境に役立つと思われる行動をとっていると答えている。つまりサステナビリティを企業の戦略や価値観に取り込むための1つの場所が、デザインをつくり上げるプロセスなのである[13]。

　また、**ここでのサステナビリティとは、炭素削減以上のもの**を指す。KEARNEYのPERLab（プロダクト・エクセレンス＆リニューアル・ラボ）のクライアントの多くは、労働者の安全、人間工学トレーニング、その他ESG課題の社会的要素という観点からサステナビリティを考えている。サステナブルなデザインが製品のデザインとなることと同様に、**従業員中心、社会的配慮、地域社会への貢献**、その他の価値観に基づくアプローチもデザインになる。

　サステナビリティについて考える3つ目の生産的な方法は、**多様性**という観点から考えることである。農家なら誰でもわかることだが、同質性は脆弱性につながる。バナナを食べる人もこれを理解するだろう。というのも、バナナは1950年代まで、世界的に輸出される商品のほとんどが皮が厚く、房が密なグロス・ミッシェル種であった。しかし、ある病気がその種を一掃し、今では私たちはキャベンディッシュ種を食しているのだ。賢明なバナナ生産者であれば多様な品種を使用するのではないか？　そして賢明な企業も同様に、従業員やサプライヤーの多様性に頼ろうとするのではないだろうか？　異なる背景をもつ人々が集まれば、創造的な問題解決が可能になる。

　第4に、サステナビリティについて考える最後の生産的な方法は、循環型ビジネスモデルへのステップとして考えることである。**サーキュラー・エコノミー**では、すべての使用済み素材が新たな製品サイクルのインプットとして使用される。これにより、廃棄物や排出物がなくなり、世界の天然資源の安全で責任ある利用が保証される。完全な社会的循環の達成は可能であるとしても、それが何十年も先のことであることは明らかだ。しかしたとえ完全を達成できずとも、その一部だけであっても有益であるはずである。

　結局のところ、直線的な既存のサプライチェーンは、新規資源の採取を促進する一方で、使用済み製品を廃棄させてしまう。資源がより不足し環境が悪化すれば、**再利用**がより望まれ、より収益性の高いものになる。さらに、特に欧州では、規制によって循環型への移行が急務となる可能性がある。あるいは、社内の戦略や価値観からその必要

性が生じるかもしれない。KEARNEYの調査によると、循環型への取り組みを率先して実施し、オペレーションに組み込んでいる企業は、金銭的にも評判的にも恩恵を受けている。

サーキュラリティは、ビジネスモデルの抜本的な転換や、価値創造の見直しをともなうかもしれない。所有よりもアクセスを、そして新製品よりもパフォーマンスを重視するかもしれない（コラム「事例：新たなパートナーシップとテクノロジーによるサーキュラリティの実現」参照）。これは大きく、かつ長期的な課題で、一夜にして実現することはできない。しかし、このような問いかけや考えに触れることが、企業のサステナビリティに向けた挑戦の始まりなのである。最初の目標はサステナビリティかもしれない。しかし、最終的なゴールはレジリエンスなのだ[14]。

COLUMN

事例：新たなパートナーシップと テクノロジーによるサーキュラリティの実現

2015年のパリ協定に触発され、あるテクノロジー企業が2040年までに脱炭素化を達成する意向を表明した。真摯に取り組みを進めていると印象づけるため、同社は以下の具体的な取り組みを強化した。

科学的根拠に基づく目標イニシアチブ（SBTi）にしたがうこと、スコープ1、2、3の排出量それぞれに対処すること、同時にサプライヤーの多様性を確保すること、そして、単なる炭素クレジットの購入ではなく、排出量を可能な限り削減するため事業変革をすることである。

2040年の目標をどのように実行可能な取り組みに変換するのだろうか？　最初のステップは、現在地を把握しベースラインを設定することだった。ヒューリスティック（緻密な分析ではなく人間の直感に基づく問題解決方法の1つ）と推測を駆使して、同社は排出源の大まかな推定を行った。多くのハイテク企業と同様、同社ではスコープ3が最大の排出量であると判明した。顧客が同社製品を使用する際、電力を消費する。また、サプライヤーの排出量も、同社自身の排出量をはるかに上回っていた。

このベースラインに基づいて、同社は、調達、研究開発、販売、その他の機能ごとに、実行可能な目標を設定した。この目標は、各機能が全体の排出量に占める割合に対応したものである。そして、すべての目標を明確なマイルストーンを定めたロードマップに落とし込んだ。これらの計画達成の責任を負うのはそれぞれ異なるユニットや部門であり、ある単一のユニットが一度にすべてを解決する必要はないということを強調した。

　同時に、ドイツのサプライチェーン・デュー・ディリジェンス法（Lieferkettensorgfaltspflichtengesetz、LkSG）やEUのサプライチェーン法の施行が迫っていた。同社はドイツで多くのビジネスを展開しているため、サプライチェーンの透明性を確保する必要があった。よいニュースは、同社はすでに標準的な行動規範と監査を実施していたことだ。逆に悪いニュースは、ティア2のサプライヤーに対する透明性がまったくと言っていいほどなかったことだ。実際にLkSGはこの水準にまで透明性を求めていた。

　同社は最も戦略的なサプライヤーと協力して、ティア2サプライヤーの整理を行った。これらのティア2サプライヤーをESGリスク、特に環境への影響と労働や人権についてスコアリングした。これは、外部のデータ・プロバイダーや高度なアナリティクスを使用しない、比較的「手作業」のプロセスであった。同社は該当サプライヤーとオープンな対話を行っただけだ。その結果、すべてのティア2サプライヤーのデータベースとリスク・スコアカードを構築することができた。

　一方、同社は社内の炭素排出源にも取り組んだ。これらは自社の管理下にあったため、削減目標達成までのスケジュールは、ほとんどの場合2025年か2030年というように、はるかに短かった。測定ステップでは、工場での電気、化石燃料、水、その他のエネルギーや資材の使用状況を調べる何千もの物理的・デジタルセンサーのネットワークを設置した。これで、拠点やテクノロジーを横断してエネルギー効率をベンチマークできるようになった。またデータをリンクさせ統合することで、新たな効率化の機会を継続的に特定できるようになった。結果、これらは環境上のメリットだけでなく、コスト削減にもつながった。

　もう1つ早期のうちに実現したメリットは、プラスチック包装の削減であった。同社は、マーケティング、営業、調達、包装技術者、サ

プライヤーによる部門横断的なワークショップを開始した。ワークショップでは、包装廃棄物を削減するための複数のオプションが浮かび上がってきた。

- 一部の製品については、プラスチックから紙パックに変更したことで、同程度のコストにもかかわらず、強力なサステナビリティ・マーケティング効果を実現した。
- その他の製品では、プラスチック包装の形状と厚さを変更し、必要な材料を30％削減した。これもまた、大幅な材料費の節約につながった。
- どちらの選択肢も実行不可能な場合、同社はプロセスにおける廃棄物を削減する別の方法を見つけた。例えば、プラスチックフィルムのロールに必要な「フォアラン」の量を減らすために機械を調整した。印刷技術を変えて、使用する色の種類を減らした。また、パレットの利用率を向上させ、輸送にかかる排出量（とコスト）の削減もできた。

　この取り組みにより、消費者の廃棄物は大幅に減少した。また、この取り組みによって、同社の包装にかかる総費用を約10％削減することができた。最終的には、社内の部門横断的な協力関係を促進し、サプライヤーとのさらなる協力のアイデアを呼び起こした。
　すべての取り組みがうまくいったわけではない。しかし、ありそうでなかった角度から一歩を踏み出すこともあった。例えば、ある製品ラインから大量の金属くずが出た。そこで、新たな廃棄物管理サービス業者との提携を模索した。この業者は、廃棄物1トンあたりの固定額回収のような事業ではなく、同社や他の顧客と協力して、同社の廃棄物を必要とする他の業界がないか探した。するとこの金属くずの中には、特定の合金を製造するメーカーが必要としている組成にぴったりのものがあり、しかもそのメーカーはこの廃棄物管理サービス業者の顧客でもあった。
　最終的に、同社は廃棄物の売却という新たな収益源を見出し、廃棄物を使用するメーカーも資材にかかる費用を節約できた。そして、このサービス業者は、市場をつくり出しロジスティクスを組成する役割を果たしたことで、利益を得たのである。しかし、これほど多くの取

り組みを一気に始めると、参加企業は混乱したり圧倒されてしまったりしないのだろうか。

　もちろん、時にはそうだっただろう。しかし同社は、取り組みによって複雑さだったり、完了までの時間が異なったりすることを理解している。気候変動は一発の「銀の弾丸」で対処できるものではない。同社にとって最も優れている点は、社内外でサステナビリティに関する考え方やマインドセットを広く醸成しつつあることだ。サステナビリティへの勢いをつけることができれば、将来の課題も解決しやすくなるだろう。

第 7 章

戦略に対する
「5つの方程式」の
適用

　これまでの5つの章（第2章から第6章）では、それぞれまずは基本的な考え方（顧客の声に耳を傾けよう！　二酸化炭素を削減しよう！）から始め、そして徐々に、非常に大きな企業変革を必要とするようなアイデアに移行してきた（絶え間ない学習習慣を企業の価値観の中核に据える！　所有権よりもアクセスを重視せよ！）。それは、読者全員がこれらのアイデアをすぐに実行してくれることを期待しているからではない。むしろ、我々のこれまでの経験から、変革を成功させた企業は、このような道のりをたどっているためである。

　でも、**あなたは変革までを求めていない**、と感じているかもしれない。ただ、**もう少したくましくなりたいだけだ**、と。それでよいのである。

　第II部では、具体的なレジリエンスの実践方法や、サプライチェーンを強化している企業の具体的な事例を豊富に紹介する。第I部を読み全体像を理解したならば、これらのプロジェクトをより効果的に実施できるようになっているはずである。さらにこの後、5つの方程式がどのように相互に依存し合っているのかを理解できるだろう。例えば、顧客の嗜好やデータ分析によって、サプライヤーのバックアップ体制をどのように充実したものにできるのか、である。

　最後にもう一例を紹介したい。ある世界的な冶金企業が、アジアを拠点とする競合企業を買収した。同社は、効率性を高め、二酸化炭素排出量を最適化し、自社のサプライチェーンをよりレジリエントにする機会を見出した。そこで、買収後の企業統合の一環として、調達、

オペレーション、サプライチェーン、輸送、ロジスティクス、そして
マーケティングと販売といった中核的な機能を精査した。そのうち、
テクノロジーにレジリエンス獲得の機会を見出した。AIベースのテク
ノロジーを開発し、資材を最適化し、工場の二酸化炭素排出量を改
善し、25のグローバル工場に数百の顧客と11万の製品を効率的に割
り当て、全体の二酸化炭素排出量を削減した。このツールは現在、同
社のソフトウェアと販売・オペレーション計画（S&OP）プロセスに組
み込まれており、すでにEBITDAを1,000万ユーロ以上改善させてい
る。加えて、同社は、供給中断の影響を強く受けるサプライヤー、資
材、処方の組み合わせを特定し、レジリエンスを高める方法を見出し
た。この企業は、はじめから大きな変革に踏み出したつもりだったの
だろうか？　それとも、いくつかの基本的なアイデアを追求しながら、
より生産性の高い大きな変革に徐々に着手したのだろうか？

　その問いに頭を悩ませている間に、この章の教訓を持ち帰るのに役
立つ、より難しいさまざまな問いをいくつか提案したい（コラム「レジリ
エンス構築の目的をより明瞭にする『問いかけ』」参照）。これらの方程式は相互に
影響し合うものであることを理解した上で、あなたは自分の状況に合
わせ、その方程式を選択することが必要である。人間の才能によって
生まれたデジタルが、また人間の才能を開花させる。サステナビリテ
ィも人間の才能を目覚めさせ、その才能によってサステナビリティは
ますます加速する。供給基盤は顧客基盤に影響を与えうるし、顧客基
盤は供給基盤をも左右する。ついサイロ化して考えてしまう癖に打ち
勝つには、こうした知識が必要だ。サイロ化された思考ではレジリエ
ンスを達成することはできない。結局、レジリエンスの肝は、リスク
を集中させるのではなく、分散させることなのだ。

　しかし同時に、レジリエンスに向けた最初の一歩は、長い変革の最
初の一歩である。真のレジリエンスには変革が必要である。今はそう
思っていなくても、最初のプロジェクトが終わった後にそう思うかも
しれない。あるいは2回目。あるいは4回目。あるいは、数年後、こ
の本をはじめて読んだときの自分の会社や自分の姿を振り返って、
「ああ、自分たちは大きく変わることができた！」と思うときまで、
決して信じないかもしれない（その次の感想は、「抵抗しなければもっと簡単だっ
たかもしれない」だろうか？）。

　すべての変革は唯一無二であり、どのような変革にも通用する万能

のアプローチはない。しかし、これら5つの方程式の組み合わせが、変革の核となることを強調しておく。あなた自身が、これらの方程式を現在の戦略にどのように適合できるか考え、そしてその中から自分を最も後押ししてくれるものを選び出す。そして、それらを組み合わせると、相乗効果を得ることができるだろう。

変革は大変なことだと感じるかもしれない。しかし、これまで発生した数々の世界規模での危機や混乱はどうであったか？ あなたの企業はそれを乗り越えた。あなたは内なる強みを発見したかもしれないし、従来のままではいけないと判断したかもしれない。あなたには変化、変革が必要だった。その衝動は正しかった。

しかし、何かから逃げることだけを考えて変化しようとしてはいけない。例えば、絶え間ない危機や、従業員の燃え尽きや、失われた喜びから。何かを得るために変化するのである。チャンスをつかみにいこう。この新しいVUCAの世界において、一部の企業は成功するためのレジリエンスを備えている。

単刀直入にいえば、今、あなたの会社はおそらくそのような会社ではないだろう。しかし、そうなれる可能性はある。簡単だ。あなたの強みが何であれ、それを土台にしてレジリエンスを高め、その強みを中核に据えるのだ。あなたの会社の変革は、レジリエント・オペレーションに向けてサプライチェーンを強化するための、その第一歩から始まる。

COLUMN

レジリエンス構築の目的をより明瞭にする「問いかけ」

5つの方程式を自社で適用しようとする場合、あなたも第Ⅱ部で説明するような具体的な行動をとることになるだろう。しかし、実際に進めてみると、プロジェクトメンバーからこうした疑問が出るかもしれない。

このプロジェクトは一体何のためか？ 日々の売上や利益を直接拡

大させるものでもないのに、なぜこれがそれほど重要なのか？　この
レジリエンスを高めるプロジェクトがもつ目的ともたらすインパクト
を正確にチームが理解し、チームのモチベーションを高めるために、
以下のような質問を投げかけてみるとよいだろう。

- サプライヤー：非中核市場のアセットをすべて償却する必要がある
  としたら、あなたの企業のバランスシートはどのようになるか？　
  あなたの会社は存続できるだろうか？　これは、地政学的に大きな
  紛争が勃発すれば起こりうることだ。実際、規模は小さいとはいえ
  近年の紛争に際して、多くの企業がこの問いを自問自答せざるを得
  なかった。より大きな規模になれば、同様の事態はキャッシュフロ
  ーやバランスシートに重大な影響を及ぼす可能性がある。また、会
  計上の問題とは別に、多くのサプライチェーンはただ単に破綻する
  だろう。あなたの企業が存続できても、サプライヤーはそうではな
  いかもしれない。そうなると、どうなってしまうのだろうか？
- サプライヤー：ティア2、ティア3のサプライヤーは何社あるか？　
  まず誰なのか？　一度でも話したことがあるか？　もしティア2や
  それ以上のサプライヤーが見えなければ、上流工程での危機に備え
  るにあたり苦労することになるだろう。これらのサプライヤーと話
  をしたことがないのはなぜだろうか？　ティア1サプライヤーから
  の資材よりも、別のサプライヤーの資材のほうが製品にとって重要
  性が低いと考えているのだろうか？　あるいは、自分たちよりもテ
  ィア1サプライヤーのほうが、サプライヤーのリレーションシップ・
  マネジメントに長けていると信じているのだろうか？
- 顧客：あなたの企業の収益のうち、何パーセントがある1つの地域
  に集中しているだろうか？　債務超過に陥ることなく、この顧客ク
  ラスターを取り除くことは可能か？　なぜなら、貿易戦争による輸
  入割当や報復関税によって、その国や地域全体を失う可能性がある。
  その場合、利益率はどうなるだろうか？　資産の稼働率は低下し、
  固定費はより少ない売上高に分散される。他のものを誰かに販売す
  るために再利用したり、方向転換したりすることはできるだろう
  か？　それとも、もはや提供できない市場向けの資産や流通網を抱
  えたまま、立ち往生してしまうのだろうか？
- 従業員：次世代の才能を刺激する適切なインセンティブはあるか？

企業のレジリエンスと強さは従業員から生まれるものである。今日、従業員のモチベーションは、単純な金銭的ボーナスではなく、目的と喜びによってますます高まるものだ。あなたは従業員を満足させることができているだろうか？

- テクノロジー：あなたの業界における次の大きな破壊的技術は何か？ それは、可視性の向上、コラボレーティブ・オートメーション、あるいは絶え間ない学習が中心になるのだろうか？ そのいずれもが、あなたのビジネスモデルに大きな影響を与える可能性はあるが、その第一歩は、来るべき変化を理解することである。あなたは積極的にその変化の兆しを見出そうとしているだろうか？

- サステナビリティ：もし、使い捨てでありリサイクルできない材料を使用することが一切許されなくなったとしたら、あなたのビジネスは存続できるのだろうか？ これほど深刻でなくとも、似たようなことになるかもしれない。規制や顧客の要求によって、一部の材料は徐々に使えなくなっていくだろう。これには、サプライヤーに対する規制も含まれる。サプライヤーは、材料をより環境に優しいものにするために投資するよりも、市場から撤退することを決断するかもしれない。そのような事態が発生した場合、あなたの会社は現実的なオプションを用意できているか？ そのような選択肢は、オペレーションにどのような影響を与えるのだろうか？ その結果、あなたのサプライチェーンはどのように変化するだろうか？

- サステナビリティ：もし年間ボーナスがサステナビリティ目標の達成に連動するとしたら、あなたの年間ボーナスはどのようになるだろうか？ 例えば、排出量削減目標の50％しか達成できなかった場合、ボーナスは半減する（目標をまったく達成できなかった場合、ボーナスはゼロになる）としよう。別の例として、従業員の離職率が1ポイント上がるごとに、ボーナスが1ポイントずつ減額されるとしよう。それでもボーナスはもらえるだろうか？ 逆に会社にお金を借りているような状況になってしまうのでは？ だとすればそれはなぜだろう？ さらに、この2つの例を組み合わせた制度になったらどうなるだろうか？ そもそもサステナビリティのパフォーマンスは従業員の定着率と関係があるのだろうか？ 環境に配慮し、従業員を大切にしながら、高い利益をあげる（つまりボーナスを確保する）ことが難しいことは承知している。しかし、この3つの条件をすべて満たし

ていなければ、2〜3年以上にわたって業績を維持することはさらに難しいはずだ。

....

　我々の傾向として、日々の売上や利益など「目に見えるもの」に対する改善・改革には自然と前向きになれるが、影響は甚大でも発生確率の低い「目に見えない」リスクをどうしても軽視してしまうことがある。これは、古代の人間が日々生存のリスクにさらされていたのに対し、現代ではそうした身に迫るようなリスクはほとんどないため（基本的には、問題なく明日を迎えられると考える人がほとんどである）無理もない。

　しかし、現在は再び「明日何が起きてもおかしくない」と思わされるような、不確実な時代になってしまった。こうした時代で、リスクの備えによって将来10%の売上縮小を回避できるのであれば、それは日々の売上を10%拡大することと同程度の価値があるといえるのではないだろうか。こうした目的意識と危機感がチーム内で十分醸成されると、このレジリエンス向上プロジェクトはぐっと成功に近づくであろう。

第 II 部

....

戦略から実行へ：
「5つの方程式」の
実践

　第 I 部ではレジリエンスを強化するための「5つの方程式」について議論を展開したが、第 II 部ではその方程式を実践するためのアクションの説明を試みる。サプライヤー、顧客、従業員、技術、そしてサステナビリティを通じてレジリエンスを向上させる方法について議論したい。それぞれの章で、組織のさまざまなレベルで実行できるアクションを5つずつ取り上げている。各アクションについて、実際にどのような企業がどのように実行したのか、その詳細を示す例をいくつか紹介することで、一段と理解を深めたい。

　意見をもつこと自体は簡単である。多くの人がスポーツ、政治、そしてレジリエントなサプライチェーンを構築するための最良の方法について意見を述べることができるだろう（ただし、最後の点については意見をもつ人は少ないかもしれない）。難しいのは、そしてリーダーを際立たせるのは、それらを実行する能力である。タッチダウンパスを投げたり、効果的な法律をつくったり、運営プロジェクトを実施したりすることだ。だからこそ、本書の最大の章を実行に割り当てている。ここでは、これらの「5つの方程式」を実行に移す方法を示す。

もちろん、あなたはこれらのアクションすべてを実行する必要はない。いくつかは業界特有のものである。また、中には歴史的なもので、今日における優れたやり方を示すものではなく、この知恵の永続性を示すためのものも含まれる。また、いくつかのアクションはより戦術的で、チームリーダーや現地のマネージャーが実行するのが最適かもしれない。その他のアクションはより戦略的で、副社長や事業部門の責任者が主導するのが最適かもしれない（各章内にて、アクションは一般的に戦術的なものから戦略的なものへと広がる）。この組み合わせは意図的なものであり、企業のあらゆるレベルの人々がこれらのアクションを理解することで利益を得られると考えている。また、レジリエンスの鍵の1つはサイロ化を避けることであり、たとえ自分がこれらのプロジェクトを実際に推進しないとしても、それをサポートする必要があるかもしれない。内容をきちんと理解したメンバーであれば、常に容易にサポートできるだろう。

　第7章で議論したように、これらアクションを実行するプロジェクトはより広範な企業変革の一部となり得るし、そうなるべきだと考えている（第Ⅲ部で再びこのテーマに戻る）。しかし、同じく第7章でも述べたように、変革とは学校の教師がいうところの「追加点」だ。これらのプロジェクトの中から、あなたの企業の哲学や組織に最も共鳴するものをいくつか選べばよく、それでレジリエンスを向上できる。そして、本書は実行可能であるプロジェクトを網羅的に示すものでもない。実際に変革を行う際は、本書に記載されていないプロジェクトも実行することになるだろう。

　しかし、これらのアクションがあなたのサポートになることを期待している。

- 5つの方程式の実行方法を詳細に具体化する。
- 5つの方程式にしたがった変革を推進する行動に焦点を当てる。
- 5つの方程式とその実行がどのように重なり合うかを示し、各方程式が分離したままで変革を起こすのではなく、企業全体で行われるべきプロセスであることを示す。

　さて、第Ⅱ部の紹介はここまでにして、ついに実行に移そうではないか。

第 8 章

サプライヤーとの協働で
供給危機に対する
レジリエンスを構築せよ

近年のさまざまな危機は、レジリエントなサプライチェーンの必要性を示してきた。しかし、そうしたサプライチェーンをいきなり空想からつくり出すことはできない。既存および新しいサプライヤーとの関係を変革する必要がある。以下に、その実現方法を5つ示す。

Section 1
複数サプライヤーによるバックアップ体制で長期的なコストを削減する

　サプライヤーが1つしか存在しないサプライチェーンにこそリスクは存在する。そのサプライヤーを利用できなくなると、後工程での困難は避けられない。代替品への切り替えがそもそもできない場合や、たとえ代替品があるとしても、切り替えには慎重な品質検査やテストを必要とする。そうしたリスクを減らすためには、単一のサプライヤーへの依存度を下げることが必要である。

　これは直感に反するかもしれない。旧来のリーン生産方式では、サプライヤーを1つに絞り、高効率と規模の経済の最大化を実現するこ

とが望まれていた。製品を市場に投入するまでのスピードに対するプレッシャーが高まる中、この考えは強まる一方である。他に我々の要求レベルに応えられるサプライヤーはいるのだろうか、と。

しかし、時にはこうした単一のサプライヤーへの依存は硬直化した官僚主義から生じることもある。あなたは製品の資材をより調達しやすくするために、何か工夫しているだろうか？ 例えば、製品の仕様を可能な限り単純化し、資材の許容範囲を広げるなどすることで、他のサプライヤーからの調達可能性を検討したことはあるだろうか？ KEARNEYの調査によると、単一サプライヤーに依存している企業のうち、およそ3分の2はその企業の都合によるものであるとわかっている。これは、そうした企業ではエンジニアや営業部門が**最良の技術や市場投入までのスピードを重視している**ためである。しかし、調達のしやすさを考慮した設計を行えば、サプライチェーン全体の総コストを最適化することができる[1]。

仮にあなたがコヨーテ工業社という架空の企業に属しているとしよう。まず現在の調達元を整理してみる。調達部門がサプライヤーデータの分析プロセスには精通しているはずである。理想的には、この分析は専用ソフトウェアやAIを使って自動化されているとよいだろう。しかしこの調達部門の分析により、コヨーテ社の主製品の重要な資材はすべてアクネコーポレーション社（架空企業）という単一のサプライヤーから来ているとわかったとしよう[2]。

ここで、製品の生産を振り返ってみる。製品は予定通りに届いたか？ 宣伝していた通りの性能を発揮したか？ この製品はあなたの企業文化に適合しているか、それとも顧客の誤った使用を誘発するものになっていないか？ 次に契約を見てみよう。なぜこの製品はアクネ社に調達を依存しているのか？ それは知的財産の問題ゆえだろうか？ または前任者がアクネ社と長期的な契約を結んだためだろうか？

次に、こうした単一サプライヤーへの依存解消に向け、以下のいずれか、または複数のアプローチを試しながら案を洗い出してみよ。

- デスクトップリサーチを実施
- 市場レポートを購入
- スカウビー（Scoutbee）、ティルブック（TealBook）、SAPビジネス・ネ

ットワーク・ディスカバー（SAP Business Network Discovery）、またはアルパス（Alpas）などのサプライヤー紹介企業と協働
- あなたの業界に特化した実績のあるコンサルタントと協働
- 業界の同僚や業界団体と議論

　こうした作業を通して生まれた新たなサプライヤー候補に対し、情報提供依頼（RFI）や提案依頼（RFP）を実施しよう。これにより、サプライヤーの能力をより深く理解するとともに、あなたが狙う価格設定が実現可能か確認することができる。その間、研究開発（R&D）や製造部門とも議論し、あなたのニーズ、要件、能力を完全に理解しておくことが重要である。そして、その能力の一部をこの変革に向け確保しておくようにしよう。

　その後、有望性が見られたサプライヤーを招き、議論しよう。そのサプライヤーはあなたの企業にどのような価値をもたらし得るか？　価格はどうか？　そして重要なのは、こうした代替案に付随するリスクを正確に把握することである。例えば、そのサプライヤーが今のサプライヤーと同じ国にあるか、または同じ国にあるティア2サプライヤーから調達している場合、結局現在と同様の地政学的および輸送リスクに直面する可能性がある。それではバックアップとしては望ましくないかもしれないが、落胆することはない。そもそもすべてのリスクを完全に排除することなど不可能である。その代わり、こうしたリスクを分散させ、危機によってあなたの企業が破綻しないようにすることが重要である。

　そうした検討を経て有力なサプライヤーを見つけることができた場合、そのうち最も競争力のあるサプライヤーをバックアップ体制に組み込む。こうすることで、万が一あるサプライヤーとの取引が部分的または完全に止まるようなことがあっても、バックアップ体制があることで安心できる。また必要に応じて、ピーク時の需要に対応するためにこのバックアップサプライヤーを利用したり、既存のサプライヤーが価格を上げた場合にはもう一方のサプライヤーに取引量を一部移すこともできるようになる。いずれの場合も、サプライチェーンの弱点がなくなり、バックアップ体制をもつことで安心できる。

　もちろん、落とし穴もある。前述の通り、もしバックアップサプライヤーが今のサプライヤーと同じ地域にあるか、または同じティア2

サプライヤーを使用している場合、調達リスクの軽減はあまり期待できない。加えて、あまりに多くのバックアップサプライヤーをもちすぎると、コストと複雑性が増しすぎてしまう。これはコストとリスクのバランスの問題である。サプライヤーが少なすぎるとリスクが高まり、逆にサプライヤーが多すぎると規模の経済やサプライヤーとの貴重なパートナー関係を失うかもしれない。

　だからこそ、はじめに調達元を整理し、特にバックアップ体制が必要な箇所を特定したのである。また、ティア1サプライヤーにとどまらず、サプライチェーン全体の透明性が必要なのもそのためである。レジリエンスと効率のどちらを優先するべきかを考え、それをもとに調達が必要な資材ごとにサプライチェーンを設計していくのである。

　加えて、バックアップサプライヤーとの関係を管理することも重要である。バックアップサプライヤーに対し、想定される生産規模を提示することが必要だ。例えば、あなたがRFPにて10億円規模の発注をすると示唆していたが、実際にはそのうちの10%しか発注しなかった場合、それまで関係構築にかけた努力が無駄になるかもしれない。事前に明確な説明さえあれば、はじめは総量の10%のみを発注すること自体は問題ない。実際、小規模ずつを定期発注することでサプライヤーとの関係に対しむしろメリットを生む可能性がある。新しいサプライヤーとの取引では、特にはじめはサプライヤーが提供する部品の品質、通常時やトラブル発生時のコミュニケーション、自社との相性など、不確実なことだらけである。そのため、まずはスモールスタートとして小規模な発注から行い、互いに試行錯誤する余地をもっておくことは賢明ではないだろうか。このような、スモールスタートでの試行錯誤をした後に量産化に踏み込む、といったロードマップとその目的をきちんと相手のサプライヤーに伝えれば、何ら問題はないのである[3]。

Section 2

サプライヤーとの協働で「コスト削減を超えた」最適化を目指す

旧来のリーン生産方式のもとでは、すべてはコストを中心に決まっていた。サプライヤーのインセンティブはできるだけ安価に生産することにあり、また従業員のインセンティブは価格交渉を行うことであった。しかし、リスクが増大している今、コストの代わりに「価値」を追求する必要がある。

したがって、サプライヤーと議論する際、情報共有を徹底してみよう。**我々はこうしたいのだが、あなたはどのようにサポートできるだろうか?** 力になりたいと思っているはずだ——それがサプライヤー自身にとってもビジネス拡大につながるためである。成功するために何が必要かをあなたが説明することで、サプライヤーが新たなよいアイデアを生み出してくれるかもしれない。

こうしたよいアイデアは価格だけにとどまらない。低価格は依然として重要であるが、プロセス、物流、設計などの面でともに最適化できる方法を探ることで、あなたとサプライヤー相互にとってのメリットを見つけることもできるかもしれない。

つまり、成功するために何が必要であるかを調達担当者自身が理解しておく必要がある。以前は、調達担当者は市場価格だけを知っていればよく、価格をもとに交渉を行っていた。しかし今は、調達担当者はより大きな視野をもつ必要がある。この材料が顧客価値の創造にどう貢献するのか、またなぜそれが重要なのか。このため、調達担当者にはより大きな権限を与え、また研究開発や製造部門も交渉に参加させることが必要となる。

たしかに、こうした内部での調整は難しいかもしれない。例えば、複数部門が協力して共同で最適化を目指すには設計の変更をともなう場合があるが、研究開発とエンジニアリングがこれに合意する必要がある。時に、こうして提示された変更案に対し抵抗感を示すこともあるため、早い段階で関与させることが重要だ。

また、プロセスを変更する場合は、各アクションの責任者と実行計

画をきちんと明確にする必要がある。誰が交渉を担当し、誰が最適化を実行するのか？　各アクションはいつ行われるべきか？　以前のコスト重視の交渉では、経験に基づいてつくられた明確な計画があったが、今は優先事項もプロセスも異なり、新たな計画なしで進めるわけにはいかない。

　また、企業外部との調整も同様に難しいかもしれない。まずは、重要なサプライヤー、つまり調達で大きな割合を占める既存のサプライヤーから始めるべきである。これは当然、オフィス用品のサプライヤーとはならない。加えて、そのサプライヤーが誠実であることを確認する必要がある。サプライヤーは時たま、具体的な計画に基づかない夢物語を提示してくることがある。そして、実際になると、急遽設計変更が必要となり、追加のテストが必要であるため、約束していた10％の割引が提供できないといわれてしまうことがある。または、コスト削減の根拠が不十分なまま、例えばパレットを積み重ねることで保管コストを20％削減できると主張されることもある（実現には倉庫のサイズを20％縮小する必要があるものだ）。あるいは、10％出荷量を減らすとコストを10％削減できると主張されることも（実現には倉庫の人員を10％減らさなければならないものだ）。こうしたサプライヤーからの主張は、交渉に誠実さが欠落していることを示している。パートナーシップに値するサプライヤーは、定量的で具体的な目標に同意し、ベースラインを設定し、そのベースラインに対し年単位での達成目標をあらかじめ契約で定義するものである。

　こうした最適化に向けた機会や目標を考える上では、サプライヤーに直接アイデアを求めるのが1つの方法なのである。単純すぎるかもしれないが、実際に議論してみるとサプライヤーがもっているアイデアの数に驚くだろう。サプライヤーは以前から自らのアイデアをもっていたが、あなたが交渉の場で価格以外に関心がなかっただけである。もちろん、そうしたアイデアはあなたの社内で構造的に、部門横断で評価される必要がある。そのアイデアの実現可能性は？　価値を生み出すものか？　ステークホルダーがどれほど喜ぶだろうか？

　他に機会を見つける有効な方法として、**提案依頼書に指定された仕様外の提案を受け入れるセクションを追加する方法**がある。通常の提案依頼書では、サプライヤーにあなたが指定した仕様に基づいた見積もりを提示することを求めるが、その仕様を変更できるとした場合ど

うなるだろうか？　このセクションでは、例えば「**この材料を変えられるのであれば……**」や「**納品を月に2度ではなく、月に1度にまとめて行うことができるならば……**」といったアイデアを提供してもらうことができる。これが共同で最適化を目指すための素晴らしいアイデアの源となりうる。もしあなたの企業に十分な保管スペースがあれば、月に1度の納品にすることで不要な物流コストを削減できる。また、異なる地域でより豊富な代替材料があれば、地政学的リスクを軽減する機会にもなる。こうしたアイデアをあなたの社内やサプライヤーと議論し、また関係の深さによっては、既存のサプライヤーとそうした競合による代替案について議論することもできるだろう（コラム「9時から5時までの指定配達時間は必要か？」参照）。

　価格だけで交渉していた頃は、サプライヤーとの関係は単なる取引関係に過ぎなかった。一方的に価格を下げるよう要求し続けるような交渉で、サプライヤーに品質を犠牲にしない無理のあるコスト削減を強いたことで、サプライヤーの利益を脅かしていた。しかし、互いに協力しながら最適化を目指すことで、より強い関係を築くことができる。レジリエンスはそうした関係によって決まるものである。

　サプライヤーがあなたのことを要求の多い上司としてではなく、パートナーとして認識してくれるようになると、あなたが困難なときにサポートを受けやすくなる。あなたの目標やプロセスをサプライヤーと共有することで、創造性が高まり、サプライヤーに対する理解を深めることができる。その結果、サプライヤーの弱点も把握できるようになり、その弱点はあなたが抱えるリスクの源として認識できる。レジリエンスとは、危機で動じないよう、事前にリスクを把握しておくことなのである。

COLUMN
9時から5時までの指定配達時間は必要か？

　ある医療機器のオンライン小売業者は、顧客への速達配送にかかる費用が高すぎると感じていた。インフレが同社の利益を圧迫する中、

物流業界におけるキャパシティ不足を考えると、既存の配送業者は価格面での譲歩を拒んだ。そこで同社は提案依頼書を発行することにした。

客観的にはこの提案依頼書は失敗したといえる。回答者のすべてが既存業者よりも大幅に高い価格を提示したのである。しかし、同社は指定した仕様外に提案を受けつけるセクションを設けたところ、複数業者が、既存業者より最大30％安い入札を提示した。ただしその条件は、同社が設けていた午前9時から午後5時までという指定配送時間帯を緩和することであった。

こうした新たなアイデアについて社内で議論を重ねた。時間帯制約はなぜ存在していたのか？　時間帯制約を廃止すれば、実際に顧客価値は向上するのではないか？　というのも、人々は通常9時から5時の間は家を空けており、仕事の前か後に配達を受け取るほうが好まれることがわかったのである。この時間帯制約は既存のサプライヤーによって設定されていたことが判明し、また競合他社では満たすことができない制約を意図的に仕組んでいたものであるとわかったのである。

この分析結果に基づき、同社はより安い料金で高いサービス品質を提供する新しいサプライヤーに切り替えた。結果、同社の総物流費を20％削減することができた。

Section 3 / サプライヤーと戦略的パートナーシップを締結する

20世紀初頭、実業家であるハリー・チャイルドはイエローストーン国立公園でホテルを経営していた。自動車による移動が普及する前は、このホテルの宿泊客はみな列車を利用して訪れていた。そのため、彼はノーザン・パシフィック鉄道（NPRR）と非常に緊密なパートナーシップを結んでいた。

NPRRはこのパートナーシップを大切にしていたため、チャイルドにさまざまな支援を提供した。外部銀行のわずらわしさなしに貸付を行ったり、サプライヤーとの交渉を手伝ったり、政府規制当局へのロビー活動を行ったりしてくれた。チャイルドはこのような手厚いサポートを受け、NPRRがひたすら自分のために尽くしてくれているように感じていた。しかし、NPRRにとっても、こうした支援が当関係を強化する役割を果たしていたのである。NPRRはチャイルドを、業界や地域、そしてNPRRのニーズについて深く理解している賢明なビジネスマンと見ていた。つまり、このパートナーシップは双方にとってWin-Winであったのである[4]。

前節（「サプライヤーとの協働で『コスト削減を超えた』最適化を目指す」）では、パートナーシップという言葉を広く使い、サプライヤーとのパートナーシップの精神が重要であると述べた。しかし、場合によってはより戦略的なパートナーシップを結ぶべきかもしれない。時にはサプライヤーに投資することも考えられる。目指すべき目標は、賢く才能のあるサプライヤーとのWin-Winの関係を維持することである。

まずは、重要なサプライヤーを招き、直接会って関係を築くことから始める。その後、自社の人員をサプライヤーの拠点に派遣する。このとき、調達担当者だけでなく、エンジニアや品質担当、経営幹部も含めて訪問することが重要である。また、調達責任者とサプライヤーのCEO、あるいはCEO同士の会議の場を設けるのもよいだろう。

時間が経つにつれて、こうした会議が両者間の信頼関係を築く。信頼が確立したら、自社の情報を開示し始める。ここでいう「開示」とは、資金調達やコストの計算方法のことではなく、より広義のものを指す。自社の生産プロセス、またサプライヤーの生産プロセスをともに精査することで、双方にとって最適化の方法を見つけるのである。例えば、サプライヤーの拠点訪問の際にあなたの企業のエンジニアが何か非効率な点を特定した場合、それに対してサプライヤーと一緒に解決策を設計するとよい。サプライヤーが出荷手順を改善するとより効率的になるか、あるいはあなたの企業の受け入れ手順を調整するほうがよいかもしれない。

協力して進める最適化は、常にパートナーシップを土台にするものである。サプライヤーと協力することで、そのサプライヤーやサプライヤーの課題をより理解できる。信頼を築くためには、合意内容を遵

守し、パートナーシップの持続的な発展をともに目指す必要がある。この信頼を決して悪用してはいけない。例えば、サプライヤーの生産ラインを検査する場合、その後あなたから一方的に改善要求を押しつける形で終わってはいけない。たとえあなたが「ここに投資すればコストを10%削減できるではないか」と考えたとしても、10%の価格引き下げを強要することをしてはならない。あなたが期待することや、どのように利益を分配するかについて議論することはよいことだが、その議論の結果をあなたが一方的に決定してはいけない。

　ここで、注意すべき事例を紹介する。ある会社が協力的なサプライヤーの工場にエンジニアを1週間派遣し、サプライヤーの全工程に対する理解を深めようとした。エンジニアたちが帰国して1年後、その会社は生産を内製化し、そのサプライヤーとの取引を完全に取りやめることを発表した。全工程を理解でき、自分たちで再現できると考えたためである。しかし、内製化を進めるにあたり、ある特定の部品については同品質を自分たちで再現できず、サプライヤーにしかできないことに気がついた。しかし、かつて協力的であったサプライヤーは当然、同社からの問い合わせを瞬時に拒み、結果同社は自力で解決策を探るほかなく、長く困難な道のりを歩むこととなってしまった。

　しかし同時に、こうしたパートナーシップの中でも自分を守ることが重要である。つまり、戦略的パートナーシップを築いたとしても、万が一に備えてサプライヤーのバックアップ体制を用意しておくべきである。その戦略的パートナーが、負債超過や技術の陳腐化、顧客を奪われるなどの理由で破綻することが明らかになると、これまでのその戦略的パートナーシップに対する取り組みはサンクコストとなってしまい、かつすぐに別のサプライヤーを探さなければならない。このサプライヤーを無理に延命させようとすると、最終的にはあなたの企業が危機に陥る可能性がある。こうしたサプライヤーに対する依存は、あなたのレジリエンスを低下させてしまう。

　目標は当然、高いレジリエンスを確保することである。主要なサプライヤーの状態を把握しておくことで、そのサプライヤーが失敗してしまうリスクをあなたが減らすことができる。最悪の場合でも、強化された関係と透明性により、問題の早期発見ができる。このようにして、サプライチェーンの潜在的な弱点を強化し、危機において曲がることはあっても壊れないサプライチェーンを築くことができるのであ

る。

Section 4

サプライヤーの関係と
管理範囲を拡張する

　過去、リーン生産方式のもとに成功を収めたサプライチェーンの多くは、「見えないところにリスクはない」という幻想によるものであった。リスクをサプライヤーに押しつけることで、自社の利益が改善すると考えていた。一方、サプライヤーも同じように考えていた。労働問題や地政学的リスク、物流のトラブルなどは他社の問題で、自分たちには関係ないと思っていた。

　数十年間、こうしたリスクはほとんど顕在化しなかったため、この「幻想」に頼ることは賢明だとされていた。しかし、最近ではリスクが実際に起こりうることがわかってきた。例えば、一部の自動車メーカーは、すべての調達管理をティア1サプライヤーに任せていた。つまり、何か問題が起きたとしても責任をサプライヤーに押しつけられる仕組みを築いていたのである。しかし、半導体の供給危機では、問題の根本はティア3やそれ以降のレベルにあった。ティア1サプライヤーはこの危機に対する備えができておらず、自動車メーカーに至っては備えどころか、問題に気づいてさえいなかった。

　要するに、他社のバランスシートにあるリスクであっても、自分たちが影響を受ける可能性がある。つまり、エコシステム内のすべてのリスクを考慮する必要があるのだ。

　自社のサプライヤーを管理するだけでは不十分である。管理の対象をサプライヤーのサプライヤー、さらにはそれ以上に広げる必要がある。例えば、ドイツのサプライチェーン・デュー・ディリジェンス法[5]（Lieferkettensorgfaltspflichtengesetz、略してLkSG）などの新しい規制はこうした広範な管理を求めている。この規制は透明性を重視しており、サプライチェーン内のどの会社が人権や環境に対して不正行為をしているか把握することを求めるものである。しかし、透明性を高めるためには、

サプライヤーとの関係深化が必須である。サプライヤーも自身のサプライヤーと健全な関係をもつ必要があり、そのためにあなたの企業もサポートできる。例えば、そのサプライヤーの交渉に向けあなたの知識とリソースを提供したり、サプライヤーのフィットネスプログラムを拡充する手助けをしたり、またはサプライヤーのサプライチェーンを整理しバックアップ体制を構築する手助けをしたりできる。

こうした取り組みを始める最も簡単な方法は、当セクションですでに述べた取り組みの延長として臨むことである。重要なサプライヤーを特定し、信頼を築いてきた。その信頼の一環として、あなたの目標や規制面での課題に情報を共有している。ここで続けて、あなたのサプライヤーに対し、ティア2以降のサプライヤーに関する情報を共有してもらえないか頼めばよい。そして、得た情報をもとにバリューチェーンを描く上で、必要なツールに投資すればよいのである。

繰り返しとなるが、信頼関係があれば、相互に助け合う関係が構築できる。例えば、サプライヤーが行う交渉にて自分たちのサポートが必要かどうかを尋ねてみるのもよい。こうした話題は自然に出てくるようになる。例えば、サプライヤーから価格の引き上げに関する連絡が来たとする（「コストの40%を占める原材料のサプライヤーが価格を10%上げたため、当社も4%の価格引き上げが必要です」）。あなたは、「情報提供いただきありがとうございます。その原材料は互換性をもつものでしょうか？」と返すことができる。

また、ティア2サプライヤーに対する理解を深めることで、どこで自分がもつ影響力を最大限活用できるかを探ることができる。目指すべき目標はエコシステム全体を強化することである。サプライヤーのサプライヤーが物流の調整や政府のロビー活動、消費者の意識向上によって利益を拡大できるのであれば、そのサポートをすることで最終的に自分にもメリットが返ってくるだろう。

こうした取り組みにおける**最大の落とし穴は、サプライヤーを自社の一部と考えてしまうこと**である。まず、そのような考え方ではサプライヤーに対し恩着せがましくなり、それが原因で関係が悪化することがある。サプライヤーは独立した存在であることを常に認識する必要がある。また、そのサプライヤーはあなたの競合他社とも取引している可能性がある。特に、より上流のティア2、ティア3サプライヤーになるほど、その可能性は高くなる。しかし、それ自体は問題ない。

あなたは規模の経済を活用した上で、独自の特徴を加えて競争優位性を確保しているだけである。重要なのは、サプライヤーが自社の一部ではなく、サプライヤーの自主性を尊重して関係を管理する必要があることだ。

もう1つの潜在的な落とし穴は、外部のデータサービスプロバイダーを通じて透明性を得ようとする点である。例えば、バングラデシュのダッカの繊維工場の二酸化炭素排出量や中国の深圳の工場の労働慣行についてのデータを販売する会社があるとする。このようなデータを販売する外部業者は役立つこともあるが、そうしたデータを100%信頼することはできない。多くの業者は自ら監査を行わず、政府や他の監査機関からの報告を集めているだけである。制度が未熟な国では、その監査結果自体が信頼できないものである。サプライヤーと直接やり取りし、実際に自分の目でたしかめることが何よりも重要である。

しかし、同時にその複雑さに埋もれるようなことがあってはいけない。もしサプライヤーが1,000社あり、それぞれに1万社のサプライヤーがあるとすると、ティア2のネットワークには最大で1000万社のサプライヤーがいる可能性がある。これだけのデータを追跡するのは難しい。あなたが影響を与えられる部分に焦点を当てることが大切である。

変化を起こすためには、第6章で説明したように、サステナビリティの問題を政治的なものではなく戦略的なものとして考えるべきだ。規制にしたがうことが目的ではなく、強みを発展させることが重要だ。サプライヤーの管理範囲を拡張することで、ティア2やティア3のネットワークに関する貴重な透明性が得られ、その結果、問題の早期発見が可能になる。

サプライヤーとの関係管理を適切に行えば、潜在的なリスクに対する理解も深まり、そのリスクを軽減するための手段を拡充できる。例えば、サプライチェーンの地理的な集中とそれがはらむ地政学的リスクが明らかになるかもしれない。また、労働条件が不適切なサプライヤーがもたらすようなサステナビリティリスクは単に規制の問題だけではない。罰金を科されるリスクこそ比較的低いが、ESG違反（児童労働や環境汚染など）でサプライヤーが操業を停止することや、メディアの報道や活動家のキャンペーンによって顧客を敵に回すことのほうがはるかに大きなリスクだ。これらリスクの軽減に取り組む価値は確実

に大きい。

Section 5 / リショアリング・ニアショアリングで地産地消を実現する

　本書で繰り返し主張してきたように、リショアリングの実行は、レジリエンスや業務変革についての広範なトピックの中で議論されるべきである。我々はリショアリングを推奨しているが、流行に乗っているわけではない。そうした流行と一線を画すために、むしろ我々は「地産地消」というフレーズを好んで使う。業界によっては、調達、製造、販売がリンクした複数の地域拠点をつくることが、最もレジリエントで収益性の高い体制となりうる。

　サプライチェーンの重要な部分を自社の近くに移す方法は2つある。1つは、既存のサプライヤーにインセンティブを提供することで、サプライヤーの製造拠点を自社の近くに移してもらう方法である。これは当然信頼関係を構築できているパートナーと共同で進めるものである。それまでの関係に基づき、サプライヤーがあなたのインセンティブを受け入れてくれると、このリショアリングは共同の取り組みとなる。

　もう1つの方法は、自社と同地域にある他のサプライヤーに切り替えることである。これもパートナーシップの一環で、あなたがそのサプライヤーの能力強化に向け、直接的および間接的なサポートをする必要があるかもしれない。直接的なサポートとは、需要拡大に合わせサプライヤーの生産能力を拡大するために、前もって保証や長期的な契約、場合によっては財政的支援を提供する必要があるかもしれない。これに加えて間接的なサポートとしては、そのサプライヤーがもつ他の取引先との関係構築や、本書がこれまで説明した他トピックでのサポートができるかもしれない。

　まずは、サプライチェーンの長期シナリオ分析を行うとよいだろう。異なるマクロ経済、地政学、物流のシナリオの下で、あなたのサプラ

イチェーンにどのような影響が起きうるか検討する。例えば、世界的な景気後退、エネルギー価格の長期的な上昇、地域の政治的変動、戦争、自然災害の増加などが、あなたのサプライヤーにどのように影響するかを考える。

同時に、国内の製造業を取り巻く情勢も考慮するべきである。具体的には、新たな規制、環境や安全に関する問題、リショアリングのための補助金、その他の政治的要因があげられるだろう。国内に十分な生産能力および専門性をもっているだろうか？　または新たな生産能力や生産性を創出することはできるか？　加えて、近隣諸国でのニアショアリングの選択肢についても検討するべきである。近隣国を活用できるか、その利点とリスクは何かを評価するのである。

これらの検討により、リショアリングの実現可能性を判断できるようになる。次に、長期的なビジネスケースを作成し、その実現方法についてサプライヤーと議論する段階に進む。業界や規模によっては、競合他社と協力して需要を確保させ、サプライヤーに必要な投資をうながす方法も検討してもよい。あなた自身がサプライヤーに投資したり、ジョイントベンチャーの設立を検討してもよい。現状ではリショアリングが政治的にも人気のあるテーマであるため、規制当局がこれらの取り組みを独占的とみなす可能性は低いだろう。しかし、中には業界団体などが効果的に機能していない業界もあり、そこでは競合との議論の場の確保から課題となることもある。

リショアリングには当然コストがかかる。そのコストを事前に理解し、トレードオフを考慮して賢明な決定を下す必要がある。例えば、リショアリングは規模の経済を弱め、また人件費も増加する（人件費の削減こそが当初オフショアリングを選んだ理由の1つであったはずだ）。また、新たなサプライヤーの開拓と関係構築に対して時間や資金を投入する必要があるかもしれない。これらのコスト増加をどのように吸収するか考える必要がある。

こうしたプラス面とマイナス面を天秤にかける際、あなたが抱えていた問題に対し、リショアリングは効果的に対処するものであるか確認することが重要である。例えば、最も近隣に存在するサプライヤーに切り替えるとしても、そのサプライヤーがグローバルなサプライチェーンを通じて生産活動を行っている場合、これはサプライチェーンの強化にはなっていない。むしろ潜在する問題に対する透明性が低下

しただけである。

　最後に、あなたが大手企業であれば、リショアリングによって報復を受ける可能性がある。例えば、特定の国からの調達をすべて取りやめた後、同じ国での製品販売は継続して行おうとすると、その国の国内市場へのアクセスが制限される可能性がある。リショアリングの議論は、オフショアリングに積極的に取り組んでいた先進国で活発になっているが、世界は変わり、今では「地産地消」という視点をどの地域にも適用できる。

　リショアリングにはリスクを増大させる可能性もあるが、それでも魅力的な点がある。最大の利点は、長距離輸送を削減できることだ。場合によっては、輸送自体を完全になくすこともできる。海上輸送や航空輸送への依存を取り除くことで、港の混雑、テロ、悪天候による遅延などのリスクを大幅に軽減できる。また、リードタイムも大幅に短縮されるため、柔軟性が向上する。

　リショアリングによって、輸入割当による制約からも解放される。その地域の規制遵守に向けた難易度が下がり、また特に規制が厳しい業界では、国境を越えないことで機動性が増す。また、半導体などの分野では、地域の産業政策に貢献することもある。さらに、地域の顧客が地産地消を評価する（または将来的に評価する可能性がある）場合、顧客の面でもレジリエンスを構築することができるのである。

第 9 章

顧客のためのオペレーション体系をつくり上げ需要危機に備えよ

　真のレジリエンスを獲得するには、サプライヤーとの関係を見直すだけでなく、分析対象を顧客にまで拡張する必要がある。以下で顧客の需要変化に対するレジリエンスを構築するための5つのアクションを取り上げる。

Section 1 / 顧客の声に真摯に耳を傾ける

　「**本書の最後に簡単なアンケートがあるが、お答えいただけるだろうか?**」。2問程度であれば、せっかくここまで読んでいただいているのだから答えてもらえるのではないか？　残念ながら、古典的な「書籍」においてそのようなアンケートを実施することはできない。

　しかし、我々はあなたの意見に大いに関心がある（本当に興味があるのです！　もしよければ、ResilientOperationsBook@kearney.comにメールしてください）。顧客の声を聞くことは、ビジネスの成功を導く最も古典的な方法である。そして、書籍とは異なり、今日の多くのテクノロジーによって顧客の声を聞くことはますます簡単になっている。

多くの企業が、自分たちは顧客のニーズをよく理解していて、顧客の意見を聞いていると主張する。しかし、実際にはただの建前に過ぎないことが多い。顧客からのフィードバックを収集しない、または収集したフィードバックを活用しない企業が多いのである。競争に打ち勝つためには、定期的に顧客とつながる場を設けたり、フィードバックを自動的に収集したりする方法を生み出すことが必要である。

顧客の声を聞く機会を定期的に、そして積極的に提供できているだろうか？　カスタマー・ジャーニーを絵にしてみよう。どのタイミングで顧客との接点をもてているか、そしてフィードバックを獲得する最適なタイミングはどこにあるだろうか？　例えば、購入から数週間後に接点をもつこともできる。適切なタイミングを見つけるのは難しいが、早すぎず、遅すぎず、なおかつ顧客が忙しくないタイミングが理想である。中には、詰め替えや付属品を購入するタイミングを利用する企業もあるが、これでは商品を購入しなかった顧客の意見を聞けないというバイアスがあり注意が必要である。

次に、**顧客からどのように声を収集するか検討してみよう**。質問を工夫して、意味のある回答を引き出すようにしてみよう。回答が集まったら、それをじっくりと分析する。共通するパターンはありそうか？　例えば、性別や年齢といった属性や地域、ユースケースにパターンがあるかどうかを確認してみる。こうした回答から何を学べるのか？　その学びは製品や業務にどのように活かすことができそうか？

これが将来的にあなたの企業の「コア・コンピタンス」となるかもしれない。例えば、美容業界では、カラーポップ（ColourPop）、カイリーコスメティクス（Kylie Cosmetics）、タタハーパー（TATA HARPER）、トゥラ（TULA）、セントバード（SCENTBIRD）といったスタートアップブランドが、既存の業界プレーヤーとの競争に挑んだ。スタートアップブランドは、新しい製品や顧客体験の設計、顧客との関係深化に注力し、製造、eコマースのプラットフォーム、顧客への直接配送（Direct to Consumer, DTC）などのその他業務はすべて外部委託していた[1]。

ここで、いくつか守るべきルールがある。顧客との関係を強化するために情報を求め、それを処理して行動に移すわけだが、その際に注意すべき点は以下の通り。

- **フィードバックを過剰に求めないこと**：顧客をわずらわせてしまう

ため、頻繁にフィードバックを求めるのは避けるべきである。

- **シンプルな5段階評価では不十分**：より具体的で建設的な改善点を尋ねるようにするべきである。
- **顧客の教育が目的ではない**：顧客が商品を意図した通りに使用していないとしても、それはデザインや製品開発、マーケティングに対する貴重なフィードバックであり、顧客のミスではない。
- **顧客が新しいブランドや商品をどのように調べ、学んでいるか理解する必要がある**：KEARNEY Consumer Institute によると、多くの企業は自分たちが知っていると思い込んでいるようだが、実際理解できていない場合が多い。こうした顧客に関する知識が、フィードバックの最適な収集方法や接点のもち方を決める上で役立つ[2]。
- **顧客は、非常に満足しているか、または非常に不満をもっているときにしか回答しない可能性があることに留意する**：これによって、最も低い1点または最も高い5点の評価が多くなることがある。しかし、本当に価値のあるフィードバックはその間の2〜4点のものである。これらの顧客は商品に対し概ね満足しているが、いくつかの重要な欠点を見つけており、それを示してくれることが多い。
- **最後に、こうした顧客との接点はマーケティングの場ではないことを忘れないでほしい**：自社を誇示したり、顧客の声を無理に操作する必要はない。例えば、高いフィードバックを提供した顧客に対して割引などのインセンティブを提供してはいけない。

　これらのルールを守ることで、企業はレジリエンスを築くことができる。顧客の好みが変わったり、需要が急増したりするとき、企業はその変化に適応する必要がある。顧客の感情に密接に沿うことで、これらの変化を迅速に認識し、すぐに対応することができる。また、デザインの欠陥や品質の問題がある場合も、問題に確実に気づき、適切な対応をとることができるようになる。

　顧客の声は、製品ポートフォリオの決定にも役立つ。どの製品ラインを拡張すべきか？　どこに投資すべきか？　どの製品を取りやめるべきか？　データが多いほど、こうした質問に自信をもって答えることができる。

Section 2

データ・アナリティクスによって顧客接点と需要予測を拡充する

　個別の顧客と話すのは非常に古典的な方法である。我々は古典的な方法も大切にしている——結局、この本を伝統的な紙の形式で提供しているのだから！——しかし、新しい技術は新しいアプローチや能力、視野の広がりをもたらしてくれるため、それも無視すべきではない。

　2000年代初頭では、商品に対して人々の間で交わされる実際の評判を知ることは難しかった。しかし今ではそれがテクノロジーによってはるかに簡単になった。例えば次のような分析ツールがこれを可能にしている。

- **データマイニング**：巨大なデータベースを分析し、洞察と予測を導き出す
- **ウェブクローリング**：最も関連性の高いデータソースを特定し、スクレイピングして集約する
- **感情分析**：顧客があなたのブランドと競合他社をどう区別しているかに加え、そうしたブランドに抱く印象を生み出している感情を明らかにする
- **自然言語処理**（Large Language Model, LLMを含む）：AIを使用して音声とテキストの表現を認識する

　内部でこうしたテクノロジーに投資する代わりに、これらを使いこなす専門の企業を雇うという選択肢もある。いずれにしても、こうした高度な分析手法を用いることで、顧客のフィードバックから有意義な洞察を得ることができるようになる。

　まず、自社と顧客に関して必要となるデータの種類を特定することから始めるべきである。顧客はどのようにあなたの商品を認知するのか？　そしてどのようにサイズ、味、またはその他の特徴を選ぶのか？　また実際に商品が使用されるさまを示すデータを取得することはできるか？

次に、分析に必要な能力と人材を特定することが重要である。これらの新しいデータ分析には、現在の従業員よりも高度なスキルをもった人が必要になるかもしれない。真剣に取り組もうとするのであれば、そうした分析スキルをリスキリングさせるか、新たに人を雇う必要がある。

その後、データベースを構築する必要がある。どの情報を関連づけることができるか？　どのようなパターンが現れるか？　はじめは基本的な統計分析に取り組めばよいが、最終的にはデータ分析の専門知識をもつ人材を雇うか、自社で育成する必要がある。自然言語処理や類似の技術を使うと、先進的な需要予測を立てることができるようになる。

そうしたデータをどう活用するかが次の問題になる。おそらく、アイデアが自然に浮かんでくるだろう（コラム「航空会社の評判が変わる」参照）。もしアイデアが浮かばない場合、以下のような考え方をしてみるとよい。

我々は、危機というものは通常、供給に影響を与えるものであり、ゆえにレジリエンスが必要であると考える。例えば、感染症や戦争、ハリケーン、宇宙人の侵略などがサプライチェーンに危機をもたらす。しかし、こうした危機は需要にも影響を与えることがある。そして、需要の予期しない変化はサプライチェーンに困難をもたらす。高度な分析を活用することで、こうした変化を予測することができる。そして、顧客の好みや需要の変化に、ほぼリアルタイムで反応できるようになるのである。

COLUMN
航空会社の評判が変わる

2020年、ある大手航空会社は約1000万件のツイートを収集した。感情分析を用いて、ツイートの言語をポジティブ、ニュートラル、ネガティブに分類し、1年間の感情をプロットした。その結果を他の航空会社と比較した。

その結果、予想通り、新型コロナウイルスによる制限が施行され、遅延やキャンセルが発生するたびに顧客の感情は悪化した。しかし、この航空会社は自社の顧客感情は競合他社に比べて大幅に悪化していることを知り、驚いたのである。

同社はデータをさらにくわしく分析することにした。トピックモデリング手法を用い、単語同士の関連性に基づいてツイートを10の主要テーマにグループ分けした。テーマには遅延、キャンセル、再予約、カスタマーサービス、ケータリングといった単語が含まれていた。この分析から、顧客の不満が発生する箇所は主に再予約とカスタマーサービスであることがわかった。

すべての航空会社がパンデミック中に大規模な遅延やキャンセルを経験したが、この航空会社は再予約におけるカスタマーサポートが他の航空会社よりも劣っていたことがわかった。乗客の顧客体験が悪化し、将来のチケット購入の意欲が低下してしまっていたのである。言い換えれば、他の航空会社は危機に対する顧客のレジリエンスが高かったということだ。

この学びをもとに、この航空会社では再予約とカスタマーサービスのプロセスを再編成することにした。

需要感知（Demand sensing）とは、小売業者が市場のトレンドや顧客の欲求に基づいて、在庫、配送、販売に関する決定を行うプロセスを意味する。近年、従来の需要感知の方法では変動の激しい状況に対応できなくなってきている。

不確実性が低かった過去では、需要予測は「過去の類似事象」の状況をベースに立てることで一定の精度を担保することができていた。しかし、現在の変化が激しい時代においてはそのアプローチは不適である。これから起こることについては、参照できる過去事例はないことがほとんどであろう。そうした過去の需要予測のアプローチを取り入れると、在庫切れや不要な在庫の増加、または不適切な販売チャネルの選択といった結果を招いてしまう。

つまり新たな需要感知は、AIを活用した感知と予測分析と、人間のフィードバックやカスタマイズを組み合わせる技術的なソリューシ

ョンである。前述の通り、従来は過去データのみで概ね精度の高い需要予測をつくり上げることができたが、過去を頼りにできない現在の需要予測には人間の「創造性」が不可欠である。これには、顧客の声に耳を傾けるという姿勢がますます重要となり、新たな洞察を引き出すためのデータを見つけることが必要である。

例えば、あるグローバルな消費者向けヘルスケア企業が需要感知能力を向上させるため、販売、供給、プロモーション、メディアカバレッジ、価格設定、顧客レビュー、コンテンツ、キーワード、市場シェアなどの指標を収集し始めた。すると、この新しい需要感知モデルを導入してから数週間で予測精度が向上した。その結果、この企業は市場の変化に迅速に対応する能力を得たことで、約2400万ドルの追加収益をもたらすと見込まれた[3]。

ただし、これには他の分析と同様に、いくつかの落とし穴が存在する。

- 過剰な解釈に注意すること：データの中から何かパターンを見つけたとしても、その相関関係は必ずしも因果関係を示すわけではない。パターンを見つけたら、それを一度批判的に見直すことが大切である。それに基づいて行動するリスクと利点は何か？　過去の企業の経験、やり方と一貫性があるものだろうか？
- データ自体にもリスクは存在する：データ損失を防ぐためには、サイバーセキュリティを万全に確保することが重要である。権利侵害を防ぐためには、個人情報保護の法律を遵守すること（特にヨーロッパでは規制が厳しいことに留意すること）。
- これらのデータや分析結果は顧客を完全に反映するものではないことを理解すること：データ分析結果によって、顧客との直接の接点で得た情報を塗り替えることはしてはならない。

それでも、データは顧客についての理解を深める一助となる。将来に向けたイノベーションを考えているときも、今朝のSNS上でのトラブルに対応しているときも、顧客に対する知識を豊富にもつことでレジリエンスを構築できる。

Section 3
顧客価値起点で製品ポートフォリオを再編成する

　多くの企業がパンデミック期に経験したサプライチェーンにおける「失敗」を分析したところ、明らかな原因としてシャットダウン（操業停止）や需要と供給の不一致、あるいは「来るべき終末の兆候」といった問題を特定した。しかし、同時に企業がコントロールできる隠れた原因にも気がついたのである。それが「複雑性」だ。危機のときには複雑性が管理を難しくする。そして、複雑性は大規模で、多機能な製品のポートフォリオによって生まれる。

　もし複雑性によって売上が拡大するのであれば、リスクを冒す価値がある。しかし、あなたの企業ではどの製品、そしてその製品のどの機能が顧客に価値を提供しているのか本当に把握できているだろうか。

　以下に2つの質問をあげる（これらは必ずしも関連しているわけではない）。

- 製品がもつどの**機能**が顧客に価値を提供しているか？　**デザイン・トゥ・バリュー（DtV）のプロセス**では、顧客が欲しいものを取り入れ、顧客が欲しくないものは排除している。これはブランドや価格だけの問題ではない。適切な手法やツールを用いることで、さまざまな機能の重要性や、顧客のその機能に対する支払意思（Willingness to pay, WTP）を理解することができる。これは非常に貴重な情報であるが、この情報を最大限活用するには、顧客を理解するだけでなく、それが設計に反映されるプロセスを構築することが必要である。

- ポートフォリオのどの**製品**が顧客に価値を提供しているか？　どのSKU（在庫単位）が実際にあなたの企業の成長を促進しているのか？　**製品ポートフォリオの合理化**という考え方があり、これは時に「重要な製品とは必ずしも最も人気のある製品ではない」と示唆することがある。中には製品間でカニバリゼーションを起こしているものもあるかもしれない。今あなたが収集している豊富な顧客データは新たな洞察を提供する貴重な資産ではあるが、ポートフォリオを再編成する上では最も有効な方法は合理化を超え、「モジュール化」

することである。

DtVを理解する最も有効な方法は、どのような設計作業にも優先事項があることを認識することである。KEARNEYのProduct Excellence and Renewal Lab（PERLab; https://www.kearney.com/service/product-design-data-platforms/product-excellence-and-renewal-lab）では、クライアントに次の質問をしている。

「まず、**何のために設計を検討しているのか？**」。時に**コスト削減**が目的であるかもしれないが（過去は常にコスト削減が最優先事項とされていたことがほとんどである）、**価値向上、サステナビリティ、レジリエンス**の構築など、他の目的である可能性もある。実際には複数の目的の組み合わせであることが多く、「サステナビリティを重視するが、コストは気にしない！」という人は誰もいない。しかし、このように、設計作業に入る前に一度立ち止まって目的を見つめることはとても重要である。ここで認識された設計の目的こそが、顧客が最も価値を感じる要素となるべきかもしれない。または、レジリエンスを重視しているのであれば、より潤沢に存在する材料や壊れにくい部品を選ぶべきかもしれない。

設計における目的、優先事項を明らかにすることで、選択が簡単になる。例えば、バッテリー寿命が価値の主な源であれば、明るいディスプレイを用いる必要はないかもしれない。味が価値の主な源であれば、パッケージを簡素化してもよいかもしれない。パッケージを簡素化しても、その素晴らしい味を伝えることは可能であるが、オペレーションにおける複雑性を軽減できる。

KEARNEYのクライアントはまた、**ポートフォリオの合理化**も多く行っている。こうしたプロジェクトで我々は「どのような種類の製品群が存在し、それぞれどのように展開しているか？」を確認している。そして、各製品群の中で、それぞれSKUをどのように展開しているか？　これほどのバリエーションが本当に必要なのか？　ここで、あなたが収集してきた豊富な顧客データを活用できる。例えば、20のSKUを15または10に減らした場合にどうなるかをシミュレーションできる。顧客はどのようなケースであれば異なるSKUへの代替を受け入れ、どのケースでは売上を失ってしまうか予測できる。また、SKUを減らすことで貢献利益や固定費がどう変わるかも予測で

ある。

　一方、このプロジェクトがしばしば行き詰まるのもこのポートフォリオの合理化である。ポートフォリオの合理化自体は比較的迅速で簡単に進められるが、常に収益に影響をもたらす。その影響を軽減することは可能だが、トレードオフを完全に排除することはできない。これによって営業部門は不満を抱えるかもしれない。したがって、時にKEARNEYのPERLabは「**モジュラー・ポートフォリオ**」を取り上げる。モジュール化することで、製品のバリエーションは維持したまま、複雑性のみを軽減することを目指すものである。

　簡単な例として、あなたが水筒をつくっているとしよう。顧客にはストロー付きの水筒を好む人と、好まない人がいる。製品ポートフォリオを合理化するための1つの方法として、例えばストロー付きの水筒に絞り、営業担当者には「ストローが不要な顧客はストローを使わなければいい」と説明させてみる。しかし、モジュール化では、同じ水筒に異なる2種類のふたを取りつけるだけでよいのである。重要なのは、どちらのふたも同じように水筒に取りつけられるようにすることである。

　このモジュール化は、第3章で説明したプラットフォームの方程式の適用事例の1つである。つまり、共通部品を用いて製品をつくるということである。例えば、トルコの家電メーカーアルチェリク社（Arçelik）は、製品設計の共通化を図るためにモジュール製品アーキテクチャを導入した。これにより、予備部品の管理が簡素化され、リードタイム、工具コスト、調達の複雑性が軽減した[4]。

　製品やその機能に関する意思決定はたしかに難しいものである。顧客は気まぐれであり、何か大きな変更をする前に、3回はデータをテストする必要があるだろう。消費者調査等による追加データを用いながら、それまでに行ったデータ分析結果をたしかめることが大切である。KEARNEY Consumer Institute（KCI; https://www.kearney.com/industry/consumer-retail/kearney-consumer-institute）が発見したように、顧客にとっての「品質」や「利便性」は、あなたにとっての「品質」や「利便性」とは異なるかもしれない。

　例えば、顧客は商品のカテゴリーごとに求める品質基準を抱いている場合がある。例えばジーンズを買うときは「**フィット感**」と「**快適さ**」を品質の基準と考える。一方で、ジーンズメーカーは**スタイル**や

耐久性、サステナビリティを品質の基準としているかもしれないが、これらを実現しようとすると複雑性が高まってしまう。顧客をよく理解することで、複雑性は必ずしも顧客にとって価値を生まないことを認識するべきである[5]。

KCIは加えて、**顧客が「利便性」をブランド全体がもたらす体験から見出していることを明らかにした**。顧客はその文脈に応じた速さと簡単さを求めているのである。例えば、ファストフード店での20分の待ち時間と、雰囲気のある新しいレストランでの20分の待ち時間は、顧客にとって意味が大きく異なる。また、ある食料品は宅配が便利であるが、店舗で実際に手にとって確認してから購入したい食料品もある[6]。

したがって、顧客と製品の関係を理解するためには、常に部門横断での取り組みが必要になる。製品の価値は、その機能だけでなく、購入体験や原材料の質によっても決まる。そのため、設計作業には営業、研究開発、調達によるサポートも必要となるのである。同様に、ポートフォリオの合理化には営業のサポートが必要となる。しかし、この調整は常に対立をともなう。マーケティングは500種類の製品バリエーションを望む一方、オペレーター部門にとってバリエーションは少なければ少ないほどよいためである。こうした対立に対し、適切な解決策（おそらく両者の中間あたり）を見つけることが、リーダーシップスキルの1つなのである。

この「顧客価値起点の設計」と「ポートフォリオの合理化」という二重の取り組みに挑むことは、顧客理解が大いに深まり、その結果、会社全体を変革することになるだろう。

例えば、イタリアに本社を置く商業用オーブンのグローバルメーカーであるウノックス社（UNOX）は、これまで販売をディーラー経由で行っており、顧客に対する理解を深めることが非常に困難であった。そこでオーブンにIoTセンサーを取りつけたところ、顧客は同社が予想もしていなかった使い方をしていたことが判明した。そこで、オーブンをより有効に使用する方法を示すモバイルアプリを開発したところ、顧客はオーブンを30%高い頻度で使用するようになったのである。その後、毎日全店舗で同じものを同じように調理するチェーン店向けの「モニターフリート」アプリや、複数店舗間でレシピ更新を同期させるためのレシピ管理アプリ、病院などの大規模なキッチンで効

率を向上させるためのキッチンスケジューリングアプリも開発した。この結果、顧客はウノックス社のオーブンの何に価値を見出すようになったのか？　まさにこうしたアプリが顧客価値の源泉になったのである。さらに、これらアプリは顧客データの蓄積をさらに実現し（もちろん、ユーザーの許可を得て）、ウノックス社はこの情報をもとに新しいオーブンの設計を変更したり、プレミアムサポートサービスの開発によって新しい収益源をつくったりすることができた。結果、顧客の維持とアップセルが改善し、また現場に代わってリモートでのサポートが増えたことでサポートコストが削減された。ウノックス社はオーブンメーカーから調理のパートナーに生まれ変わったともいえる。そして顧客との関係は以前とまったく異なるものになり、より豊かで、かつレジリエントなものになっている[7]。

　たとえここまでとはいわずとも、「顧客価値起点の設計」は製品の簡素化を通しコストと複雑性を軽減させ、結果レジリエンスを高める。機能が簡素化されると、必要となる部品が少なくなり、サプライヤーも減り、生産プロセスが短縮され、組立作業のスペースも縮小される——つまり、サプライチェーン全体のリスクが軽減されるのである。製品ポートフォリオも同様に、部品の種類や、サイズやフレーバーごとの余計なプロセスが削減されるため、在庫スペース、資源、運転資本の節約につながる。これらは、危機の際に柔軟に対応するために非常に重要である。

Section 4　オムニチャネル戦略は危機のときこそ顧客価値を守り続ける

　牛肉の産地であるワイオミング州に、水耕栽培によってレタスを育てているグレイブルバレー・プロデュース社（Greybull Valley Produce）という企業がある。2017年に設立されたこの家族経営の小さな企業は、地域のレストランや学校への販売によって成功を収めていた。しかし、パンデミックが発生すると、「たった一晩で売上の90％を失った」と、

オーナーのドワイト・コーエンは2021年、地元紙の『グレイブル・スタンダード』（Greybull Standard）に語った。同社は新たな販売チャネルを求め、モンタナ州のスーパーと交渉し、往復約500kmの距離にわたる物流を調整した。その結果、計画は成功し、地域のレストランや学校への販売が再開された後も、同社は顧客基盤を大幅に拡大させ、成長を成し遂げていった[8]。

　パンデミック中にはこのような事例は数多くあった。例えば、レストラン向けに販売していたヨーロッパのワイナリーは、消費者向けのオンラインショップを立ち上げた。ペルーの魚の卸業者は、ある地域で訪問型の配達サービスを開始した。また、主に専用の小売店を通じて商品を販売していたグローバルのアウトドアブランドは、閉店してしまった店舗から在庫をオンライン向けの物流チャネルに移動させた。危機が起きたとき、こうした企業はいずれも迅速に販売チャネルを切り替えることができた例である。

　次なる危機が来る前に、販売チャネルや成長を見直し、オペレーションの複雑性を軽減することが重要である。数十年前にeコマースが登場して以来、小売業者は**オムニチャネル**の課題に取り組んできた。顧客はオンラインで購入したり、店舗で購入したりするが、両チャネル間でスムーズな顧客体験を望んでいる。例えば、オンラインで注文して店舗で受け取ることや、商品を気に入らなかった場合は店舗で返品し、また店舗で購入して郵送で返品したり、異なる店舗に返品したりすることなどである。時には電話で注文した注文内容をオンラインで追跡したり、店舗を訪問時に確認したりすることもある。

　こうした情報を顧客がどこでも、いつでも確認できるように管理することは非常に難しい。また、その背後にある物流、倉庫、オペレーションを管理することもまた大変である。パンデミックは、こうした課題が小売業だけでなく、あらゆる業種の企業にも影響を及ぼすことを示したのである。

　顧客は一度、複数のチャネルを利用できるようになると、もっと多くを求めるようになる。顧客はとにかくスムーズな体験を望む。したがって、もはや複数のチャネルで販売するだけでは不十分かもしれない。多くの業界では、こうした**オムニチャネル**を実現するためには「統合」に取り組む必要がある。あなたの戦略は、何をつくり、どのように販売し、顧客が何を望んでいるか、そして競合他社が何をして

いるか、によって大きく異なる。しかし、オムニチャネルによるオペレーションの開発は、多くの企業にとって共通して、顧客に対してレジリエンスを高めるための中心的な取り組みとなるに違いない（コラム「パンデミック時のトイレットペーパー不足とオムニチャネルの課題」参照）。

COLUMN

パンデミック時のトイレットペーパー不足とオムニチャネルの課題

　パンデミック中期に広く報道されたトイレットペーパー不足は、単に買い占めが原因だったわけではなく、販売チャネルの変更がもたらした落とし穴も一因であった。トイレットペーパー自体の在庫は多くあったのだが、ほとんどがオフィスビル、大学キャンパス、レストラン、空港向けの大容量製品で、消費者向けの製品ではなかった。大容量製品は使用感があまり良くなく、また大きなパレットで出荷されるものであった。つまり、各社は異なる製品に対し、異なるサプライチェーンをもっていたのである。ジャーナリストのウィル・オレムス（Will Oremus）は、「あまっていた在庫を消費者向けにスムーズにシフトさせるには、サプライヤー、卸業者、店舗との新たな関係と契約、また異なるパッケージングと配送方法、そして新しい輸送ルートなどがすべて必要だった」と分析している。すべては利益率の低い、かさばる製品のために[9]。

　2000年代初頭から、多くの小売業者は実店舗からオンラインに、またはその逆にチャネルを拡張してきた。ゆえに小売業者はマルチチャネルのサプライチェーンがもつ落とし穴をよく把握している。例えば、在庫のサイロ化による売上の損失やコストの増加、二重作業、柔軟性の欠如、顧客による不満などがあげられるだろう。しかし、こうしたマルチチャネルの問題を解決するためにオムニチャネルに移行すると、また新たな問題が発生する。例えば、倉庫から店舗に商品を補充する際、同じ商品は店舗で同じ棚に並べるため、運送にはパレットやケース、トートを使う。しかし、オンラインで注文された商品を倉

庫から発送する場合、異なる商品が混在したパレットなどが必要になる。つまり、商品のケース単位とは逆の、注文単位ごとの処理が必要になる。こうした異なるプロセスを混在させると、当然オペレーション上の効率は低下する。

さらに、小売業者は、全国に展開するナショナルブランドの商品であれば大規模な地域物流センターを通じて最も効率的に補充できるが、職人による小ロットの手作りの商品は直接地域の店舗に届けられるだろう。では、こうした手作り商品のオンライン注文はどのように処理されるのだろうか？　倉庫内でクロスドック（中継点で別の配送手段に切り替えること）するだろうか？　それとも、半分を倉庫から、残り半分は店舗からといったように注文を分けて配送するのだろうか？　あるいは、これらの複雑な処理を顧客や職人に押しつけるのだろうか[10]？

例えば米国の大型ホームセンターであるホーム・デポ（Home Depot）では車両（自動車、トラック、バンなど）に投資し、150の新しい物流センターとクロスドックの拠点を整備した。また、米国の大手スーパーマーケットであるクローガー（Kroger）は、9つの大型で、自動化された物流センターを建設し、新しいクロスドックの仕組みと配達車両を連携させ、一部の配達は外部業者（InstacartやShiptなど）に委託した。ここで重要なのは、これら資産や技術ではなく、あなたのビジネス目標に焦点を当てることである。変化を続ける需要に対応するために、顧客を最優先にしつつ、ビジネス目標と利益の成長も見失わないようにすることである[11]。

要するに、これは顧客価値起点のオペレーションと、業務の簡素化という2つの間で発生した対立の一例である。バランスのとれたオムニチャネルの解決策を見つけることは可能だが、大いなる工夫が必要である。

....

当然、企業によって出発点は異なる。あなたのサプライチェーンは現在どのように構築されているか？　顧客はどこにいるのか？　倉庫や配送センターはどこにあるのか？　ITインフラはどの程度拡張可能となっているか？（これは非常に大きな課題であり、もしかしたらこれだけで本が1冊書けるかもしれない）。地域による違いはあるか？　顧客は現在どのよう

にあなたの製品を購入し、どのように注文を処理しているか？　これらはすべて、業界によって大きく異なるはずである。しかし、これらの知見、特に顧客の購買プロセスに対する知見は、どのチャネルをより推進すべきか判断する上で役立つ。

　次に、選択肢を検討してみる。あなたが利用できる他の流通チャネルは何であるか？　そのチャネルはあなたの企業の戦略的方向性と合致するか？（これにはおそらく経営幹部との議論が必要だろう）。その後、開発したいチャネルに対するビジネスケースを準備すればよい。

　オムニチャネルの課題と深く関連しているのが顧客接点の多様化というテーマである。どちらも大きくて厄介な問題だが、これらを一緒に考えることで、よりレジリエンスを高めることができる。例えば、多様な顧客接点から得られたデータによって、上流のサプライチェーンの改善、強化にもつながるかもしれない。これは小売業であれば、例えば顧客がオンラインで購入した商品を店舗で受け取るよううながすことで顧客接点の拡張ができる。メーカーなどであれば、卸業者やディーラーに頼らず、自らが直接消費者と接点をもつためDTC（Direct to Consumer）のチャネルを構築することを検討してみるとよいだろう。こうした顧客やデータとの密接な関係を築くことは、危機に直面したときに柔軟性を高めてくれる。

　そして繰り返しになるが、そうしたレジリエンスこそがあなたが目指すべき目標なのである。チャネルをスムーズに切り替える柔軟性を育むことで、特定のチャネルが寸断されても注文を処理できるようになる。顧客の購買習慣が大きく変わった場合でも、顧客を維持することができるようになるのである。

Section 5 / 顧客との密接な関係によって「地産地消」を発展させる

　本書が一貫して主張しているのは、レジリエンスには親密な関係が必要だということである。サプライヤーと親密になることで、自分た

ちに影響が出る前に、あらかじめ問題を早期発見し理解を深めておくことができる。顧客と親密になることで、顧客のニーズをよりよく理解し、それに応えることができる。こうしたアプローチは、「親密な関係は、取引関係の健全な履行を妨げる可能性がある」とした旧来のリーン生産方式からのパラダイムシフトを示している。

　親密さを高める方法の1つは、地理的に近づくことである。第8章では、サプライヤーを自社拠点（および顧客）に地理的に近づける方法について探った。これによって物流リスクを減らすだけでなく、親密さも高めることができる。ここではその議論をさらに深めていこう。オペレーション（およびサプライヤー）を顧客に近づけることで、リスクが減るだけでなく、顧客との親密さを高めることができるのだ。

　エンドユーザーに近づくことで、顧客のニーズによりよく応えることができる。そのうち最も明白であるのは、リードタイムを短縮できることである。これは、第3章で説明したファスト・ファッションの最初の教訓でもある。国内で生産することで、ファスト・ファッション業は最新のスタイルを顧客により早く提供することができた。顧客のニーズが多くの業界で高まり、そして競合他社がそのニーズを満たすための投資を進める中で、この教訓はアパレル業界以外にも広がっている。

　第8章での「サプライヤーをあなたの生産拠点に近づける」という議論は、その生産拠点自体が顧客に「十分に」近いことを前提にしていた。今回は、その生産拠点の立地そのものも見直す価値があると主張したい。もしあなたの企業がグローバルに展開している場合、複数の地域に工場をもっているかもしれない。それぞれの工場は、異なる地域の顧客市場を支え、複数の地域サプライチェーン（しばしば「**マルチローカル・サプライチェーン**」と呼ばれる）が構築されるだろう。この場合、管理の手間が増えるかもしれないが、顧客のトレンドをより広範に活用できるようになる。管理の負担を軽減してくれるツールも増えており、また地域ごとに製品やプロセスをカスタマイズするためのデータも豊富に揃っている。また顧客は多くの場合、大量生産されたグローバルな商品よりも、自分の欲しいものに近い商品を好むと考えられている（コラム「中国へのリショアリング？」参照）。

COLUMN
中国へのリショアリング？

　この章では、顧客との親密さを高めるために、自社のオペレーションを顧客により近い場所に移すことによるメリットを説明している。もし顧客が米国にいる場合は、オペレーションを米国に、またはその近くに移転させることを検討することがあるかもしれない。もし顧客が中国にいる場合は、他の国から中国にオペレーションを移転させてもよい。

　あるグローバルのアパレル企業がまさにこれを実行した。同社は数十年前、サプライチェーンにおけるコスト最適化のため、中国に生産拠点を設立した。その後、中国の所得レベルが上昇すると、人件費の低い東南アジア諸国に生産を移した。

　しかし、中国の所得レベルが上昇するにつれ、中国の消費者は衣料品をより購入するようにもなった。現在中国は、同社の世界全体の売上高のおよそ4分の1を占める市場になっている。中国のアパレル市場でのシェアを増やすために、同社は中国の消費者を詳細に調査した。その結果、中国の市場は「ファッションとスピード」で定義されていることがわかった。中国の消費者は、ファッショナブルな商品と、高頻度での商品ラインナップの更新を求めているのである（これは第3章で説明した、ファスト・ファッションの典型的な消費者である）。そこで、同社はクイックレスポンス（QR）商品シリーズを試験的に導入した。QR商品は、現地でデザインされ、シンプルな生地を用いたものである。ファッショナブルであることが重要であったため、販売までのスピードが非常に重要であった。しかし、特に大きな技術開発が不要で、既存の製造拠点の生産時間帯や専門性を活かすことができた。

　他のQR商品は必ずしも現地でデザインされなかったが、シーズン中にすばやく販売するため現地で生産された。QR商品の定義は、現地で生産されることであった。東南アジアから中国へ生産を移転すると、コストが8%から20%程度増加する可能性があったが、リードタイムの短縮という利点がそれを上回った。また、同社の工場はほとんどの合成繊維を中国から輸入していたため、材料や完成品の輸送コス

トも削減することができた。

この試験導入プロジェクトは大成功を収めた。その結果、現在同社は中国で販売する商品の75%を現地で生産している。パンデミックによって2020年から2022年にはこうした中国へのリショアリングの取り組みは一時中断されたが、今後はさらに現地生産の割合を拡大させようとしている。この企業だけではない。グローバルな競合他社もすべて、中国国内での生産規模を維持または拡大させており、縮小させている企業はない。

この企業の戦略は、オペレーション全体を変えるものになった。例えば、中国では現地のデザインに使われる可能性のある材料を事前に在庫として確保している。低コストではなく、能力に基づいてサプライヤーを選ぶことが増えている。加えて、市場変化に対し迅速に適応できるよう、ビジネスモデルの調整を試みた。また、他の地域でもQRプロジェクトの試験導入を検討している。

まず、地図を取り出してみよう。顧客が集中している地域はどこにあり、いくつあるか？　その顧客はあなたの製造拠点や供給基盤からどれほど離れているか？

次に、今後の見通しを考えてみよう。需要予測はどうなっているか？　地政学的情勢はどうか？　規制の変更が予想されているか？これらを検討することで、ある特定の市場から撤退するべきか、新たに参入するべきかを判断する一助となる。どこに注力する必要があり、そしてそれがオムニチャネル戦略とどう関連するだろうか？

その後、「地産地消」という戦略が有意義になる市場を選定し、その実現に向けた複数年にわたる計画を作成しよう。ここでの計画は現実的なものである必要がある。

なぜなら、リショアリングにはコストと複雑性をともなうためである。数十年にわたってオフショアリングが進んできた流れに逆行することで、労働力や資材のコストは増加するだろう。こうしたコストの増加は、資材の調達可能性を向上させ、リードタイムを短縮させ、輸送制約を緩和させ、顧客価値創造への注力を可能とし、リスクを軽減できることで相殺できる場合もあるが、コストを管理することは依然

として重要である。特に、マルチローカル・サプライチェーンは組織の複雑性を高める。管理が煩雑になることでより多くの人員が必要になり、間接費が増加するかもしれない。マルチローカル・サプライチェーンの効果は、同時にサプライヤーもマルチローカル化することではじめて発揮される。顧客の近くに工場を5つ建てたとしても、それらがすべて遠方のサプライヤーに依存していては、リスクを上流に押し上げるだけで、オペレーションが不必要に複雑化するだけである。

　ただし、マルチローカル・サプライチェーンを実現できたとしても、サイロ化や標準化の欠如といった新たなリスクが生じる。例えば、安全性やサステナビリティの課題を解決するために製品を更新する際、小規模ずつを複数地域で対応する必要があり、時間を要する可能性がある。

　それでも、これらのリスクをとる価値はある。顧客に近いほど、悪天候、自然災害、港の混雑、その他の物流リスクに対してレジリエンスを高めることができる。また、政策の変化にも強い。例えば、現地で生産することで、ローカルコンテンツ要件（その地域の経済促進や雇用創出のため、一定割合現地生産を求めるような規制や法律）に対する遵守は問題なく可能である。最後に、現地で生産することは、顧客の文化と親密になることも意味する。あなたの経験や見解を共有することで、顧客とよりよい関係を築くことができるだろう。顧客の行動や生活に変化を与える事象——干ばつ、セレブの流行、またはテロ行為など——は、同様にあなたの従業員の行動や生活にも影響を与える。したがって、こうした変化とその背景を自分事として理解し、より迅速に対応できるのである。

第 10 章

「スキルの経済」を高め、
レジリエントなチームを
育てよ

レジリエントな労働力を構築することは重要である。しかし、人や文化に関する問題は、各企業やチーム、従業員固有のものであり、解決が難しい。したがって、データよりも広範なスキルが必要になることがある。ここでは、考慮すべき5つのアクションを紹介しよう。

Section 1 / 従業員の声に耳を傾ける 時間をつくろう

19世紀においては、最も重要な資産は物理的な資産であった。工場、鉱山、農場、そして遠洋航行の船などがこれにあたるだろう。しかし、21世紀では、どんなビジネスであっても「人」に関するビジネスをしているといえる。物理的な資産がより高度になっても——自動化された組立ラインが労働力を減らしても——その資産は知識豊富な従業員に依存している。

例えば、かつての遠洋航行の船は、複雑なサプライチェーンへと進化を遂げた。しかし、レジリエントなサプライチェーンを構築するた

めには、レジリエントなチームをつくる必要がある。そして、物理的資産と同じくらい、あなたのチームにも注意を払わなければならない。物理的資産であれば、例えばメンテナンスに必要なデータを得るには、センサーやネットワークに投資すればよい（これは第11章でくわしく説明する）。一方、あなたの従業員についてのデータを得るためには、すでに必要なセンサーがある。それは「耳」である。

チームの意見に耳を傾ける時間をつくろう。**おそらく業務内容に関する意見交換はすでになされているだろうが、チームの問題や心配事を共有できる機会もつくろう。**こうした場はよりプライベートとするべきで、定期的な仕事の会議やフィードバックセッションとは別に行うとよい。理想的には、直接の部下と週に1回または2週間に1回、30〜60分の時間を設けるのが望ましい。こうした場を設けることで、部下は不満を述べる機会を得られ、あなたも部下をよりよく知ることができる。この時間は、チームや業務に対する知識を深めるための投資なのである。

パンデミック後、大きく労働環境が変化し、チームメンバーが必ずしも同じ場所にいない場合、これは簡単ではないかもしれない。しかし、それが逆に、チームの意見を聞く場を設けることがますます重要となる理由でもある。また、パンデミックにより、男女間の公平性の実現がまだ途上であることが明らかになった。退職者の増加（自主的および非自主的）に加えて、ハイブリッド型の働き方では、女性が正式および非公式な会話から排除され、上司へのアピールの場が減ったことで、昇進機会が制限されているとの報告もある。したがって、従業員の意見を聞く機会を設けることは、従業員の定着やダイバーシティ、エクイティ、インクルージョン（DEI）の目標達成にとっても不可欠なのである[1]。

結局のところ、パンデミックだけが問題ではない。あらゆる混乱が人々のレジリエンスを試している。常に火消しをする必要がある状態では、企業は疲れ果ててしまう。従業員は燃え尽きて辞めてしまうかもしれない。従業員の懸念や不安に日常から耳を傾けることで、早期にこうした症状を特定できる。どうすれば火消し作業を減らすことができるか？　どうすれば従業員がより生産性を感じられるか？　どうすれば燃え尽きることがないか？　自分が抱える懸念や問題を周りと共有する文化を育てることで、企業に潜在する問題（以前は隠そうとして

いたことも含めて）に対する透明性を向上することができる。透明性がレジリエンスを築く。従業員にこうした機会を与えることで、レジリエンスが築かれるのである。

　もしもこのような取り組みを自然にできないような場合は、いくつかの基本ルールを覚えておくとよい。

- こうした情報共有の機会の提供はするが、強制はしない。企業の文化によっては、こうした取り組みが馴染まない場合もある。文化の変革は決して一朝一夕には実現しない。
- この場をフィードバックや仕事の指示に使ってはいけない。「明日締切のレポートについて、前回からの改善点を説明してほしい」といった指示を出した瞬間、意図していた情報は得られなくなる。
- グループ単位で実施したほうが効率的だと思うかもしれないが、それではうまくいかない。
- 従業員がこうした場を望まない場合は、それを受け入れる。単に話したくないだけかもしれない。最も重要なのは、こうした場が存在し、従業員が望めば情報共有できる機会があることを従業員が把握していることである。

　まずは、直属の部下の連絡先を整備することから始めるのがよいだろう。そして、どの程度の頻度やタイミングがあなたと部下の双方に合うかを考え、個別に相談してみてほしい。その際、業務指示や進捗管理といった形ではなく、あなたからの感謝とサポートの一環として取り上げることが大切である。はじめの数回のセッションの後で、ペースや長さ、会話のトーンを変更しても問題ない。重要なのは、自分とチームに合った方法を見つけることである。

　企業によっては、直属の部下だけでなく、関心のあるコミュニティでの意見交換の重要性も強調されている。例えば、オンラインのパーソナルスタイリングサービスを提供するスティッチフィックス社（Stitch Fix）では、「システムによって機会を奪われたグループのための、安全でプライベートなスペース」として設立された従業員グループをつくった。各コミュニティには企業からサポートを受けながら取りまとめる2人のリーダーがおり、リーダーはその成果に対して毎年特別な株式付与を受け、そのリーダーシップが評価されている[2]。

しかし、この取り組みは必ずしも形式的である必要はない。グローバルの物流企業であるUPS社で33年間リーダーを務めたシャーリーン・トーマスは、過去ほとんどの業務で、はじめは新しいチームとの関係構築から取り組んだと述べている。彼女の目標は「理解を深めるために耳を傾ける」ことであった。こうした築かれた関係と情報共有の文化は、チームの問題解決の基盤となった[3]。

Section 2 多様なバックグラウンドをもつ人材を採用する

ここで1つ、多様性に関する引用を取り上げる。「この会社の真の強さは、どんな組織にも当てはまることですが、私たちの多様性にあります。この会社に根づいている強さは、こうした集団が生み出す多様な『関心』にあります。それがすべてです」[4]。

この言葉は、我々の会社の創設者であるトーマス・カーニーが80年以上前にいったものである。これは、**多様性**がレジリエンスを生むという考えを示している。トム・カーニーは、多様性がレジリエンスをもたらすと信じていたが、彼の時代における多様性の定義は現在のものとは大きく異なっていた。今日では、世界は多様性をより広く、厳密に定義しているが、多様性がレジリエンスをもたらすという点は変わらない。

多様性は、個人のバックグラウンドと関係する。性別、民族、文化、育ちなどがそれにあたる。また、職務経験やスキルも含まれる。例えば、テクノロジー関連の仕事に対し、関連する経験をもつ人を雇ったり、その逆を試みたりするだろう。特に、オペレーションにおいては、計画から納品、リーダーシップからテクノロジーまで必要なスキルをもとに人材の採用を検討することが望ましい。問題に直面するケースでは、理想的な解決策は異なる考え方をするチームから生まれる。例えば、内向的な人と外向的な人、システム思考をもつ人と直感的な人、理論家と実務的な人など、さまざまな視点をもつチームが有効となる。

相互に不関連な分野のバックグラウンドをもつこと、通常とは異なるスキルセットをもつことは、大きなプラスとなる。

特にオペレーションでは、多様なスキルから受ける恩恵は大きい。実務の経験をもつエンジニア、テクノロジーを理解しているオペレーションマネージャー、特定の製品やビジネスモデルに対するデータサイエンティストがいると非常に助かる。オペレーションのレジリエンスを向上させるためには、チームメンバーがより大きな視野をもつことが求められる。そして、異なる視点をもつ——特に以前に疎外されていたコミュニティの視点を含む——ことで、チームは新たな課題や創造的な解決策を生み出すことができ、合意形成も容易になる。

はじめに、現在のチームのバックグラウンドを見直してほしい。異なる視点はあるだろうか、それとも同質なものばかりだろうか。チームに欠けている視点や背景を洗い出してみよう。そして、現在行われている採用活動にて、どのような候補者が残っているだろうか。候補者はどのようにチームの多様性を高めることができるだろうか？　人事部門に相談して、今後の求人広告をこうした「チームに不足するスキル」に合わせ内容を一部修正できないか確認してみるのもよい。

もちろん、多様性を高めることだけを目的にした人事になってはいけない。各分野や国、性的指向、世代ごとに1人ずつ採用することが目的ではない。依然として、能力や資格に焦点を当てるべきであり、多様性だけを理由に資格のない人を採用するわけではない。

そして、多様性は採用活動にとどまらない。多様性のあるチームにすると、誤解や文化的な対立に直面しやすくなることもある。したがって、多様なチームを組成できたからといって、それで終わりではない。どのようにそうした文化の違いに対応するのか、伝統的に疎外されてきたコミュニティのメンバーも自身の価値を感じるようにするにはどうすればよいのか、伝統的に特権をもっていたコミュニティのメンバーに対して、どうすれば行動を変えてもらえるのか、そして、新しいメンバーと既存メンバーの両方が共存し、ともに価値を生み出すようにするにはどうすればよいのだろうか。こうしたチームを実現するためには、オープンで協力的な雰囲気を維持することが重要である。言い換えれば、前節（「従業員の声に耳を傾ける時間をつくろう」）で述べたように、あなたの従業員の意見に耳を傾け、そこで得た気づきに基づいて行動することが必要なのである。

このような取り組みを行うのは、チームが異なるスキルと視点をもつことで強くなるためである。問題をより早く特定し、さまざまな角度から議論できるようになるだろう。また、スキルを組み合わせることで、斬新な解決策をすばやく見つけることができ、複雑な問題をより迅速に解決できるようになる。

Section 3 足りない能力に焦点を当てた研修カリキュラムを構築する

　未来の働き方は今とは大きく変わるだろう。第4次産業革命やサステナビリティの重要性、世界人口の半数が30歳未満であること、そしてグローバル化の結果として市場や労働市場が変化していることがその一因だ[5]。

　例えば、あなたの業界によっては、従来の「**仕事**」という概念が「**タスク**」に、そして「**従業員**」が「**価値の貢献者**」に変わるかもしれない。伝統的なヒエラルキーが、ベンチャーキャピタルなどの組織で先進的に発展している「**チーム・オブ・チームズ**」（複数チームがフラットな関係のもと、協力し合って成果創出を目指す形態）のような組織構造に置き換えられる可能性もある。そしてもちろん、在宅勤務といった柔軟な働き方に対する取り組みはこれからも続くだろう。では、従業員がこうした変化に適応するために、どのようにサポートできるだろうか[6]。

　例えば、東欧に拠点をもつある自動車メーカーでは、高スキルをもつ労働者の不足にあえいでいた。特に、デジタル人材の不足が「スマート生産プロセス」への変革に対しボトルネックとなっていたため、同社は研修カリキュラムを拡充し、また従業員の研修日数を増やすことにした。新しいカリキュラムは、ソフトスキルとハードスキルの両方に焦点を当て、特にデジタルアプリケーションやデータ分析に強く重点を置くものとした。また、この研修には工場の作業員からオフィスの従業員まで誰でも参加できるようにし、豊富なカリキュラムの中から個人が目指すキャリアパスや習得に関心のあるトピックを選択で

きるようにした。

　この研修カリキュラムの拡充に対し同社は多大な時間とコストをかけたが、結果数年以内に各地の従業員の大幅なスキルアップを実現できた。自部門に特定のスキルをもった新たな人材を採用する際も、大抵は社内の別部門から再配置することができるようになり、加えて従業員の定着率や満足度も大幅に向上し、採用に対する応募も増加した。

　研修カリキュラムはすべての企業にあるだろうが、そのカリキュラムはあなたの企業の今の状態に見合うものに更新されているだろうか。多くの場合、カリキュラムは現在の状況すら反映しておらず、ましてや未来の働き方に対応したものではない。まずはカリキュラムを見直してみよう。バランスがとれたものか、有意義な内容になっているかを確認するのがよい。この見直しにあたり、従業員から何がうまくいっていて、何が足りないのかを聞いてみるのも重要である。現在の人手不足の中で、研修予算は十分に確保されているだろうか。

　こうした研修カリキュラムの見直しでは、人事部門との協力が必要となるかもしれない。カリキュラムは、チームの強みを引き出し、弱点を補う内容であるべきである。特にデジタルスキルを含むハードスキルとソフトスキルの両方に焦点を当てることが重要であり、またテクノロジーを最大限に活用することも忘れてはならない。従来の働き方や学習方法では、講義や教材が従業員に短時間で知識を身につけさせる最も効率のよい方法とされていた。しかし、現在我々にはより多様な選択肢があるはずだ。

　例えば、アイルランド銀行（Bank of Ireland）が社内で立ち上げた「キャリア・ラボ」とは、学習、開発、メンターシップのためのデジタルプラットフォームで、これはバッジやチャレンジといったゲーミフィケーションを取り入れることで、バーチャルコミュニティの形成を奨励し、また女性や少数民族向けの特別な人材育成プログラムも提供している[7]。

　「生涯学習」の提供も重要である。才能ある人々は、自分のスキルをさらに成長させ、挑戦し続けたいと常に考えている。「学ぶ組織」になることで、そうした人材を惹きつけ、維持することができるようになる。ただし、これには企業と従業員の両方の関心を満たすカリキュラムや学習パスを考える必要がある。エンジニア向けのテクノロジーワークショップのように役割に特化したものではなく、また無関係

なトピックをランダムに組み合わせるものでもない。むしろ、従業員が視野を広げ、自分の課題に対する新しい視点を獲得する手助けとなるものであるべきだ。より手軽で、かつ短時間で習得できるようなコンテンツを充実させることも有効になりうる。例えば、リトリートや没入型の研修、eラーニングプラットフォーム、アカデミー、シミュレーションセンター、学習ハブ／キャンパスなどを活用してみるのはどうだろうか[8]。

　研修が不適切に行われると、それはひどいものになる。内容が古く実務との関連性が低いと、それはすぐに参加者に気づかれ、リモート参加者であればカメラをオフにしてメールをチェックする時間にしてしまうだろう。社内の研修担当者が専門知識やカリスマ性を欠いている場合もあり、研修全体が単なる時間の無駄に感じられることもある。

　しかし、逆に研修がうまく行われると、従業員は自己成長や自らのキャリアの発展可能性をより感じるようになり、仕事に対する満足度が向上する。また、直面する課題に対処できるスキルを身につけることで、よりレジリエントなオペレーションが可能になる。一方で、企業は社内で優れた人材を育成することができ、人事異動の際は常に高いスキルをもつ候補者から検討することができるようになる。

Section 4 / グローバル規模での人材交流と知見共有

　「**サイロ**」（silo）という言葉は、ギリシャ語の「siros」（穀物を保存するための穴）に由来している。1873年に米国の農家フレッド・ハッチが最初のタワーサイロを建設した。このサイロには重力を利用し保存する穀物を圧縮できるという利点があった。しかし、今日では、農業よりもビジネスの世界でこうしたサイロが多くつくられている。タワーサイロはさまざまなオペレーション上の危険をともなうもので、多くの農家は現在、地面に置かれた約3メートル長のプラスチックチューブである「バッグサイロ」というものを使用している。しかし、ビジネ

ス界では、貴重な専門知識を組織内で隠し持つために、高くて中身を見にくいタワーをつくり続けている[9]。

実際、多くのグローバル企業にとって、すでに社内に存在する専門知識の全体像を理解することは非常に難しい。異なる場所でのオペレーション課題に対し異なる解決策を用いている状況にはそれ相応の理由があるかもしれないが、そうした事例の共有から学ぶことも多い。従業員はいざ課題に直面したとき、どこに助けを求めるべきかさえわからないことがある。

まず、あなたの組織で必要となる専門知識を定義しよう。例えば、テクノロジー関連のスキル、業界の知識、ビジネススキル、分析スキルなどをもとに、カテゴリー別スキルリストを作成するとよいだろう。次に、あなたの組織における現時点のグローバルレベルでの専門性を把握する。これを把握するための1つの方法は、各チームにアンケートを実施し情報収集することである。もう1つの方法は、個人の職務プロフィールや履歴書をもとに把握することである。どちらの方法でも、社内にどのような知識がどこに存在しているかを把握することが重要である。

その後は、その知識をどのように活用するかを考える必要がある。その方法には、以下のいくつかを含めるとよいだろう。

- **専門知識の共有データベース**：知識は共有されるべきものであり、機能や部門間での好事例を共有することで、優れた社内標準を構築できる。データベースはその知識を集める簡単な方法だが、データベースを構築するには、多くの専門家からの事前の合意と協力が必要である。もし半分の専門家しか協力してくれなければ、そのデータベースの価値は下がり、従業員がデータベースを利用する習慣は身につかないだろう。そして、常にデータベースを最新の状態に保つ必要がある。
- **イントラネット機能**：イントラネットで専門知識を共有することも有効となる。専門知識は隠すべきではなく、下位の管理職もアクセスできるようにする必要がある。したがって、特定の専門知識をもつ専門家に問い合わせできる方法を見つけることが重要である。しかし、ルールが煩雑であるとこうした機会は使われず、逆にルールが緩すぎてしまうと専門家に対する問い合わせ件数が膨大になって

しまう。

- **業務と専門知識の紐づけ**：前節（「足りない能力に焦点を当てた研修カリキュラムを構築する」）で、組織がヒエラルキーからフラット型へ移行している企業があると述べた。こうした組織において、幹部は従業員を監督するのではなく、従業員に対し必要なリソースや知識の存在やありかを案内することでサポートすることが好ましい。幹部は、人間の形をしたデータベースのような役割を果たすことになる。
- **専任のタレントマネジメント機能**：これらは、従業員を支援し、知識のギャップを埋めるための取り組みを主導する組織のことである。
- **グローバルレベルでの専門家間交流**：小さな大学の教員ランチを思い浮かべてみてほしい。その場で教授は同僚の専門知識に深く入り込みながら話を聞くことでメリットを得ている。つまり、こうした交流をうながす公式の場の設定が必要で、例えば毎月1回専門家がトピックを発表するような場などがよいだろう。このイベントには、年次や位の低い従業員も参加できるようにするとよい。こうした従業員も専門家の話を聞くことで学ぶことができる。

　例えば、グローバル展開しているある建設機械メーカーは、中央・東ヨーロッパと東南アジアにいくつかの製造工場をもっていた。この企業は、各地の事業部門がサイロ化しつつあることに気がついた。どちらの部門も順調であったが、好事例を共有することはなかった。さらに悪いことに、業務の標準化が弱体化しつつあった。各部門は変化するニーズに合わせて製品仕様を個別に見直していたのである。そのため、企業は各部門に対し、役割ごとに必要な専門知識を洗い出すよう依頼してみた。

　その後、グローバルのリーダーは、各部門の専門家が一堂に会し特定のテーマを議論するための月例セッションを開催させた。例えば、調達に関するあるセッションでは、あるカテゴリーのマネージャーが、サプライヤー戦略や主要なベンダー、5年計画、使用しているツールなどについて共有した。これに対し、他のマネージャーはその場で得た交渉や仕様の簡略化などの教訓を持ち帰り、自部門でも好事例を生み出せないか検討し、取り組むようになった。さらに、両部門間の取り組みに対する透明性が向上したことで、その後のプロジェクトで必要となった専門知識を適宜共有し合うことができるようになった。

要するに、**自分が求める専門知識が社内のどこに存在するか**を知っていると、それは特に危機の際にレジリエンスを高めてくれる。多くの企業は必要な専門知識の特定に時間をかけすぎたり、知識を外部から手に入れたり、知識の獲得自体をあきらめたりしてしまう。しかし、専門家が連携して知見が共有されると、組織全体の問題解決力が向上する。ある部門で直面したサプライチェーンの脆弱性は、他部門で事例として共有されることで同じ問題に取り組まなくてよくなる。

Section 5 / 個々人のパーパスの集合体で企業文化をつくる

人間は、起きている時間のほぼ50%を仕事に費やしている（または仕事の準備や通勤に使っている）。仕事は、単なる日々のタスクの積み重ねではなく、我々1人ひとりが目的意識を感じられるものであるべきだ。例えば、パターンを見つけることが得意な人がいるとする。その人は、需要や供給の変化を示すパターンを見つけることで充実感を得る。つまりこの人はオペレーション業務に就いていると、仕事に目的意識を見出すことができる。

ほとんどの企業では、従業員に目的意識をもたせようと努力しているだろう。こうした取り組みは通常、上層部からのビジョンやバリューの伝達を通じて行われる。そして、このビジョンやバリューに惹かれた人がこの企業に入社したり、長く働き続けたりする。しかし、こうしたバリューを無関係と感じる人も多い。「これは会社のバリューであって、私のものではない」と。

そのような従業員に対しては、どうするとよいのだろうか？　ビジョンや文化をより伝わるようにしたとしても、問題はこうした従業員は「聞いていない」のではなく、そのビジョンにつながりを感じていないことなのである。だからといって、この従業員を無関心なまま放っておいていいのだろうか。実際、これが「大退職時代」や「静かな退職」の背景だったと思われる。パンデミックを通し人々は、仕事か

ら満足感を得るべきで、もし得られなければ辞めるべきだと気がついた。

では、従業員に自分自身で目的を見つけさせてみてはどうだろう。自分にとって、その仕事や組織が何を意味するのか、なぜ毎日出勤するのかを定義させるのである。ビジョンやバリューを語る代わりに、従業員の声に耳を傾け、そして個々人の目的の集まりによって企業全体の文化が形成されるようなアプローチだ。

これがあまりにも非階層的で、行き当たりばったりであり、また幹部の求心力を失うアプローチに思えるのであれば、今の世界はまさにそういうものであると覚えておいてほしい。今日の世界は、あまり階層的でなく、無秩序であり、計画を無意味にさせうる。そんな世界で生き残るためには、チームをつくり、そのチームにより大きな権限を与えることによってレジリエンスを築く必要がある。そして、これには組織自体の変革が必要となるのであれば、あなたの従業員こそがその変革を、内側から、そして下から育んでいくのである。

こうしたパーパス主導の文化を組織の下部から形成するためには、まずは従業員の声を聞くことから始めるべきである。「従業員のことは十分理解できているつもりだ」と決めつけてはいけない。タウンホール形式や他の集まりの場を使って意見を共有する場を設けたり、「カルチャー・デー」などの形式でワークショップを開催したり、匿名のアンケートでアイデアを収集したりする方法が考えられる。どのような方法にするにせよ、従業員をより理解するための時間を設けることが重要である。

新入社員（下位の従業員でもCXOでも）には、企業の文化やパーパスを理解し、自分自身のものとするための時間が必要である。同様に、長年勤務するベテラン従業員であっても、これまであまり理解できていなかった可能性がある。したがって、組織に属する全員が時間とサポートを使いながら理解を深める取り組みが大切である。

従業員の視点を理解できたら、次にそれを現在の企業文化やビジョンと照らし合わせてみよう。どこが違って、どこが同じだろうか？チームから何を学べるだろうか？　ただし、これには時間がかかることを覚悟しておくべきである。また、気まぐれで不安定な態度をとってはいけない。そして企業文化は、毎年や2年ごとといった頻度で再定義されるべきものではない。目標は、従業員を疎外せず、同じ文化

で包み込むことである。権限をただ委譲するのではなく、与えた上であなたが従業員を導くことが大切である。

　ここでの成功は、従業員の企業に対する帰属意識を育むことにつながる。これによって、競争の激しい人材争奪戦であなたの従業員が他社に引き抜かれる可能性が低くなる。また、ここでの成功はチームの効率も高める。従業員が個々の目標をチームの目標に反映させることで、問題や課題をチームと共有しやすくなる。これが組織全体でのレジリエンスを高めてくれるのである。

第 11 章

テクノロジーの可能性を解き放つ、学習と共有、そして協働

危機に対してレジリエントであるためには、優れた意思決定が必要である。それは経験から学ぶことで改善されていく。人工知能（AI）などのテクノロジーは、人間の知能（HI）と組み合わせることで、データに基づいてより効果的に学ぶことができる。以下に、その実践のための5つの方法を紹介する。

Section 1 AIとデータ分析力の「フライホイール」

「全国先延ばし週間」（カナダ発祥のバーチャルな休日。通常、金曜日から翌週の木曜日までの1週間、重要な仕事を先延ばしにすることをうながす）という広告看板の話を聞いたことがあるだろうか？　その看板がその週の金曜日になってやっと掲示されたのだが、看板を設置する人のミスではない。看板設置に必要な情報がなかなか提供されなかったためである。ここ数十年の話は、まさにこれだ。人々は多くのデータを収集できるようになったが、データを適切な人に適切なタイミングで届けるのは非常に難しいと気がついた。AIの登場で、この問題はさらに深刻になるだろう。

データは、効率的な「流れ」があってはじめて有用になる。

　データの効率的な流れを実現するために、「フライホイール」を考えてみるとよいだろう。機械工学では、フライホイールとは弾み車とも呼ばれる非常に重い車輪のことで、機械の中でエネルギーを生成し、伝達する役割を果たすものである。ジム・コリンズは自身の著書『ビジョナリー・カンパニー2』（"Good to Great"）の中で、企業の変革はフライホイールを回すようなものだと述べている。ホイールのはじめの1回転を起こすためには、持続的な努力を必要とする。しかし、いざフライホイールが速度を上げると、ほぼ止められない勢いがつく。ジェフ・ベゾス（Jeff Bezos）はフライホイールの概念を非常に気に入っており、それを利用してアマゾン・ドット・コム（Amazon.com）の成長を実現した[1]。

　フライホイールは、今日の技術革命にとって特に有用な比喩表現である。第一に、ビジネスで何か新しいことを始めるためには多くの労力とお金を必要とする。第二に、いざその取り組みが一度軌道に乗ると、正しく設計されたフライホイールであれば、オペレーション全体にエネルギーを与えるものとなる。

　ジェフ・ベゾスの天才的なところは、フライホイールに関する本を読み、その内容にしたがったことではない。彼が自社の状況に最適なフライホイールを設計したことにある。同様にして、あなたがフライホイールをどのように設計するかに関する意思決定こそ、最も重要な決定となるだろう。

　1つの方法はデータから取り組んでみることである。**このデータからどのような答えを導き出せるか？**　もう1つの方法は、最も重要な課題から取り組むことである。**データはこの課題に対しどのような答えを提示するだろうか？**　あなたがテクノロジーよりもビジネスの観点を重視する場合、後者を好むかもしれない。例えば、調達という観点では、「適したサプライヤーを選び、取引できているのか？」「選んだサプライヤーは、自分の期待通りのものを提供しているのか？」「社内の関係者のニーズは満たされているのか？」といった課題を検討したいだろう[2]。

　いずれの方法においても、データの深層部の分析は必須となるだろう。どのようなデータがあるか？　データはどのように整備、保存され、追跡されているか？　誰がそのデータにアクセスできるのか？

データは内部および外部の他のデータとどのようにリンクされている
か（またはリンクされるべきか）？　これらの異なるデータソース間のリン
ク、すなわちデータの流れについては、特に旧来型のレガシーシステ
ムをもっている場合、初期段階からさまざまな考慮を必要とする（コ
ラム「完璧で正確なデータ？」参照）。

COLUMN
完璧で正確なデータ？

　「完璧で正確なデータ」を確保することは、データ分析能力を開発
する際の共通の難題である。これは禅の「公案」のようなもので、深
い意味がありながら同時に無意味でもあり、解決が不可能でありなが
らすべてを解決する鍵でもある。データは、企業全体やすべてのサプ
ライヤーに対して「完璧で正確」であるべきである。そのため、デー
タの整備、認証、統合作業を少しでも怠ってはいけない。

　同時に、誰のデータも完璧ではないし、これからも完璧になること
はないだろう。企業のさまざまな人がデータを取り扱い（たとえそれが単
一のソースからのデータであっても）、それを自分の考えに都合のよいように
解釈することはよくある。したがって、データが完璧だと仮定したり、
完璧にしようと無駄に時間を費やしたりすること自体、意味のないこ
となのかもしれない。

　データは驚くべきものであり、強力である。しかし、データが間違
っている可能性もある。データにエラーが含まれていたり、解釈を誤
ったりすることもある。例えば、データ内の相関関係は因果関係を示
すわけではないため、常識を働かせる必要がある。分析結果はあなた
の期待値とどれほど一致するだろうか？　たとえそれが自分の仮説を
裏づけるものであっても注意が必要である。特にデータ分析を始めた
ばかりのときは、確証バイアス（Confirmation bias、自分の考えを支持する情報を
重視し、反する情報を軽視してしまうバイアス）に最も影響されやすいためである。

　データは広範囲のことをカバーするものであるが、データには穴が
あることも認識し、それに対処する方法を知っておく必要がある。デ

ータは統計的な答えを提供するもので、指示を出すものではない。例えば、機械が故障する確率を示すことができるが、来週機械を交換しろという命令は出さない。ゆえに、意味のある分析が必要になる。故障が生産スケジュールにどのような影響を及ぼすか？　そのためにどのような対策が考えられるか？　ここで失敗しないためには、データだけでなく、あなたがその場で置かれた状況に適した検討をすることが重要である。データが示したことを信じ込む人々は、それと反する内容や証拠が出てきたときに自分の考えを変えることができるだろうか？

　データによって、我々は直感で問題に対処する必要がなくなる。しかし、どんなによいデータであっても、データだけで決定を下すことはできない。レジリエンスを構築するのはデータだけでなく、データ結果とそれに基づく洞察の組み合わせである。適切な洞察を得るためには、判断力と意思決定スキルを磨く必要がある。要するに、あるべきデータの利用方法は、企業の集団的な「直感」を育て、発展させることなのである。

　そして、データとデータを強化するためのAIツールは、数兆ドル規模の機会を生み出してくれる。しかし、こうした機会を活かすには、テクノロジーに特化した取り組みではなく、ビジネスのプロジェクトでなければならない。価値を生み出し、リスクを理解するためには、企業のビジネス側（取締役会に至るまで）がそのリスクとメリットを理解し、必要なプロセスを用意するべきである[3]。

　データの流れを改善するためには、まずデータポイントを結びつけるデータベースを整える必要があり、その結びつけには他のチームとの連携が重要となる。もし既存の基幹システム（ERP）を使わざるを得ない場合は、そのシステムがもたらす制約を認識しておく必要がある。しかし、このタイミングこそ、あなたがCIO（最高情報責任者）と重要な議論をするときかもしれない。

　例えば、**イベント駆動型アーキテクチャ**（Event-driven architecture）への移行を検討するのも1つの方法だ[4]。これはデータ統合の革新的なアプローチである。あるいは、**データメッシュ**（Data mesh）を探求し、

組織全体でのデータ共有を加速させることも考えられる。データメッシュとは、新しい戦略、オペレーティングモデル、テクノロジーアーキテクチャをもたらすもので、その中央集権的なデータ管理から分散型に移行することで、サプライヤーや顧客などの全ステークホルダーに対しデータを「製品」として提供することができる[5]。そして、データ管理の構造やガイドラインに関係なく、データ共有の文化を育み、全従業員がデータの分析力と理解度を高めるようにうながすことが大切である。

データをもっていることと、それを活用することの間には、想像以上に大きいギャップが存在する。多くの大手企業は「データレイク（Data lake）」という大量データを保存するためのストレージシステムを導入しているが、その使用率は5%にも満たない。IoTセンサー、オンラインショッピング、産業用ロボットなどのテクノロジーは自動的に大量のデータを生成するため、データ量はおそらく膨大になっているだろう（2015年から2020年にかけて、収集されるデータの量は14倍に増加した）。データの保存コストは継続的に低下しているので、今や重要なのは、効果的なデータ認証とデータガバナンスを通じてその**データの価値を高める**ことである。例えば、先進的な企業ではデータの信頼性に対して、その他企業の4倍の投資をしており、その結果として6倍のよい成果を得ている[6]。

データを手に入れたら、それを構造化し、分析し、可視化する方法を見つけよう。これによってはじめてデータを実際に活用できるのだ。また、データをコミュニケーションする——つまり、適切なタイミングで正しいチームに届けることも重要である。チーム間でのデータの受け渡しを改善することで、より多くのデータから洞察を得られる（そして他のチームでもデータが活用される）。

これを実践できている企業の一例がハイネケン社（Heineken）である。ハイネケン社は、65カ国以上にある173の醸造所にデジタル機能を搭載し、単一のIoTプラットフォームに統合している。独自のデータレイヤーを作成し、醸造所内のあらゆるデータを保存できるよう拡張性の高い設計にしている。生産施設からデータを抽出し、それを標準形式に正規化して、工場で働く17,000人の作業員に提供している。作業員はそのデータを、自分たちの醸造所で役立てようと応用している。そしてこうした取り組みは、KPI（主要業績評価指標）やデータの使いや

すさ、作業員の満足度に基づいて評価されている[7]。

現在のビジネスのやり方において、データの流れを阻害する要因の1つは、多くのチームが間違ったタスクに時間を費やしていることだ。自分たちのチームがどれほどの時間をデータ収集、コミュニケーション、意思決定に使っているか考えてみてほしい。多くの企業では、これは70%/20%/10%のような割合になっているはずである。これを逆転させる必要がある。人々は、意思決定に最大の時間を費やし、またコミュニケーションにも十分な時間を確保するべきだ。データの流れが改善され、新しいテクノロジーが活用されるようになれば、データから洞察を引き出すことができ、またリソースをよりよい意思決定に割くことができるようになる。

これこそがフライホイールだ。データを収集し、そのデータの質を改善する。データを使って意思決定を行い、意思決定プロセスを改善することで、さらに多くのデータが必要になる。これでフライホイールが一回転する。次に、さらに多くのデータを収集し、さらなる改善を図る（この話は次節「スマート・マニュファクチャリングからヒントを得る」でくわしく説明する）。アルゴリズムがより鋭くなり、人々は賢くなる。これは大変な作業で、時間がかかるように見える。しかし、フライホイールを回し始めることができれば、その勢いは止まらない。

知識は力であり、データは今やその燃料だ。データが多ければ多いほど、問題をすばやく感知できるようになる。問題の核心に迫り、より豊かな視点で優れた意思決定の一助となる。フライホイールが速く回転すればするほど、そのエネルギーをより多く活用できる。

製造業では、データ分析は生産ラインのダウンタイムを可視化させ、その後メンテナンスが必要となるタイミングを予測するのに役立つ。調達では、サプライヤーの依存関係を2次および3次まで可視化させ、コスト計算ツールに役立てることができる。物流では、ボトルネックを明らかにし、脆弱性を発見するのに役立っている。また倉庫では、在庫レベルの最適化を実現している（これは第9章の「データ・アナリティクスによって顧客接点と需要予測を拡充する」でくわしく説明されている）。現場では、エネルギー消費量や機械ごとのスループットを可視化し、これらのKPIを前月と比較することで、問題が顕在化する前に検知されるようになる。財務面では、設備投資とオペレーション費用のバランスをとるのに役立っている。戦略策定では、リスクの評価、優先順位づけ、軽減

の検討時に一助となる。環境面では、温室効果ガスの排出量を測定、追跡、モデル化できる。顧客との関係では、ポートフォリオの最適化を迅速化させる（これは第9章の「顧客価値起点で製品ポートフォリオを再編成する」でくわしく説明されている）。これらすべての用途において、効率性とレジリエンスが組み合わさっているのである。

Section 2 スマート・マニュファクチャリングからヒントを得る

牛がIoT（モノのインターネット）センサーを飲み込むと、そのセンサーが農場主と通信を始める。その信号は感染症や病気の早期警告を提供し、農場主は最適な授精のタイミングや牛が出産する前の警告を受け取ることができるようになる。こうしたインターネット・オブ・カウズ（牛のインターネット）が実現する世界で、センサーが工場の現場でどのような役割を果たせるかを考えてみよう[8]。

データが整い、分析チームがそのデータからはじめて洞察を引き出そうとしているとしよう。どのデータが興味深く、価値があるかがわかってきた。しかし、そのデータはまだ利用できないことがわかった。データはまだ実際には測定されていないのである。そこで、測定するためにセンサーを購入し、スマート・マニュファクチャリング（コネクテッド・マニュファクチャリング）を導入しよう。

IoTは製造をより賢いものにすることができる。こうした高度なテクノロジーは、あなたが必要とするデータを生成してくれる。このためには、工場の現場、倉庫、そして輸送経路にセンサー技術を取りつけることが求められる。

こうした高度なテクノロジーは相互にリンクされると、効率とレジリエンスを向上させてくれる。例えば、既存の監視カメラがAIに映像を送信すると、工場の現場で必要な安全装備を全員が着用しているか確認することができる。もし工場の一部で何か特別な装備が必要な場合、同様にカメラが監視し、必要な装備をしていない人が近づくと

AIがそのスペースのドアをロックすることもできる。

　センサーは、生産ラインの各ステップで貴重なデータを提供してくれる。品質に欠陥が起きていないか？　従業員はソーシャルディスタンスを守っているか？　特定の出荷コンテナはどこにあり、どれだけ満杯か？

　はじめは試験プロジェクトから始めるとよい。まず、どんなデータが必要で、そのデータをどのように活用し、どのように役立てるかを考えてみよう。そして、必要なデバイス（センサーやカメラなど）とデータ分析知識について、専門家と相談する。その後、実装し、結果を振り返る。データは役立っているか？　測定している内容は適切か？　他に何ができるか？　もしこのプロジェクトで成功すれば、他のケースや生産拠点にも展開を始められる。

　ただし、あなたのゴールはデータを取得することではなく、データから洞察を得ることであることを忘れないでほしい。すでにたくさんのデータをもっているはずであり、データを増やすだけでは必ずしも役立つわけではない。そのデータの活用方法に精通する人材が必要である。また、センサーを設置する方法を知っている人材も必要だ。たしかに、一部のアプリケーションには高価な高解像度カメラを必要とするものもあるが、工場のデータのほとんどは非常にシンプルなセンサーで収集できるものである。そして、（半導体危機さえ起きなければ）そうしたセンサーは驚くほど安価だ。

　むしろ、最大の課題はデータ間を関連づけることであろう。異なるプラットフォームからのデータを統合させる取り組みは想定しているか？　異なる工場では異なるセンサー技術が使われるかもしれないが、それをどう統合するか？　さらに、オペレーションシステムと企業の基幹システムをどのように統合するかも考える必要がある。両システム間では、情報の優先順位やアーキテクチャが異なるかもしれないことを念頭に置くべきである。データの所有権やガバナンスを事前に定義する必要がある[9]。

　しかし、これを実行できれば、スマート・マニュファクチャリングは確実に、センサーが従来生成していたデータをはるかに超えた情報を提供してくれるようになる。こうしたデータは透明性をもたらし、脆弱性を特定してリスクをあらかじめ軽減する一助となる。また、職場の安全性を大幅に向上させ、重大なダウンタイムを引き起こす規模

の事故を減少させることもできるだろう。

　そのようなデータを用いれば、ある生産ラインでのエネルギー使用の非効率を見つけたり、予防保守の必要性を検知したりできる。例えば、センサーによって機械の振動が通常よりも大きいことがわかると、ネジが緩んでいないか確認する行動につながる。振動、発熱、音の発生など、さまざまな要因によって保守が必要となるタイミングを予測できる。これらのアプローチを組み合わせ、AIを用いることで、従来よりも数週間早く問題を検知することができるようになる。

Section 3 サプライヤーや顧客との情報共有を進めることでバリューチェーン全体を強化する

　犬が吠え、ドアベルが鳴る。玄関に向かうと、お気に入りの配達員が荷物をスキャンして玄関マットの上に置いているのが見える。配達員が去るとき、ドアを開けると犬が尻尾を振り、スマホが鳴る。スマホにメッセージが届き、荷物が配達されたことが通知される。これは、顧客と発送業者が自動的にデータを共有し、みながリアルタイムで同じデータに触れることができるためである[10]。

　同じように売り手がサプライヤーと、データだけでなく洞察も共有している場合、その売り手はエンド・ツー・エンドのレジリエンスのためにバリューチェーンの最適化に取り組めている。社内でデータの流れを改善し、良好なデータガバナンスを確立したら、次は自社の境界を超えて範囲を拡大するときである。サプライヤーや顧客とデータを共有することは、最適なロットサイズを見つけ、稼働率を向上させ、運転資本を削減することにつながる。そしてこれによって、顧客に対しより大きな価値を提供できるようになる。

　しかし、これは非常に難しいプロセスでもある。まず、高度なデジタル化と専門知識が必要だ。次に、それをパートナーにも求める必要がある。つまり、サプライヤーや顧客がこのような方法で協力する意欲と能力をもっている必要がある。

だからこそ、この取り組みを始める際には、まず重要なパートナーを見つける必要がある。戦略的なサプライヤーや主要な顧客が候補となるかもしれない。パートナー候補がもっている関心と能力は何だろうか？　協力したいと思ってくれるだろうか？　実際にこうした協力は可能なのだろうか？　こうした基本的な課題が解決した後は、技術的な実現可能性を検討しよう。これにはIT、調達、営業などの部門横断的なプロジェクトチームを組織し、顧客やサプライヤーの代表者と密に連携する必要があり、決して簡単ではない。

　外部との協働を模索する際には、内部のデータやシステムの統合がどれほど進んでいるかが大きく関係してくる。サプライヤーや顧客は異なるシステムをもっている可能性が高く、それらを自社のシステムとリンクさせることは難しい。完璧を求めるのは不可能であり、エラーが多発する可能性もある。データ連携に遅延が発生するかも知れず、それがほんの数日の遅れだとしても途端にそのデータは役に立たなくなる。こうしたことから、まずは少数の重要なサプライヤーと顧客から始め、一歩一歩進めていくのがよいだろう。

　同様に、これらの外部パートナーとの関係は、社内の協力者との関係よりも複雑になるだろう。サプライヤーや顧客に協力を強制することはできない。もし相手が協力的でない場合、説得を試みることはできるが、時間を要することになるかもしれない。また、過度な情報共有とならないよう注意が必要である。というのも、一部のサプライヤーはあなたの競合にも供給している可能性があるため、あなたの好事例に関する情報が安易に競合に流れないように気をつけなければならない。

　しかし、レジリエンスへの道は透明性の向上を通じて開かれる。テクノロジーは、社内だけでなくパートナーとの間でも、資材の流れ、プロセス、情報の流れに関する透明性を向上させてくれる。例えば、供給や需要のショックに対し早期に警告を得ることができる。サプライヤーに問題が発生した場合、サプライヤーからの報告を待たずとも、リアルタイムで知ることができる。特定の製品の需要が高まっている場合もリアルタイムで把握でき、十分な時間的ゆとりをもちながら在庫切れ回避に向けた対応が可能となる。

　データ共有を活性化させることでレジリエンスを強化できる。予期せぬ感染症流行や紛争、内乱がもたらした供給不足によって、重要な

資材の安全在庫の必要性に気づくことができた。しかし、すべての安全在庫を拡充させようと試みるのはやりすぎかもしれない。データを共有することで、リスクを軽減できる箇所に注力した安全在庫の拡充を行うことができる（コラム「より効率的な外科手術」参照）。

COLUMN
より効率的な外科手術

　ジョンソン・エンド・ジョンソン社（Johnson & Johnson）の整形外科部門では、人工膝関節や人工股関節などの製品を取り扱っている。こうした複雑で高額な製品では、在庫量や手術室における無駄な時間などで見られる非効率がコストを大幅に押し上げる可能性がある。また、こうした非効率は、混乱時に柔軟性を低下させることもある。

　この問題に対処するため、当部門は病院のデータと自社のデータを連携させた。先進ケース管理（ACM）システムを使用して、患者データや手術のスケジュールを活用し、手術前のプロセスを簡素化させている。例えば、医療画像の自動転送によって、オフィスでの作業フローが効率化されている。

　両データの統合作業では、患者データに関する法的制限を遵守するために多くの技術的課題に直面した。しかし、X線や患者の生体情報などにリアルタイムでアクセスできるようになり、時間がかかっていた手動作業がほぼなくなった。さらに、当部門はこのデータ（と外科医の好み）にAIを適用し、インプラントのサイズ範囲を予測している。経験から学習するAIは、どのインプラントが必要かをより正確に予測できるようになり、在庫の必要性が減少した。

　AIはまた、どの外科用器具が必要かも予測できる。これにより外科医の器具トレイのサイズを縮小できた（外科手術では通常、実際に手術で使用される器具はトレイに置かれた器具の13〜22％に過ぎない）。器具を少なくし、また消毒の手間も減ることで、手術チームは手術にかかる時間と無駄を減らすことができたのである。

　ACMを導入することで、当部門では在庫面積を半減させ、また器

具トレイの需要を63%削減した。これにより、消毒機器の需要も減り、消毒に使用する水、電力、材料も削減された[11]。

Section 4
自動化技術でオペレーション上のリスクを軽減する

　1950年代のテレビ番組「アイ・ラブ・ルーシー（I Love Lucy）」の最も有名なジョークがある。ルーシーとエセルの仕事はチョコレートを包装紙で包むことだが、工場長から、「たとえ1つでも包み損ねたらクビだ」といわれている。にもかかわらず、チョコレートが理由もなくどんどん速く流れてくるため、彼女たちは流れてくるチョコレートを脇によけたり、食べてしまったり、ますます極端な行動をとる羽目になる[12]。こうした1950年代から現在に至るまでに多くのことが変わり、特にこうした反復的な作業においては自動化がレジリエンスを向上できるようになった。

　第5章で説明したように、コボット（協働ロボット）は反復作業を得意とする。例えば、ある部品を別の位置や向きに移動させるといった作業は、コボットに適したシンプルな反復作業だ。また、包装や製品を包装機やパレットに置く作業、さらには溶接や接着などのプロセス作業もコボットが得意とするものであろう。また、**ポカヨケ**（「間違い防止」や「不注意によるエラー防止」を意味する）も対応できるだろう。例えば、コボットは電動ドライバーがマニュアルにしたがって正しいネジに置かれた場合にのみ動作する機能などである。このポカヨケはリーン生産方式の理想として注目されているが、こうしたエラーを防止することはレジリエンスにもよい影響を与える。

　ここで指しているのは、完全な自動化ではなく、「**部分的な自動化**」である。完全な自動化は現時点では高コストとなり、またサプライ・ラインが過度に延びることで脆弱になりやすい。これは例えば、工場

や倉庫のオペレーションにおける自動化の割合を拡大させる、その分必要となる機械や各種インフラも増えるため、その工場または倉庫の面積も大きくなくてはならない。これにより、管理を行う作業員にとっては管理範囲が物理的に広くなり、緊急時対応などでかかるリードタイムの延伸を招くかもしれない。加えて、自動化は各作業にかかる時間短縮を実現できると期待されがちであるが、いざトラブルが発生するとその原因特定からプログラム修理、マニュアルによる普及作業は、実は自動化された生産システムのほうがより煩雑であり、時間を要することが多い。こうしたトラブル対応時のもろさも含め総合的に考えると、完全な自動化はリスクをはらんでいることがわかる。過剰な自動化には他にも次のような落とし穴がある。

- エネルギーコストが高くなると、サステナビリティ目標の達成に悪影響を及ぼす可能性がある。エネルギー価格の急騰に対しても脆弱になる。
- メンテナンス作業が膨らむ可能性がある。特に、上述の通り、トラブル発生時の復旧やプログラム修正にかかる手間や時間は複雑な自動化システムのほうが大きくなる。
- 予備部品を数多く確保しておかなければならない。これらが半導体を多く含んでいる場合、半導体の供給危機が発生すると深刻な問題となりうる。他の小さな部品も同様な危機によって問題を引き起こすかもしれない。
- サイバー攻撃に対する脆弱性が増す。

　あなたの業界に応じて、完全自動化、半自動化、手動の製造プロセスの組み合わせから適したものを検討する必要がある。まず、手作業によるコストが最も高い部分や、作業者の安全リスクが大きい部分を特定しよう。組立工程なのか、掘削作業なのか、最終包装なのか。それらの工程や作業に対して、自動化はどのように役立ちうるかを考える。その後、実際に現場の作業員と議論し、各工程や作業の詳細まで理解を深める。こうした議論をすると、ライン作業員は自分たちの今の仕事が自動化に奪われることを心配するかもしれない。こうした懸念に理解を示した上で、作業員の業務に関する将来の見通しを共有する必要がある。

次に、透明性の確保を目指す。実際に自動化を推進するために、必要なデータをもっている必要がある。比較的データが揃っていれば、洞察を引き出すことができ、この洞察はソフトウェア開発者が呼ぶ「ユーザーストーリー」となる。ユーザーストーリーこそが自動化の要件となる[13]。

自動化の導入余地を詳細に理解できた後は、ビジネスケースを作成する。これは長期的なビジネスケースとなるだろう。生産ラインの自動化に必要な投資は、数年、あるいは一部業界では数十年にわたって効果を発揮するためである。停電、エネルギー価格の上昇、部品不足といった将来起こりうる外部環境起因の問題も考慮する必要がある。また、導入後も生産プロセスをサポートする人材は必要となり、人件費を完全にゼロにすることは現実的ではない。また当然エンジニアなどの人材も必要であり、企業によってはそうしたスキルは不足しているかもしれない。

人手に対する依存を減らすことで、労働力不足、ストライキ、災害や感染症流行などの危機に対するレジリエンスを高めることができる。生産能力を柔軟に調整でき、また少人数の従業員のみでオペレーションが可能になるため、たとえ従業員が出社できないような状況でも問題ない。また、手作業で発生するミスが減ることにより、廃棄物や複雑性を削減できる。これらすべてが、レジリエントなオペレーションを構築するのに役立つ。

Section 5 / データの有用性を高める外部パートナーとの提携を模索する

電気自動車（EV）の開発競争で最も魅力的なことは、各プレーヤーがまったく異なる立場からスタートしている点である。従来の自動車メーカーは車両の製造方法を知っているが、テクノロジーについて学ぶ必要があった。一方で、テスラ社（Tesla）やリビアン社（Rivian）のような新興企業は、テクノロジーについて精通しながらも、車両の製造

方法を学ばなければならなかった。

最終的にはどちらも競争に勝つ可能性があるが、その過程を見るのは非常に興味深い。スタートアップはゼロから製造環境を構築しなければならない。最新の分析技術やAIを活用できるが、イノベーションや市場投入までを迅速に進める必要がある中で、EVを構成するあらゆる要素をすべて発明しながら、競合よりも早く完成させなければならない。

例えば、リビアン社は新型車両に対して多くの衝突試験や振動・騒音試験を行う必要があった。しかし、特に初期はそもそも試験に使うことができる車両自体が不足していた。そのため、コンピューターツールを使って実世界のシミュレーションを行うことにしたが、これには高性能なコンピューター環境が必要であった。

そこで、リビアン社はソフトウェアツールをアマゾン・ウェブ・サービス（AWS）に移行させ、クラウドでの高性能コンピューティングの可能性を探った。リビアン社は、必要なスキルを獲得するためAWSや他の技術パートナーを選び、特にAWSの活用によってリスクを軽減できると確信した。リビアン社は、車両そのもの、ERPシステム、製造現場のデータをすべてAWSのプラットフォームに統合することができた。

このパートナーシップは複雑であった。アマゾンはリビアン社の投資家であり、リビアン社はアマゾンに向けて10万台の貨物車両を製造している。この貨物車両は荷物の配達に使用されている。しかし、このパートナーシップは、リビアン社にとっては会社全体のプラットフォームとデータを結びつけるのに役立っているのは明らかであった。リビアン社の従業員はEVの開発に専念できるようになり、開発に必要なテクノロジー自体に頭を悩ませる必要がなくなった[14]。

あなたの企業でも同じことが可能となるかもしれない。真の革新は、すべてのシステムを連携できたときに生まれる。これまでの4つのアクションで発展させてきたものを最後合流させることを意味する。データがあらゆるチームや部門で生成され、共有され、さらにサプライヤーや顧客のデータ、第三者のデータ提供業者によって拡張されて強化されたものが、どのようにして1つのデータソースに統合できるのか？　システムを連携し、複数システムのデータを比較できる形にするにはどうするべきか？　この共通のデータプラットフォームが実現

されてこそ、最高レベルのレジリエンスの確立が見えてくる。

　これらのシステムを連携させ、新たなデータを生み出すためには、優れたパートナーシップが必要だ。すべてを社内のみで実現させる必要はない。最終的には、ビジネスの課題を解決するために常に学び続けることが求められる。自動化やAIがもたらす課題は、複雑でかつ専門的すぎることが多く、社内ですべての能力を賄うのは難しいだろう。そこで、適切なパートナーを見つけることで、ビジネスの意思決定を支えるデジタル能力の向上が可能となる。

　よいニュースは、今やパートナー候補が数多く存在することである。特に最近では、そうしたサービスや業者の選択肢が大幅に拡大している。社内でゼロから開発する必要はなく、タイヤがないのであればタイヤショップで購入すればよい。しかし、タイヤショップに行っても「トラック用のタイヤがセールだ！　これをプリウスに取りつけられるだろうか？」とは考えないだろう。パートナーを見つけた後で自社にどのように役立つかを考えるのではなく、はじめに自分の痛点やニーズを特定するべきである。その後に適切なパートナーを探そう。自社のニーズや要件を特定できたら、パートナー候補の過去の実績ケースをもとに共同で試験プロジェクトを開始させる。これにより、パートナーのサービス内容を実証することができ、あなたの企業内で支持を得ることができるだろう。そして試験プロジェクトが成功した場合には、本格的な導入を検討することができる。

　しかし、どういう場合であっても、まずは現在もつデータと解決策に必要なデータのギャップを特定することから始めるべきである。そのギャップをまずは社内で、最小限の投資で解決できそうか？　これが可能であればそれでよい。解決が望めない場合、はじめに既存の技術パートナーに相談してみよう。そのパートナーはどのような提案をしてくるか？

　同時に、他の選択肢に対しても視野を広げてみよう。市場を調査し、新たな企業からアイデアや提案を受けてみよう。そして受け取った内容を批判的にレビューすることが重要である。その提案はあなたの問題の中核を解決するものだろうか？　それとも、あくまで標準的な解決策で、一部をカスタマイズした程度のものか？　サプライチェーンのトラブルや破壊は企業ごとに異なる形で発生するため、自社に合った解決策を提供できるパートナーの特定には時間をかける必要がある

だろう。複数のパートナーをもちたくなるかもしれないが、エコシステムを過度に拡張するのは避けるべきである。部分的な解決策を提供するためだけに、20の異なるパートナーをもつことは過剰である。あなたに本当に必要なものを提供してくれる5〜10のパートナー程度にとどめることが望ましいだろう。

また、データソースを見るときは、批判的な視点をもつことが重要である。データはどのように収集されているのか？　それは信頼できるものか？　どのようなバイアスがかかっている可能性があるか？　データはあなたの組織内でどのように活用できそうか？　また、そのデータを必要とする人はみなアクセスできる状態になっているか？　社内では、データは秘蔵の宝物のように隠し持つべきではなく、全社で活用することで価値を生み出すべきである。価値をほとんど生まないサービスに投資することは当然無意味だが、よりたちが悪いのは、価値を生む可能性があるサービスを誰も使わない場合である。

まずは基本的なシステムの構築から始め、徐々にデータを追加していこう。追加するデータが既存のデータとどのように関連しているか常に注意しよう。そして徐々にシステムを拡張させ、さらに多くのデータを取り入れていく。またシステムを継続的にテストし、改善を加えていく。

はじめにシステムを構築するのはあなただが、構築した後はそのシステムを信頼しよう。しかし、無条件に信頼するようなことはあってはいけない。システムも常に学習し、例外から学びながらさらなる最適化を図ろうとする。

データを統合させればさせるほど、より複雑な要望に答えることができるようになる。はじめは（「スマート・マニュファクチャリングからヒントを得る」にて説明したように）、単純な仮説しかテストできないかもしれない。しかし、さらに多くのデータを収集し連携させることによって、最終的には組織の境界を超え、さまざまな第三者データと連携し、さらなる価値を生み出してくれる。

例えば、外部事業者から提供されたデータは、環境、安全性、ガバナンスに関する検討に役立つだろう。サプライチェーン上流で児童労働やその他の搾取的な慣行に依存していないだろうか？　二酸化炭素の排出量はどれくらいか？　こうしたサプライチェーンの潜在的な弱点は、外部の情報源によって明らかになる。これについては第12章

でくわしく説明する。

　リスクイベントデータの提供業者などは、サプライチェーンの混乱やリスクイベントをリアルタイムで特定し、分析している。これら業者は、ビジネスに与えうる影響と、その影響を受ける業界を特定する。当業者のクライアントは、リスク発生時に即座に通知を受け取り、対応策を講じることができる。

　また、他にも、社内のレジリエンスを強化するためのツールを提供している業者がある。このツールは、危機に迅速に対応するために必要な知識と柔軟性を提供するようなものである。例えば、社内のプロセスマッピングは、どこで問題を起こしやすいかを特定できる。さらに、コンピューター工学ツールやAIなどのテクノロジーは、さまざまなシナリオを想定した計画作成と能力強化に役立つものである。

第 12 章

サステナビリティを 受け入れて長期的な レジリエンスを確保する

　長期的にレジリエンスを維持するためには、やはりサステナビリティ課題に取り組まなければならない。サステナビリティについては、「**しなければならない**」「**やるべきだ**」といわれ続けており、もはや不快に感じているかもしれない。しかし、そうした強制的な口調を遮断し、**脱炭素化や従業員、取引相手、そして地域に対し敬意をもつことによって、あなたの業務を多様に、そして柔軟にすること**ができるようになるかもしれない。サステナビリティはまた、VUCA（変動性、不確実性、複雑性、曖昧性）の世界で予期しない困難に対応する一助ともなるだろう。以下に、実践に向けた5つのアクションを示していく。

Section 1 チームや取引先の コンプライアンス遵守を確実にする

　我々は、サステナビリティとは単に規制を遵守する以上のものであると考えている。サステナビリティに投資することで、単に罰金を回避するだけでなく、大きな利益を得ることができる。サステナビリテ

ィは正しく取り組まれると、競争優位性の源となりうる。サステナビリティが実現されると、それは企業のマインドセットとなり、企業の中核に植えつけられる価値となる。

しかし、いずれにせよ規制を遵守することから始めてもよい。しかし、実際にはこれも思ったより難しいと感じるだろう。ステークホルダーや目標の対立を生む可能性があり、また規制は急速に変化している。国や州が異なると、異なる基準が存在する。そして多くの組織では、正しく規制を遵守できているかをたしかめるデータや能力を欠いている。しかし、これは不可能ではない。いくらか注意が必要なだけである。

チームはまず、自分たちが規制を遵守するためにできることを特定することから始めよう。これには、サプライヤーなどの直接の取引先とのコンプライアンスの確立などがあげられる。結局のところ、サステナビリティは常に包括的に取り組まれなければならない。取引先がサステナブルでなければ、あなた自身もサステナブルとはいえない。内外の取引先と協働する際は、多様性を確保するようにしよう。第10章で述べたように、多様性が高いほど、設計上、よりレジリエントになる。

はじめに、自社のサステナビリティに最も大きな影響を与えている企業を特定しよう。取引先が大量の二酸化炭素を排出しているか、あるいは二酸化炭素排出量に対する関心の低い地域にオペレーションを設置しているかもしれない。または、人件費の安い労働力に頼り、労働力を公平に扱うよう求める社会的圧力に対して脆弱であるかもしれない。取引先のサプライチェーンは、地域の多様性を反映するものだろうか？　企業とコンタクトをとり、次のような議論を始めてみよう。どのような共同目標を設定し、それを達成するためにどのような取り組みができるか？　両者が遵守する必要のある法規制は何か？　目標の達成状況をどのように測定するか？　監査はどのように行うべきか？

取引先と合意に至ることができた後は、コンプライアンス遵守の取り組みを管理し、文書化するとよい。そのようにしてはじめの取引先との議論・調整が完了した後は、次の取引先、さらに次の取引先と続けていき、すべての企業群がコンプライアンスを遵守する仕組みとなるようにする。しかし、たとえこれが達成されても、決して安心して

はいけない。法規制が変わるたびに、この仕組みに問題はないか常に注意深く監視を続けることが重要である。

サステナビリティに対する取り組みは、二酸化炭素の排出目標のみにとどめたくなるかもしれない。たしかに規制の厳しい地域での排出量削減は重要である。しかし、サステナビリティは環境、社会、経済の問題を含む複雑な概念であり、これらに総合的に取り組まなければならない。例えば、企業によっては二酸化炭素の排出やその他の有害な作業を上流に押しつけようとする不誠実なところがある。排出量に関しては、スコープ3基準はこうした取り組みを許容しないが、こうした考え方はすべてのESG問題に共通する。問題は解決されるべきで、隠されるべきではない。これは人類社会の未来にかかわる問題である。したがって、可能な限り、透明性の向上は直接の取引先を超えて成し遂げられるべきである。ティア2サプライヤーおよび理想的には原材料のサプライヤーにまで透明性とコンプライアンス遵守を求めるべきである。

組織の中には、これを単なる形式的な手続きととらえ、指示にしたがってチェックボックスを埋める程度の作業と思い込んでいる人もいるかもしれない。しかし、チームがこの作業に価値を見出せるようにすることが重要である。これは、企業がよりよい未来を築くための取り組みなのである。

サステナビリティを進める理由が経営層からあまり提示されないとしても、取り組まなければならない。理由の1つは、もしあなたがサプライヤーの児童労働への依存を知っていながら放置し、その結果あなたの企業が高額な罰金と社会からの非難を受けることになった場合、その責任はおそらくあなたに課せられてしまうだろう。

もう1つの大きな理由は、法律的な理由だけでなく、レジリエンスを構築するために必須な取り組みであるためである。レジリエンスは、法律と同様に、自社のオペレーションや全ステークホルダーのオペレーションに対する透明性を求める。つまり透明性は単に規制当局のためだけではなく、供給と需要の急変に対し柔軟に対応するために役立つものである。

供給危機の多くは、環境、社会、そしてガバナンス（ESG）リスクとして分類されるべきである。例えば、あなたのサプライヤーが児童労働に頼っていることが発覚した場合、そのサプライヤーは事業を停止

せざるを得なくなる。これにより、あなたは突然供給源を1つ失うことになる。加えて、特に大企業であれば、あなたの企業が社会的批判の標的になる可能性がある。こうして公になってしまう前に、社内で透明性を確保しておき、早めに対処できるほうがよい。これにより、あなたのコントロール範囲、柔軟性、そしてレジリエンスを高めることができる。日ごろからさまざまな環境、社会問題に対し、取引先と緊密に連携して積極的に対処しておくほうがよいのである。

Section 2 / サプライチェーン全体の サステナビリティリスクを軽減する

　第6章で述べたように、サステナビリティを生産的に実現する方法として、**廃棄物の削減と考え方の多様化**があげられる。廃棄物を好む人はいない。廃棄物はコストがかかり、効率が悪い。廃棄物を減らすことは、利益を増やし、環境にも貢献する。また、問題解決における「創造性」がもたらす価値については多くの人がすでに理解しており、多様性がその創造的な思考を高めることも理解されている。以下にて、その実現にあたり必要なアクションを示していく。

　産業革命以降、経済は「調達‐生産‐廃棄」という直線的なモデルにより支えられてきた。このモデルでは、人が使うものはすべて最終的に廃棄物となる。現代における最も重要な課題は、毎年1,000億トン規模で生まれている廃棄物をどう減らすことができるかである[1]。

　事実、従来の直線的なモデルは、何百万もの人々を豊かにし、我々全員がその恩恵を受けている。我々は、無駄遣いはよくないとわかりながらも、企業が経費で購入している紙やオフィス用品などを無駄にしていたり、電気や暖房をつけっぱなしにしてエネルギーを浪費したりしている。つまり、こうした行動は叱責によって直るものではない。解決には生産的な対応が有効となる。我々は、廃棄物の削減によって企業と環境両方にどのような利益がもたらされるのか、みなに理解してもらうようなサポートができる。そして、個々の行動レベルだけで

なく、削減に向けた仕組みまで整えることができる。つまり、「調達-生産-廃棄」モデルにとらわれない考え方ができるのである。

　調達や製造プロセスを見直す機会は多くある。これらをどう再設計すると廃棄物を減らすことができるだろうか？　廃棄物をどのように再利用またはリサイクルできるだろうか？

　廃棄物に関する考え方は、社会的な側面にも適用できる。例えば、歴史上発生したさまざまな差別や偏見によって、特定の職業やポジションから有色人種が排除され、多くの知的資源が無駄にされたことを考えてみてほしい。また、水道を白人専用と有色人種向けの２つに分けていたことによる無駄も思い出してほしい。そのような考え方の名残が今のプロセスに残っていないか？　従業員やサプライヤーの多様性を活かさないことによって、どこで機会が無駄にされてしまっているか考えてみてほしい。

　廃棄物はどこで生まれているか？　モノの流れを描いて調べてみよう。廃棄物のうちどれほどが本当に必要か？　批判的な見直しを行うことで、異なる視点を取り入れ、創造性をうながし、物事を広く考えることができる。製品設計も含め、単なるコスト削減から環境に与える影響の削減へと焦点を変えることが重要である。

　多様な視点の中には、顧客やサプライヤーも含まれるべきである。顧客、サプライヤーはどこで廃棄物を生んでいるか？　顧客は製品を設計通りに使用しているか？　サプライヤーは規模の経済を活用できているか？　廃棄物をどう再利用またはリサイクルできるか？　再利用やリサイクルを効率的に行うためには何が必要か？

　ここで注意すべき落とし穴をいくつか提示しよう。

- このような複雑な取り組みは、簡単に迷走してしまう可能性がある。大局を見失わないようにし、まずは最も大きな廃棄物や非効率を優先して対処することが大切である。
- レジリエンスを実現するためには、バックアップサプライヤーをもつことが多いだろう。サプライヤーと廃棄物の削減に取り組む際は、バックアップサプライヤーでも同様の取り組みを行うべきである。そうしないと、かえって複雑性が増してしまう可能性がある。
- 多様なサプライヤーと取引することを「慈善事業」と考えないこと。つまり、必ずしも品質を犠牲にしたり、より多くの費用を支払った

りする必要はない。多様なサプライヤーをもつことで、競争力を高め、イノベーション機会を提供し、より柔軟な解決策を提案してくれるだろう。

　これらの落とし穴を避けてまで削減に取り組むことは重要である。なぜなら、廃棄物の削減はほぼ常に利益を拡大させるためだ。使用する材料を減らし、廃棄コストを削減し、リサイクル製品から新たな収益源を見つけ、多様な考え方から新しい収益機会に出会うことができる。材料の使用量や廃棄物を減らすことで、その材料の供給リスクを軽減できる。廃棄物をリサイクルしたり再利用したりすることで、自給自足レベルが向上する。もし他社が、以前は廃棄物の処分コストに消えていたお金であなたの製品を購入してくれるならば、あなたの収益源のレジリエンスを高めていることになる。これにより、柔軟性も向上し、複雑性を軽減でき、レジリエンスによるメリットを享受することができる。

　例えば、プラスチックについて考えてみよう。数十年にわたり、アメリカではプラスチック処理を「見えないところに送って忘れる」方法をとっていた。プラスチック廃棄物は中国に送られ、リサイクルや処分が行われていた。しかし、2017年に中国がプラスチックの輸入を禁止し、その後東南アジア諸国も同様の措置をとったことで、多くの企業のバリューチェーンがプラスチック処理・リサイクルに対してあまりレジリエンスがないことが明らかになった。一部の企業は見事に対応し、パッケージのプラスチック量を減らし、廃棄物をゼロにすることをゴールに据えている。しかし、まだ多くの機会が存在すると考えられる。実際、パンデミックの期間でプラスチック廃棄物の量が増加し、リサイクル量も減少した。

　本章の後半では、再生可能な循環型プラスチック経済の可能性についてくわしく見ていくが、現時点ではポイントはもっと単純だ。まず、人々が廃棄物の存在を軽視しているのは慣性か誤った知識によるものである（「中国にプラスチック廃棄物を送っていたのは、中国からの調達に使っていた輸送船は帰路では空になることから、低コストであったためだ」など）。第二に、このプラスチック廃棄をなくすことにより、中国の輸入政策や海運情勢の突然の変化に対するレジリエンスを構築できる[2]。

　レジリエンスはまた、企業の「レベル」や地域との関係性にも深く

結びついている。企業内外で公正かつ社会的に正しい労働慣行を実施することで、困難な時期に従業員やサプライヤーからの支援を受けやすくなる。また、従業員やサプライヤーが、効果的なセーフティー・ネットが整った地域に属している場合、企業はより高いレジリエンスをもつ。

Section 3 サステナビリティを重要なビジネス指標に昇華させる

消費者はサステナブルな選択ができるようになりつつある。KEARNEY Consumer Institute（KCI）の調査によれば、85%の人が食品に対し、84%が家庭用品、74%が衣料品や靴に対しサステナブルな購入方法を概ね理解していると答えたという。しかし、こうした消費者の選択結果がサステナビリティの実現に大きな影響を与えると考えている人はわずか22%に過ぎない[3]。

これはジレンマを生んでいる。サステナブルな製品をつくりたいが、消費者が関心をもつかどうかわからない。一方、消費者は関心をもちたいと思っているが、企業を信頼しておらず、真にサステナブルな製品をつくっているとは考えていない。第8章で述べたように、サプライチェーン全体で信頼を築くことでレジリエンスを高めることができる。では、消費者との信頼を築くことが長期的なレジリエンスを築く一助になるのではないか？　そのためには、サステナビリティをすべてのビジネスケースでの主要な意思決定指標として組み込む必要がある。

サステナビリティについては、多くの企業はまだ発展途上にある。まずは規制への対応から始まり、その後、利益につながるサステナビリティの取り組みが続いていく。だが、時にはここでつまずくこともある。高い投資回収率（ROI）が見込めるプロジェクトはすぐに尽きてしまうのである。その場合、サステナビリティをビジネスケースのアプローチで高める必要がある。サステナビリティは、ROIと一緒に取

り組まれるべきであり、後から考えるべきではない。

　これを曖昧なものにする必要はない。このアプローチにより、ビジネスにとって重要なサステナビリティ指標を定義することができるし、すべきである。例えば、ある企業はユニバーサル指標を1つ生み出した（コラム「メルク社のサステナビリティ価値ツール」参照）。だが、みながそこまで野心的になる必要はなく、業界に関連する指標から選べばよい。例えば、製造業の場合、ビジネスケースで最も重要な指標は二酸化炭素排出量かもしれない。しかし、投資ファンドは投資がもたらす社会的影響を重視するかもしれない。同様に、部門や機能によって重要指標は異なるかもしれない。調達部門は単位当たりの二酸化炭素排出量に関心をもち、物流部門は距離当たりの二酸化炭素排出量を気にするのかもしれない。また営業部門はリサイクル率について考える必要があるだろう。

......

COLUMN
メルク社のサステナビリティ価値ツール

　米国の製薬会社であるメルク社（Merck）は、サステナビリティがもたらす影響を財務的な価値に変換できる指標を求めていた。例えば、熱帯病との戦いのためにメルク社が医薬品を寄付することによる価値はどのくらいだろうか？　糖尿病予防プログラムへの投資とどちらがよいのか？　細胞培養肉（クリーン・ミート）の環境的価値はどの程度か？　同社のステークホルダーの多く（投資家、顧客、従業員、NGO、メディア、規制当局など）は、同社が賢明な決定を下すことを期待している。同社はステークホルダーの価値を最大化しつつ、財務的なパフォーマンスを確保する必要がある。

　そこで、同社はサステナビリティビジネス価値（SBV）ツールを開発し、環境、社会、経済に対する正と負の影響を計算し評価できるようにした。このツールは同社のバリューチェーン全体にわたり、サプライヤー、流通業者、消費者を含むさまざまな指標とその評価結果を収集するものである。

そして対象は環境、経済的価値、消費者の福祉、デジタル化、倫理、ガバナンス、社会的促進といった7つの次元にまたがっている。計量手法には、国民1人当たりの時間当たりのGDPや、温室効果ガス排出による社会的コストの回避を可能にする電力など、代理指標が使用されることがある。

同社は、SBVの算出がマネジメントにおける意思決定や利害関係者とのやり取りにおいて有益となると考えており、これは時にはマーケティングの説得力を向上させうる。SBVは株主総利回り（TSR）を代替するものではないが、SBV主導の戦略はTSRを効果的に増強することができる。SBVの背後にある方法論は、2021年のドイツのサステナビリティアワードの概念／ツール部門にて表彰された[4]。

各指標について、測定方法に関するガイドラインを作成しなければならない。データガバナンスはオペレーションにとって重要な機能であり、意思決定と説明責任を果たすには信頼できるサステナビリティ・データが不可欠である。例えば、米国の飲料大手であるペプシコ（PepsiCo）社は、サステナビリティ・データとともに、そのデータプロセス、方法論、および目標についての詳細な情報を開示している[5]。

次に、ビジネスケースの達成に必要な、各指標の最低基準を指定することを必須としたい。これは、あなたの標準ビジネスケース方法論に対する簡単な変更であり、他の非財務指標を含めるのと同様に、サステナビリティの測定を含めればよい。こうした指標が達成されている限り、将来のプロジェクトにおいても一定のサステナビリティレベルが確保される。

より幅広くこの問題に取り組みたい場合は、インセンティブを結びつける方法もある。例えば、経営陣の報酬をサステナビリティのパフォーマンスに連動させることができる。アルコア社（アルミニウム会社）はその一例で、2020年には年間のインセンティブ報酬の30％が環境、ジェンダーの多様性、健康と安全といった非財務指標に関連づけられていた[6]。

この考え方は、環境問題やダイバーシティ、エクイティ、インクルージョン（DEI）に関する問題にも同様に適用できる。意図的にマイノ

リティ・グループの人材を採用することができる。質の高いDEIト レーニングに投資することもできる。リモートワークやフレックスタイム制などの柔軟な働き方によって、従業員のリーダーシップ、メンターシップ、キャリアの機会へのアクセスが制限されないようにすることもできる。これらはROIに対する後づけの施策としてではなく、ROIと同等に重要な意思決定指標として評価されるべきである[7]。

　こうした取り組みを行う理由は、顧客からの評価・承認を求めるためではなく、自分もその価値を信じているためであるべきだ。言い換えれば、顧客にリーダーシップを求めるのではなく、自分がリーダーシップをとる覚悟が必要である。冒頭で述べたように、KCIは顧客がサステナブルな購買方法を知っている一方で、顧客が本当に求めているのは信頼であると明らかにした。サステナビリティを取り入れることで、顧客に信頼され、顧客が求めるサステナブルな製品を提供できる。一方で、**サステナビリティ・マーケティングだけを取り入れると、単なる企業の自己満足やグリーンウォッシングとみなされるリスク**があり、それが結果顧客の信頼を損なうかもしれない[8]。

　サステナビリティへの取り組みは、この段階になるとより多くのコミットメントと勇気が必要となってくる。企業がサステナビリティに対する投資を怠ると、競争力を失い、最終的にはよりサステナブルで革新的な競合に追い越されるか、規制の厳格化によりはしごを外されることになる。どちらにしても、サステナビリティに関連するビジネスチャンスを逃すことになる[9]。

　サステナビリティをROIと同等にビジネスケースに組み込むことで、長期的な成長につながるプロジェクトを選ぶことができる。**短期的な利益の最適化や、組織全体には広まらない「灯台プロジェクト」** (大きなビジョンをもちながらも規模が小さく、長期的成長に貢献しないようなプロジェクト)を優先することはなくなる。

　ビジネスケースに長期的な視点が考慮されるようになることで、変化する市場やビジネス環境においても安定したパフォーマンスを発揮できる。さらに、サステナビリティを考慮に入れることで関連リスクに対する理解が深まり、よりリスクの低いプロジェクトを優先する意思決定ができる。これにより、レジリエンスをさらに高めることができる。

Section 4

定量化できる
サステナビリティ目標を定める

　本章で述べたこれまでの実践方法は、比較的小規模な戦術的なものであったが、次に必要なのは戦略的アプローチである。役員会や経営陣は、サステナビリティを企業全体の目標として設定しなければならない。

　サステナビリティに向けた長期的かつ有意義な変革を確実に進めるためには、明確で定量的な目標を設定する必要がある。単にサステナビリティ目標を立てる、ビジネスケースにサステナビリティを取り入れるといった段階を超えて、サステナビリティをより積極的な概念として、各計画や戦略の「北極星」とするのである。

　しかし、サステナビリティは複雑であるため、ユニットや部門ごとに目標を設定する必要がある。それぞれがどのように「北極星」に向かい、企業全体の目標に向けて進むべきかを考えなければならない。しかし、各部門で目標や状況が異なるからといって、ある目標は管理しなくてよいというわけにはいかない。すべての目標は「北極星」に向かうもので、定量的であり、具体的で測定可能でなければならない。そしてすべての目標は達成可能なものでなければならない（方法がまだわからなくても）。また、すべての目標には明確な責任者が必要であり、誰がその達成を担い、また成功するために何が必要か、失敗した場合どうなるのかを明確にしなければならない。サステナビリティ以外の目標に対するアプローチと何ら違いはない。

　具体的な目標として、例えば工場の炭素排出量をx%削減することや、多様なサプライヤーをy%確保することが考えられる。DEI戦略も他の戦略と同じように、データを収集し、ギャップを特定し、それらのギャップを埋めるための計画を立てる必要がある。この目標は、各地のオペレーションに基づいてさらに具体的なものにできる。例えば、地域のニーズに基づき、水資源やその他の環境問題への対応を含むことができるだろう[10]。

　これらの目標を具体的な実施計画に組み込み、法的条件、テクノロ

ジー、フレームワークの変更に備え若干のバッファーをもたせるとよいだろう。ただし、チーム全員がこの計画を理解し、達成に向けて自分たちがどのように貢献できるか考えられることが重要である。

その後、計画の達成に対して責任をもたせよう。サステナビリティ目標の達成状況をフィードバック対象に含めるとよいかもしれない。また、インセンティブ報酬を目標達成に連動させることも考えられる。さらに、KEARNEYの「Exponential Conversations」のような方法論を用いて、取締役会のパフォーマンスを評価し、取締役会の構成メンバーに存在する不平等などに対処することもできる[11]。

覚えておくべきことは、あなたが掲げた壮大な目標（例えば、「2040年までに脱炭素化達成！」）は、その目標を達成するための計画があってこそ意味をもつ。だからこそ、今日から取り組む必要がある。この計画と日常で取り組む目標は密接に結びついている。これらを両立させ、実現できなければならない。これは、サステナビリティ目標が、壮大なものと達成可能なレベルの間で健全なバランスをとる必要がある理由にもなる。地球を救うためには高く壮大な目標を設定する必要があるが、目標が高すぎることで達成不可能だと感じられると、チームが士気を失い、組織にストレスが生まれる。

この取り組みを社会に伝える際には、その伝える内容は注意深く検討するべきである。グリーンウォッシングという評価を避けるには、実際に行動で示す必要があることを忘れないでほしい。また、グリーンウォッシングは取り組み全体が失敗していることを示す兆候であることが多い。これはマーケティング担当者が人々の感情に訴えかけようとするときに発生する。しかし、サステナビリティの取り組みは、全社バリューの実現を目指す経営幹部によって推進されるべきものである。

社会からのグリーンウォッシングに対する批判は、グリーンハッシング（Greenhushing、成果をわざと隠すこと）につながることがある。これはたしかにグリーンウォッシングの非難を避ける方法であると同時に、「それでは足りない」といった批判も回避できる。しかし、そのような恐怖が、社会に向けた広報戦略を決めるようなことがあってはいけない。要するに、達成状況を共有することはサステナビリティ達成に向けた重要な課題であり、慎重に対応されるべきものである。

サステナビリティ戦略が長期的なレジリエンスの構築につながる理

由は2つある。まず、いわゆる「信仰ベース」の理由を考えてみよう。多くのリーダーは、将来的に脱炭素化の達成やその他環境対策の取り組みが必要で、これを多様なチームやサプライヤーによって解決するのが最適であり、サステナビリティをコア・バリューに組み込んだ企業が報われると信じている。これは宗教的な意味での信仰ではなく、全世界が納得できるような証明をすることが難しいため「信仰ベース」と呼んでいる。リーダーはこれまでも1946年では資本主義に、1989年ではグローバル化に、そして2020年には新型コロナウイルスのワクチンに対しても「信仰ベース」のアプローチをとった。

　しかし、もしこの「信仰ベース」のアプローチをまだとる気になれないのであれば、「リスクベース」のアプローチをとってみよう。明確なサステナビリティ目標を設定し、すべての部門と機能がその目標に向かって一致して取り組むことで、ESGリスクやブランドリスク、法的な罰則リスクなどへの脆弱性を軽減できる。また、透明性を高めることで、貿易戦争、異常気象、災害、予期しない危機や変動に対するリスク耐性も向上させる。それがレジリエンスである。

Section 5 ／ 循環型ビジネスモデルを通じて「ループ」を閉じる

　我々のチームの中にも、循環型経済は少し非現実的だと考えているメンバーがいた。ビジネスや商取引、そして人間の努力の目的は、モノを調達し、それをより有用なものに変えることである。では、材料となる資源を減らさずして、どのように有用なものを生み出すことができるのだろうか？

　しかし、ペプシコ社が2030年までに「消費される水の量よりも多くの水を生み出す」という誓約を発表したとき、考えが変わった。これは一見、奇妙に思えるが、ペプシコ社は本気であった。同社は、事業を展開している地域には安全で清潔な水が不足している場所があると認識している。また、農業のサプライチェーンにおける水の使用効

率を改善し、水資源が不足する地域の貯水槽に水資源を補充すること、また土地が雨水を吸収しやすくすることなどの保全プロジェクトに取り組むことを目指している。

　もちろん、単に誓約することと実際にその目標を達成することは別の話だが、大手の消費財企業が水の管理を含むサステナビリティプロジェクトに取り組んでいることは注目に値する。実際、ペプシコは過去の成功をもとに、2016年から2020年の間に主要な水資源の補充率を倍増させた。また、グローバルな視点で考えると、たしかに水は循環型である。もしかしたら、より大きな視点で取り組むほうがよいかもしれない[12]。

　サーキュラリティ（Circularity、循環型）は、これまでに取り上げたアクションの延長線上にある。廃棄物の削減についてすでに説明したが、サーキュラリティは「廃棄物ゼロ」を目指すものだ。また、サプライヤーとともに生産プロセスを調整することで効率を改善することも取り上げたが、サーキュラリティではモノの流れにおいてそのループを「閉じる」ことを目指す。つまり、静脈物流（商品の納入先から自社への帰路）において、不要となった廃棄物を回収し、自社に持ち帰る流れを起こすのである。あるいは、ループを閉じる代わりに「クロス」させることもある。これは、自社の商品またはその生産工程で生まれた廃棄物を、納入先以外の第三者に販売することを意味する。例えば化学メーカーなどである化学品を生産すると、一定割合で不要となる化合物がつくられてしまう。しかしこの化合物は別の企業にとってはまったく別の用途で有用になる可能性がある。つまり、自分の廃棄物が他の顧客やサプライヤーの材料、資材となるのである[13]。

　これは市場の問題ではなく、マインドセットの問題である。例えば、フランスのフットウェア会社であるヴェジャ社（VEJA）の循環型オペレーションでは、再生可能な方法で育てられた綿を使用し、またスニーカーの修理やリサイクルを行っている。修理サービスの立ち上げについて、共同創業者のセバスチャン・コップは「ゴミになるはずのものに新たな命を与える。製品の寿命を30％延ばすことができる。それは私たちにとって魔法のようなことだ」と語った。現実からかけ離れているように聞こえるかもしれないが、ヴェジャ社が顧客に提供する価値は依然としてファッションとスタイルであり、サステナビリティではない。同社は、商品は生産されてから廃棄されるまでの期間で

さまざまな形で価値を生み出すことを深く理解している。商品が最も価値を発揮するのは必ずしも新品のときだけではない。時間を経て価値がより高まったり、修理を重ねるとより愛着を感じるようになったり、新たな姿を見せるようになったりする。このように、同社はサーキュラリティによって、商品が歩むジャーニー全体で生み出される価値をトータルパッケージとして提供できているのである[14]。

サーキュラリティはサステナビリティの最高レベルである。いつでも実現可能な概念ではないが、サーキュラリティを目標にすることで、その達成に向けた過程でサステナビリティ、コスト効率、レジリエンスの面でのメリットを享受できる。これまで本章では、コンプライアンスを確保し、自立性を高め、プロジェクトの承認基準を整理し、また定量的な目標を達成するためのアプローチを学んできた。今こそ、その学びをもとに、自立性をもっと循環型に広げる方法や、理想に向かうためのプロジェクトをデザインする方法、そして目標をもっと野心的にする方法を考えるときであるのだ[15]。

シンプルなサステナビリティ目標を達成するためには、企業の範囲を超えて全体のサプライチェーンに目を向ける必要がある。次は、サプライチェーンの範囲を超えて考えてみよう。まったく関係のない業界が自分たちの廃棄物に興味をもつかもしれない。1人のゴミが他人の宝になることもあるし、1人の肉が他人には毒になることもある。1人の天井が他人には床になることもあるかもしれない。もしかしたら、自分たちも他人の廃棄物に興味をもつかもしれない（コラム「循環型プラスチック経済」参照）。

COLUMN

循環型プラスチック経済

ガレージに積まれたリサイクルセンター行きのゴミの山があるにもかかわらず、世界のプラスチックのうちリサイクルされているのはわずか5%にとどまる[16]。環境や人間の健康に与える影響を考えると、プラスチックは破壊的な廃棄物の象徴となっている。しかし同時に、

循環型ビジネスモデルの可能性を示す指標でもある。

　KEARNEYが2021年に実施した、業界横断の循環型経済に関する調査によると、50％以上の企業がサーキュラリティに特化した目標を設定しているとされている。これには具体的に、バイオ由来材料の使用や、再使用、リサイクル、修理が可能な製品の設計、リサイクル材料を使用した製品の製造に向けた取り組みが含まれている。例えば、コカ・コーラ社は2030年までにパッケージの少なくとも50％をリサイクル材料でつくることを目指しており、ユニリーバ社は2025年までにパッケージの25％にリサイクルプラスチックを使用する計画を立てている。

　最大の問題は調達にある。現在、リサイクル原料の調達は、収集や選別の効率が悪いために制限されている。リサイクルは埋め立てに比べて非常に小規模であるため、廃棄物管理会社は改善に投資するインセンティブが少ない。また、プラスチック廃棄物を価値ある水素に変える化学リサイクルなどの技術はまだ発展途上である。KEARNEYの推計によれば、米国市場では2030年までにリサイクルポリエチレンテレフタレート（PET）の供給が最大55％不足する可能性がある。

　こうした供給問題を解決するには課題が多い。世界にはより優れたリサイクル施設が必要であり、収集率も改善しなければならない。また、より多くの製品がリサイクル可能な形で設計される必要がある。原料調達の担当者は、複雑な業界横断での物流に対応する必要がある。例えば、衣料品に使用されるリサイクルポリエステルは主に使用済みPETボトル廃棄物から来ているため、業界を超えた協力が必要になる。さらに、プラスチックには多くの種類があり、リサイクルの可能性とバリューチェーンは種類によって異なる。一方、複合材料になるとほぼリサイクル不可能となるため、プラスチックが金属、紙、木材などの他の材料や他の種類のプラスチックと一緒に使用されてしまうと、分離が難しくなる。

　この問題には早急な対応が必要である。プラスチックをバリューチェーンに含む企業は、それぞれのプラスチックの循環ループを理解し、先進的なサプライヤーを見つけ、供給を拡大するためにパートナーシップを結び、新しい技術に投資するべきである。さもないと、ESG目標を達成することは困難になるかもしれない。

　同時に、この課題にはいくつかの心強い側面もある。まず、他の課

題と同様に、この問題もオペレーションのレジリエンスに結びつく。これまで本書で述べてきたアクション、すなわち透明性、親密さ、パートナーシップ、テクノロジー、オペレーションの卓越性を取り入れた企業が、この課題をよりよく解決できる。例えば、DEI（ダイバーシティ、エクイティ、インクルージョン）への取り組みによって、小規模な企業と共同しやすくなっているかもしれない。リサイクル材料の供給者は、他商品を供給する企業よりも小規模であることが多く、専門のスタートアップが多いためである。

次に、この問題はサーキュラリティ（循環型）のマインドセットにあるわけではない。プラスチックのリサイクルは、消費者の大多数からエクソンモービル社（Exxon Mobil）のような石油化学会社に至るまで、バリューチェーン全体で受け入れられている（エクソンモービル社は、Plastic Energy社と提携して、リサイクルしにくいプラスチックをリサイクル原料に変える新しい方法を試している）。そのためインセンティブさえ一致すれば、オペレーション課題を解決するのははるかに簡単だといえる[17]。

あなたのオペレーションが循環型であれば、材料に対する依存度を軽減できる。循環型を目指す過程で、パートナーシップ、透明性、そしてイノベーションがバリューチェーン全体で促進される。顧客の製品使用サイクルを追うと、顧客の消費パターンについての洞察を得ることができる。また、社会のために正しいことをしていることで、従業員の定着率や地域との関係も強化される。

しかし、これは簡単なことではない。循環型オペレーションを目指そうとすると、「そもそもどのようにして使用済みのTシャツやテレビ、ダイヤモンドの指輪を顧客から回収するのか？」と悩むかもしれない。その場合、循環型ビジネスモデルについても考えてみよう。顧客はあなたの製品とどのようにかかわっているか？（「もしTシャツを1度だけ着るのであれば、レンタルサービスを提供するのはどうだろう？」）顧客は製品を返却し、新たなものに交換できたら喜ぶのだろうか？（「大きな画面のテレビに交換しませんか？」）製品の所有権を顧客に移転させるのが顧客との最適な関係の姿だろうか？（「私たちのサブスクリプションモデルでは、ダイヤモンドの指輪を月額料金で提供し、次の結婚には別の指輪に変えることもできます」）。循環型

にて販売後の顧客接点が増える場合、その機会を活かして学び、アップセルし、ロイヤルティを築く準備はできているだろうか？

　エンジニアはこうしたモノの流れに関心が高いかもしれないが、あなたはサステナビリティの全体像を意識することが重要である。KEARNEYでは、循環型という言葉よりも「再生型」という言葉を好んで使う。会社が再生型であれば、例えば、才能ある従業員に対しリーダーシップ研修を行い、その従業員の地域再生といったプライベートな取り組みでもそのスキルは活用される。再生型の会社であれば、環境の再生も助けることができる。例えば、周囲の土壌の水分保持率を改善するために木を植えることなどがあげられる。

第 III 部

展望:
将来のシナリオに適応するためのレジリエンスの活用

　第Ⅰ部では、レジリエンスを達成するための5つの戦略を提案した。第Ⅱ部では、その戦略を実施するための具体的なアクションを示し、実際の先進企業がどのようにそれを実践しているかを取り上げた。しかし、再三述べてきたように、未来は不確実である。これらの戦略自体はレジリエントなのだろうか。言い換えると、将来にわたって有用であるといえるだろうか？

　第Ⅲ部では、これらの戦略をさまざまな未来のシナリオでストレステストし、それがどのように機能するかを確認する。また、戦略同士の相互作用にも着目し、個々が置かれた状況でどのように実施できるかを考える機会も提供する。

第 13 章

不都合で不確実な
将来シナリオ

未来を予測することは誰にもできないが、未来がどのように展開するかのシナリオを描くことはできる。もちろん、シナリオの数は無限にあり得るが、本書の目的に沿って、4つのシナリオを考えた。

Section 1 / シナリオの作成

シナリオを作成するために、我々は今から10年先までの世界の形を決めるであろう「問い」を特定した。

- **資源の調達可能性**：我々は資源が不足する世界に生きるのか、豊富な世界に生きるのか。ここでいう資源とは、物理的な資源（材料、資金、技術、データ）だけでなく、無形の資源（有利な規制、ビジネスチャンス）も含む。そして、非人間的な表現となるが、労働という形の資源も含んでいる（我々自身も、人間は単に給料のためだけではなく、働くことはそれ以上の価値を世界に提供できると認識している。同時に、我々の労働力は自由で、力強く、創造的で、

豊かであると感じたこともある)。

- **事業環境の変動性**：我々は安定した世界に生きるのだろうか、それとも変化の激しい世界に生きるのだろうか。我々がここでいいたいのは、ビジネスのボラティリティ（株式市場が上がるか下がるか）ではなく、ビジネスが直面する環境におけるボラティリティである。これには、政治、暴力的紛争、公衆衛生、天候、内乱、制度の崩壊などが含まれる。2020年代のはじめは、非常に不安定な時期であった。こうした変化はさらに加速するのだろうか？

我々は、地政学的な不安定さ、資本コスト、サステナビリティ課題、AIの進展など、新聞の見出しでよく見かけるようなトピックも検討したが、これらの問題もこの「問い」に対する検討に含めることができると感じた。もしこれらが急速に進行する場合（急なインフレ、予想外の戦争、予測を超えるAIの進化など）、その変化のスピードは非常に重要な問題になる。そして、ビジネスにとって、こうした問題は一般的に資源の調達可能性に影響を与えうる。資源はインフレや景気後退、戦争や環

図表13-1　将来シナリオを決める2つの軸

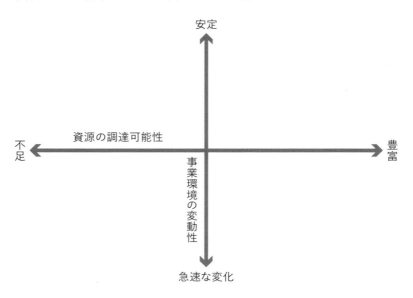

出所：KEARNEY

境危機によって不足するかもしれない。このようにして10年先の世界を想像するためには、以下の2つの軸を用いるとさまざまなシナリオをカバーできる（**図表13-1**）。

- **資源が不足する世界**：重要な資源が不足しているため、ビジネスや成長の機会が減少し、企業間の競争が激しくなる。
- **資源が豊富な世界**：資源不足によってオペレーションが制約を受けることはなく（企業のオペレーション課題にも制約されない）、企業はオペレーションを活用して**競争優位を得ることができる。**
- **急速に変化する世界**：現在の不安定な地政学、技術革新、気候変動による極端な天候の影響が続く。
- **安定した世界**：対立が緩和し、関係が修復され、気候に関する何らかの進展があり、混乱が起きてもゆっくりとしたスピードである。振り返ってみると、1980年代は意外にも安定していた（「歴史の終わり」）。1920年代も同様であった。1920年代の後には第二次世界大戦、1980年代の後にはソビエト連邦の崩壊という急速に変化する時代

図表13-2　4つの将来シナリオ

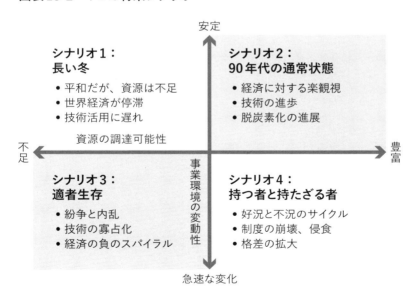

出所：KEARNEY

が後に続いた。

軸によって区切られた4象限に対し、我々は4つのシナリオを作成した（**図表13-2**）。そのシナリオを「長い冬」（資源不足の状態が持続する）、「90年代の通常状態」（資源が豊富で安定している）、「適者生存」（資源不足の状態から急速な変化が起きる）、「持つ者と持たざる者」（資源は豊富であるが変化は急速）と名づけることとしよう。これらの4つのシナリオは起きうる将来の形の基盤である。実際はこれらのシナリオのいずれとも完全に一致することはなく、そこか中間あたりになるだろう。しかし、4基盤を設定する目的は、それぞれのシナリオで必要となる戦略を検討し、各シナリオでその戦略はどう機能するかを考えるためである。

Section 2／シナリオ1：長い冬

このシナリオでは、長期間にわたる安定期が続くが、資源不足により人々は倹約を強いられる。利用できる資源が少ないため、資源不足に対応できるオペレーションをしている企業が相対的に成功することになる。

「長い冬」では、地政学的対立が緩和されるものの、政治的・経済的なブロックが形成される。こうした「平和」は脆弱性が高く、経済的な自由と原材料、テクノロジーへのアクセスに制約をもたらす。経済の見通しはブロックごとに異なり、成長するブロックもあれば後退するブロックもある。世界経済は停滞し、保護主義やかつての重商主義が強まる傾向がある。国際貿易量の減少にともない、全体的な購買力と富も減少する。

テクノロジーによる解決アプローチは一般的に採用されるものの、その品質や導入率は不安定である。一部のブロックではより利用しやすいが、他のブロックではそうではないだろう。国家間の競争が、イノベーションやテクノロジーの乱立、標準化の欠如をもたらす。

企業や国々のサステナビリティに対する取り組み姿勢にもばらつきがある。一部のブロックでは短期的な経済利益を追求するためにサステナビリティ目標を放棄するインセンティブがあり、その結果、グローバルでの調和が不足する。そのため、気候目標が達成されない。

一部、極端な気候がバリューチェーンに影響を与えるなど混乱も続くが、地政学的対立は緩和され、また技術の変化スピードが緩やかであるため、大規模な混乱は懸念されない。

しかし、このシナリオこそイノベーションが輝く。安定した環境によって、企業にとってよいイノベーションの機会となる。特に、不足している資源を置き換えるようなイノベーションは大きな利益をもたらす。

Section 3 / シナリオ2：90年代の通常状態

このシナリオは、パンデミック前や1990年代の状況に似ている。資源は豊富で、変化のスピードもコントロール可能である。2020年代初頭の危機が残した傷跡は消せないが、企業は危機に対するコンティンジェンシープランを用意している。しかし、実際にはそのコンティンジェンシープランが必要になる可能性は低いと考えている。

地政学的な対立は鎮静化し、その解決によって世界の力の構造は基本的に維持される。相対的な平和、技術革新、循環型ビジネスモデルの増加により、資源不足にはならない。世界はゆっくりと元に戻っていく。楽観的な見通しによって安定性が高まる。新型コロナウイルス前の「通常」を懐かしむ必要はない。「通常」が戻ってきたからだ。経済の見通しは慎重ではあるが楽観的で、2020年代初頭からの回復を遂げ、小規模で安定した成長が見られる。インフレーションは通常のレベルに戻り、全体的な購買力が増加する。

テクノロジー・ソリューションは世界中に普及する。これにはAIアプリケーション、プラスチックリサイクル、安価な低炭素電力、サ

イバーセキュリティなどが含まれる。一部の伝統的な産業は変革を余儀なくされるが、テクノロジーによる影響は全体的にプラスなものである。経済の回復、発展途上市場の成長、サイバー犯罪のコントロール、新しいテクノロジーを使った仕事の増加などが見込まれる。

特に、テクノロジーの進歩はサステナビリティの取り組みを後押しする。企業はサステナビリティ目標をさらに強化する。世界の安定性が確保されることで、プレーヤー間の協働に対する意欲や能力が高まる。こうした協働とテクノロジーの発展によって、世界経済は徐々にパリ協定で定められた排出削減規模の達成に向かう。

全体的な混乱レベルは低下する。突然の侵略、世界的な暴動、災害や感染症流行はない。もちろん、サプライチェーンにおける予期せぬトラブルなど、小規模の混乱は続くが、企業は2020年代初頭での学びを活用する。混乱をより早く、正確に予測し、軽減させる能力を高め、安定性と資源の調達可能性をさらに高める。

技術、データ、ノウハウがすべて利用可能であるため、イノベーションに対する競争は激化する。しかし、パンデミック前の「通常」に戻ると、コスト重視のオペレーションに回帰する。競争優位性は、サステナブルなオペレーションの質と、変革に向け経済的に実行可能なユースケースによって得られるものとなる。

Section 4

シナリオ3：適者生存

このシナリオでは、みなが自分自身を守るしかない状況である。資源は不足しており、その不足の形も脅威も変化し続ける。適応し続けることができる者だけが、何とか生き残れる。地政学的緊張が極端なレベルに達する。20世紀の対立がイデオロギーに関するものであったのに対し、今では貴重な資源をめぐる激しい競争が繰り広げられる。それには戦争だけでなく、内乱や暴動も含まれる。暴動がさらに混乱を引き起こし、資源不足は悪化の一途をたどる。こうした負のスパイ

ラルから抜け出すのは難しい。

数年間にわたる不況や大恐慌によってGDPの大幅な損失が引き起こされ、解雇や倒産によって失業率が上昇する。同時に生活費が高騰し、貧困が深刻化する。多くの市場では、資源を確保するために、生き残った企業が合併や買収（M&A）を繰り返し、高いレベルの統合が進む。知的財産（IP）保護が技術開発のダイナミクスを支配し、変革に向けたソリューションは限られたプレーヤーのみが利用できる。新興プレーヤーは代替ソリューションを開発したくても資源不足に直面する。結果、テクノロジー市場は次第に寡占化し、技術官僚主義に向かう。そして、開発途上国では技術の採用度合いに大きな格差が生じる。希少な資源をめぐる争いの中で、サステナブル目標は常に軽視され、無視され、時には嘲笑される。そのため、二酸化炭素排出量や地球温暖化の進行状況がパリ協定の目標の達成を困難にする。そしてこれが極端な異常気象の増加を引き起こし、さらに不安定さが増す。

地政学的な対立、内乱、異常気象、技術進展の遅れなどが重なり、混乱は常に極端なものとなる。資源が少なく、信頼がほとんどない中で、脆弱なグローバル・バリューチェーンのバックアップを構築するのは困難となる。こうした混乱が製品の調達可能性に重大な影響を及ぼす。トイレットペーパーの不足だけでなく、食料不足も発生し、それがさらに内乱を引き起こす。

Section 5 / シナリオ4：持つ者と持たざる者

このシナリオは格差の問題に焦点を当てている。資源は利用可能だが、変化のスピードが速すぎるため、適応が遅い組織はついていくことができない。一部の企業は変動を予測する方法を身につけ、その結果繁栄できているが、他の企業は取り残されてしまう。

地政学的な対立、気候変動、技術革新が非常に不安定なビジネス環境をつくり出す。よいニュースは、技術の進歩、循環型ビジネスモデ

ル、データの利用、活発な資本市場、そして規制により、資源は一般的に利用可能であることだ。悪いニュースは、これらのメリットが不均等に分配されるため、大規模な格差が生じることだ。変動に上手に適応できる国や企業は、自らに有利な形で資源を自分のもとに確保することができる。逆に、そうした適応が苦手な国や企業は取り残されてしまう。

経済は不安定で、特定の地域や産業では急激な景気変動が起きる。不安定さは市場の統合や寡占を引き起こす。政府は急速な変化に対し適した法律改正を間に合わせることができず、業界に取り込まれてしまうこともある。資源の不均等な配分は、単一のプレーヤーに権力を集中させ、業界団体や気候変動関連の会議などの機関の実効性がさらに損なわれる。

テクノロジー・ソリューションは一般的に利用可能だが、すべての企業が実際に利用できるわけではない。特に、発展途上国や小規模な企業には、エンド・ツー・エンドのバリューチェーンでテクノロジーのギャップを埋めるための資金が不足しており、その結果、格差が進行する。

すべての企業がサステナビリティに投資できるわけではない。サステナビリティに特化した企業や、ESG圧力にさらされている大手企業は、変化の速い環境の中で多大な利益を得ることができる。一方で、資源が不足している企業はサステナビリティに投資する余裕がなく、その結果、グローバルなサステナビリティ目標の達成度は格差の規模に左右されてしまう。格差が大きいほど、目標達成の可能性は低くなる。

最大の格差は、発生する混乱のレベルにおいて見られるようになる。小規模で機敏さに欠ける企業や備えが不十分な企業は、天候、戦争、内乱によって経済、技術、競争において大きな混乱や危機に直面する。しかし、大手企業やニッチの専門家は、適切なサプライチェーンをもっており、こうした混乱を軽減し、生き延びることができる。

Section 6

シナリオと戦略

　繰り返しになるが、シナリオを作成する目的は将来を予測することではない。むしろ、戦略を評価するためのフレームワークをもつことが目的である。将来がこれらのシナリオのいずれかに正確に当てはまるだろうといっているわけではない。代わりに、将来の可能性の範囲を探ろうとしているのである。この4つの極端なシナリオがその範囲を示している。したがって、もし企業の戦略がこの4つのシナリオすべてでうまく機能するのであれば、その企業はどんな将来が待ち受けていても十分に準備が整っているといえる。

　本書では、レジリエンスを構築するために必要な戦略の中核となる「5つの方程式」を示してきた。一般のビジネス読者向けの本であるため、こうした方程式があなたの企業や個別に置かれた状況、強みや弱み、文化に対してどのように適用できるかまで正確に示すことはできない。しかし、これら「5つの方程式」がどのように組み合わさり、4つのシナリオでそれぞれどのようにして競争優位を生み出すかを示すことはできる。第14章にて、実際に4つの業界の事例を取り上げ説明していこう。

第 **14** 章

「5つの方程式」に関する
事例研究

　本章では、本書が示してきたこれまでの考え方を4つの業界に
適用していく。各業界について、まずは主要な課題を要約し、そ
の課題に対処するためにどのように「5つの方程式」を活用でき
るかを説明する。

　これまで一貫して述べてきたように、どの企業もこれらの方程
式を自分の状況に応じて異なるレベルで適用する必要がある。こ
の章では、その適用の仕方を示していこう。各業界の議論の中で
は、「5つの方程式」のうち一部のみに焦点を当てる。ただし、
残った方程式がその業界にとって無駄となるわけではなく、方程
式が重なる場合があることにも留意してほしい。目標は、業界レ
ベルの分析を通じて、自分で方程式をどのように活用できるかを
示すことである。

　その後、各業界の戦略が4つのシナリオの中でどのように機能
するかを確認し、将来の変化に対するレジリエンスを獲得する方
法を考察する。

Section 1

製薬・ヘルスケア業界

　製薬業界とヘルスケア業界では、**患者の健康が最優先**である。よって企業は、顧客を中心に据える目的が明確である。実際、将来の製品パイプラインを維持するためには、これは不可欠である。例えば、世界の製薬企業のトップ10の収益のうち約50%は、2026年までに特許が切れることによりリスクにさらされている[1]。

　患者や医療従事者は何を望んでいて、何が必要なのか？　関係が親密になると、オペレーション上の課題をどのように解決できるか？高いレジリエンスの必要性を示した近頃の危機は、需要面でのものであった。具体的には、新型コロナウイルスに関連する需要の急増があげられる。次の需要の急増に備えて、業界のリーダーたちは、刻一刻と変化する消費者行動の理解を深め、外部による需要の急変をより正確に感知するために、先進技術の導入を進めている。

　また、新しい治療法や技術は、顧客に対するレジリエンスも必要とする。例えば、義肢や人工関節の3Dプリンティングは、外科医が求める正確なものを提供できるが、これにより従来のサプライチェーンが完全に崩れる可能性がある。長期的には、患者の待機時間の短縮や個別のソリューションの提供、運転資金の削減など、ポジティブな変化を期待できる。しかし、短期的には、この分野の多くのプレーヤーが現在のオペレーションやビジネスモデルを見直さなければならない。遺伝子治療も将来有望であるが、ハードルの高いコールドチェーン要件を満たさなければならない。こうした可能性に備えるために、一部の企業はチャネルが変わる際に迅速にアセットも移せるよう、透明性の向上に努めている。また、メンテナンスが必要な高付加価値の貨物に対しては、適切な条件でタイムリーに配送できる専門の物流業者とのパートナーシップを築いている。

　多くの製薬会社は、地理的な供給リスクにも直面している。各企業で社の供給基盤をマッピングする必要があるが、一般的には、医薬品有効成分（API）の主要な原材料の80%以上がアジアの単一の国から供

給されている。このため、業界は貿易戦争の影響を受けやすい[2]。

テクノロジーは透明性向上と感知ソリューションの利用を可能にしてくれる。実際、多くの先進的な製薬会社では、工場や流通センター、さらにはすべての機械や車両をデジタル化する取り組みを通じて、物流ネットワーク全体のリアルタイムでの透明性を向上させている。一部の企業では在庫管理にAIを活用している。

地理的リスクの中には、環境問題に関連するものもある。多くのAPIの主要な原材料は、排出物、土壌の酸性化、水質汚染などにより、環境に悪影響を与えるものである。他国による敵対的な供給停止リスクを軽減するため、政府が製薬のサプライチェーンをリショアリングすることを推進するか検討されている中で、いざ国内にサプライチェーンを構築すると、その地域の環境問題が新たに発生するリスクがある。このため、企業が上流のオペレーションの中核部分を国内に戻す際には、**サステナビリティの観点から検討**するべきである。そうしなければ、リショアリング対象の事業は「私の庭ではなく、他の場所でやってくれ」といった反発を受けることになる

「長い冬」シナリオでは、製薬やヘルスケアの企業は研究開発（R&D）に対する投資に関して難しい選択を迫られるだろう。一方、将来の利益は新しい製品に依存しており、テクノロジーの進歩によって「ブレークスルー」の一歩手前にまで来ている。しかし他方では、資源不足に対する対応が優先されることでR&D予算が削られテクノロジーの進化が停滞する可能性がある。したがって、既存の資源をより有効に活用することが成功に向けた鍵となる。実際に、多くの製薬会社はすでに生産性向上のためにAIに投資している[3]。

もう1つの懸念事項は、必要な原材料にある。もし重要な原材料がある地域ブロックから供給されるもので、そのブロックが貿易制限を課すことになれば、これは企業に大きな問題をもたらす。しかし、そのような状況は一朝一夕に発生するものではない。テクノロジー開発に取り組んできた企業は、バリューチェーン全体にわたる透明性を向上できているはずだ。この業界では、サプライヤーそのものの最適化よりも、政治的な要因が重要になってくる。特に重要な医薬品に関する地政学的な緊張が高まると、政策立案者は企業が外国の力に依存しないよう支援するインセンティブを提供しようとする。このタイミングを活用し、リショアリングへと切り替えることが求められる。

「90年代の通常状態」シナリオでは、高齢者向け医薬品の需要が長期的に増加する。資源不足が解消し、世界中で寿命が延びることで、製薬やヘルスケアの企業は成長と革新の機会を得る。資源制約や経済の不安定さに悩まされることなく、製品ポートフォリオの拡充や特定市場への参入を進めることで、企業は成長を促進できる。多くの企業が規模の拡大を目指して合併や買収を進める一方で、より小さな企業やニッチな企業は顧客との接点を大切にし、顧客体験の革新を目指す[4]（例えば、オンラインでの医療サービス提供に踏み切ったヒムズ・アンド・ハーズ・ヘルス社（Hims & Hers Health）のように）。患者の体験が医療分野全体の統合を推進する要素となり、カイザーパーマネンテ社（Kaiser Permanente）などの企業がそのような野心をもっている兆しもすでに見られる。

このシナリオでは、企業は環境および社会的なサステナビリティに関心をもつようになる。パンデミック期の主な課題が徐々に解決される中で、顧客や規制当局は気候変動や社会的不正にますます注目するようになる。サステナブルなソリューションを先に取り入れた企業が、先行者利益を享受できる。

「適者生存」シナリオでは、需要が急増する。製薬およびヘルスケア企業はその需要に応えるのに苦労する。災害、内乱、疾病の流行、武力衝突などの影響で、需要は2020年代初頭の水準を超える。しかし、その需要に応えるための資源は不足している。このシナリオはすべての業界にとって厳しいが、特に製薬およびヘルスケア企業にとっては非常に難しい状況となる。

企業は資源を最も効率よく配分するために、グローバルなバリューチェーン全体を把握する必要がある。テクノロジーを活用している企業はここで比較的優位に立つことができる。特に、テクノロジーを活用してビジネスモデルを変革している企業（例えば、アマゾンが試みているRxPass（アールエックス・パス）のような）は、その恩恵を受ける。また、顧客をよく理解している企業は、次にどこで需要が急増するかをより正確に把握できるため、その恩恵を受けるだろう。一方で、世界規模での激しい混乱が起きるため、できるだけ自国市場に近い場所に位置する企業が有利になる。

多くの企業がサステナビリティを真剣に考えていない中、政治環境の緊張によって、環境がもつ負の外部性に焦点が当たる可能性がある。つまり、アクティビストや規制当局が医薬品有効成分がもたらす環境

負荷を標的にする可能性がある。サステナビリティ戦略を実行している企業は、コンプライアンスを遵守するために必要なことを理解できており、限られた資源を効果的に振り向けることで、こうした批判に対する損害を回避することができる。

「持つ者と持たざる者」シナリオでは、製薬およびヘルスケア企業は迅速で大胆な行動が求められる。過去数十年に見られた「勝者総取り」の傾向がさらに強まり、いち早く新薬を市場に投入した企業が特許を取得し、数年間の利益を得ることができる。後発者となる企業は多額の研究開発費を投じても、大きな損失を被ることになる。問題は、研究開発のための資源を見つけることではなく、経済の変動や混乱によって、研究開発のゴール目前ではしごを外される可能性があることだ。

例えば、新たな疾病の流行により病院が臨床試験を中止することが必要となった場合、病院と密接な関係を構築してきた企業は、その関係からこうした変化を察知できるかもしれない。また、テクノロジー開発に取り組んでいる企業は、同様の危機に対してさらに早く察知し、適応することができる。リスクが普遍的かつ予測不可能な状況では、こうしたリスク管理が重要となる。起こりうる出来事をリアルタイムで感知し、自動的に対策を提案し競争優位性を確保できるような、高度なリスク管理プラットフォームが必要となる。

さらに、リスク管理の観点からサービスの統合要否を考えることも有意義であろう。例えば、薬局が臨床サービスに進出する場合、費用の削減は可能となるが、サービスの受け手が期待する品質を維持できるだろうか。「持つ者」と「持たざる者」の違いは、価値を起点としたサービスモデルの有無によるものとなるかもしれない。企業はこうした変化に対してレジリエンスを高めておく必要がある[5]。

Section 2

テクノロジー業界

　テクノロジー関連企業は、常に革新を続け、顧客に新しいソリューションを提供し続けなければならない。そのためには、強力な研究開発（R&D）機能が必要であり、優れた人材が不可欠である。そして、絶え間ない変化と激しい競争の中で、**顧客のニーズをよく理解することが重要**である。顧客が何を求めているのか、またそれをどのタイミングで必要とするのかを把握する必要がある。また、製品が複雑であるため、製品ポートフォリオを整理することで大きなメリットが得られる。最後に、**技術的な能力**も必要だ。社内でのデータ共有は需要の予測、品質保証、効率的な物流計画策定に特に重要である。企業は、従業員や顧客と密接に連携する必要がある。

　パンデミックによって、テクノロジー製品やサービスの需要は急増した。すべての企業がこうした変化を予測できていたわけではない。しかし、変化に対し迅速に適応できた企業は、収益を大きく伸ばし、市場シェアを獲得することができた。これら企業の多くでは、需要の予測と感知のためのツールを導入していた。加えて、物流の柔軟性を高め、コンテナや機械、デジタルシステムの互換性を確保すること、そして地理的集中を低減し一貫性のある供給のバックアップ体制を確立していた[6]。

　「長い冬」シナリオでは、テクノロジー関連企業は技術革新が必須となる。革新こそが資源不足を改善できる唯一の有効な道であるためである。企業は、原材料の節約、人材採用に役立つブランドの向上、そして小さな市場でもシェアを維持するためのテクノロジーを必要とする。厳しい状況ながら、政治的な安定により、長期的な計画を立てて、必要な箇所に技術と人材を配置できる。したがって、多様なチームの開発、拡張された研修カリキュラム、そしてグローバルレベルで専門知識の共有を実践できている企業が、革新によって最も成長できる。

　同様に、高度なデータ分析を徐々に導入し始めていた企業は、その

利点を享受できるようになる。特に顧客に関する貴重な洞察を得ることができ、競合他社がもっていない情報を手に入れている。それが、この革新の成功と失敗の境目となる要因である。

「90年代の通常状態」シナリオでは、迅速な行動こそが成長要因となる。テクノロジーに対する全体的な需要は強く、持続的な成長を見せ、顧客にはこうしたソリューションを購入する余裕があり、そして企業はデジタル化への投資に向けた予算を確保できる。加えて、資源の調達も概ね問題なく、供給のボトルネックによって成長が妨げられることはない。

重要となるのは、こうした新たなテクノロジーのうち、何が顧客に最も大きな価値をもたらすのか、ということである。メタバースやNFT（非代替性トークン）の進展は、より豊かな顧客価値を提供することで、企業にとって新たな収益源を手にする機会となる可能性がある[7]。しかし、単にテクノロジーに対してではなく、顧客戦略自体に投資した企業は、顧客価値を引き出す要素をより理解している。この業界では、顧客のニーズに合わせた製品のカスタマイズ性が成功の鍵となる。

しかし、依然として競争は激しく、競合他社も少しでも市場シェアを獲得しようと必死である。企業が成功するためには、最先端の技術を構築し、最も優れたR&Dエキスパートを雇うために、テクノロジーとチーム戦略に投資する必要がある。

「適者生存」シナリオでは、どの企業も苦戦を強いられる。インフレが可処分所得を削るため、消費者の需要は鈍化する。また、法人需要も減少しており、多くの混乱によって、テクノロジー投資がリスクととらえられてしまう。一部企業は、必死に大胆な投資を行い今のポジションを維持しようとするため、B2BはB2Cよりもわずかに可能性がある。しかし、一般的には、顧客との接点を重視する戦略を実施している企業が、早期に兆候を察知し、適切な形で業務を拡大することができる。

ボラティリティが高いため、チームは常に緊急対応態勢にある。多様なチームを構築している企業は、予期せぬ問題を解決するための視点とレジリエンスを得られる。企業が強化してきた共通のパーパスやビジョンは、困難な状況を回避させるものではないが、困難を乗り越える一助となる。同様に、研修を十分に積んだ人々は、危機が発生した時に必要なソフトスキルとハードスキルのバランスを兼ね備えてい

る。

テクノロジー戦略を導入している企業は、オペレーションの透明性を実現できている。また、高度な計画策定・予測、AI/ML、シナリオモデリング能力を活用している。これらの強みを活かし、限られた機会を最大限に活用するために迅速に動くことができる。

「持つ者と持たざる者」シナリオでは、他の企業にデジタル化やレジリエンスを提供できる企業が「持つ者」となる。多くの企業が、混乱からビジネスを守るためにデジタルプラットフォームやテクノロジー・ソリューションに投資する。顧客と密接に連携できているB2Bのテクノロジー企業は、顧客のニーズを理解し、より大きな利益を得ることができる。一方、レジリエンスやデジタル化に対応したソリューションが欠けている製品ポートフォリオをもつ企業は、小さく専門的なニッチを見つける必要がある。B2C領域では、顧客の変化を感知できる企業が「持つ者」、すなわちソリューションを購入できる、十分な可処分所得のある顧客層をもつ企業である。そうした高付加価値製品をもっていない企業については、顧客志向であれば、低コスト製品の開発に取り組むだろう。つまり、製品をできるだけ安くし、高付加価値な製品でなくてもより多くの「持たざる者」に販売することで成長できる。

Section 3 / 製造業界

製造業の企業は、**供給基盤を強化する**必要がある。半導体危機は、さまざまな製造業に影響を与え、単一サプライヤーへの依存や上流における透明性の欠如がもたらすリスクを浮き彫りにした。つまり、この危機によって半導体のバリューチェーンとそこにある相互依存性を理解しておく重要性が明白になった。

しかし、これは半導体だけではない。例えば、自転車の例を考えてみると、パンデミックによって需要が急増した一方で、部品は大幅に

不足した。アジアに位置する部品のサプライヤーが、新型コロナウイルス関連のロックダウンの影響により操業できなくなったためである。さらに、輸送費の高騰により、低賃金の労働力がもたらすメリットが次第に薄れてきた。これはつまり、ニアショアリングへのシフトが有効となる可能性を示すものだが、より広く考えると、レジリエントな戦略に移行する必要性を示す典型的な例でもある。要するに、部品供給を確保するためには、すべての企業がサプライヤーの適切なバックアップ体制を構築し、主要なサプライヤーとの戦略的なパートナーシップを強化する必要がある[8]。

テクノロジーは、透明性の向上や在庫管理に活用され、また運転資本コストを抑えることができる。データ共有や選択的な自動化により、物流の最適化や物流遅延に対する対策検討が可能になる。テクノロジーはまた、複数サプライヤーをもつことやリショアリングがもたらす複雑性をコントロールする一助にもなる。さらに、テクノロジー企業と同様に、製造業の各企業では製品ポートフォリオにて、技術的に実現可能な範囲を押し広げる必要がある。サプライヤーと協力して代替材料や部品を特定するなど、レジリエンスを考慮した設計手法は、企業の柔軟性をさらに高める。

これを実現するためには、エンジニア、開発者、テクノロジーを熟知する調達担当者などの優秀な人材が必要である。こうした人材を惹きつけ、維持するための最適な方法は、魅力的な職場環境を提供することである。従業員に対し、賢明な意思決定を行い、また危機でも優れたパフォーマンスを発揮できるような環境と研修機会を提供するべきである。

「長い冬」シナリオでは、パンデミックによる資源不足がさらに深刻化する。地政学的な対立が深まることで、単一サプライヤーへの依存によるリスクが高まる。製造業の各企業は新しいサプライヤーの開拓に向けた投資を余儀なくされるが、選択肢は非常に限定的になるだろう（ゆえにさらにコストがかかる）。そのため、サプライチェーンのレジリエンスを高められている企業は、重要な部品を単に在庫として確保している程度の企業に対し優位に立つ。レジリエントな企業では、すでに新たなサプライヤーを特定できており、サプライチェーンがもつ地理的リスクを分散できている。新たな代替材料も特定し、重要な資材についてはリショアリングやニアショアリングを始めている。

資源不足の環境下では、優秀な人材が特にまた貴重になる。高スキルのエンジニアや開発者、マネージャーを見つけるのは難しいだろう。よって、自社の人材を理解しており、仕事における目的意識をもたせている企業は有利となる。こうした企業では、自社の従業員はなぜ働いていて、従業員を自社にとどまらせるためには何が必要であるか理解しているため、たとえ競合他社が人材を引き抜こうとしても、その人材を維持することができる。その結果、自社の優秀な人材によって、代替材料の特定やリショアリングに向けた高度で複雑なイノベーションを推進することができる。また、リアルタイムの製造データから得られる情報も、テクノロジーの導入によって有用になる。

「90年代の通常状態」シナリオでは、製造業の企業は積極的な成長戦略を追求すべきである。その際、サプライチェーンと密に連携し、サプライヤーを強化してきた企業は、協働によって製品設計でのイノベーションを進めたり、生産プロセスを共同で改善させたりすることによってコスト削減を実現できる。同様に、テクノロジーの積極活用をとる企業は、スマート・マニュファクチャリングから得られる洞察を活用し、それをグローバルな製造拠点やサプライヤー、顧客と共有することができる。これら2つの戦略の組み合わせによって、こうした企業の成長施策は競合他社よりも利益を生むものとなる。

常に緊急対応に追われる状況が緩和されることで、企業は投資をよりR&Dに向けることができる。レジリエントなチームを築いた企業は、従業員に対する理解がより深い。従業員がより企業のビジョンを体現するプロジェクトに取り組み、自らの目的意識を定義し、これによって企業のパーパスもより明確になる。

これとは対照的に、**「適者生存」シナリオ**では、絶えず緊急対応が求められる。「長い冬」シナリオと同様に、単一サプライヤーへの依存を解消させることが特に重要となる。危機に対処するために、製造業の企業が従業員とサプライヤーを信頼する必要がある。従業員とサプライヤーの両者との関係を強化していた企業は、事前に築いた信頼をもとに優位となる。

充実した研修を受けた、多様性の高いチームのメンバーは、このような変動の激しい状況に対処するスキルをもっている。困難に直面した主要サプライヤーは、早期のうちに状況を共有し、必要に応じて助けを求める習慣ができている。そうした要請に対し、実際にサポート

を提供するかどうか判断するのは難しい（このサプライヤーはどれほど重要なのだろうか？）。また、複数のサプライヤーで構成されるバックアップ体制への移行を判断することも容易ではない——特に厳しい状況下では、これらの判断によって収益性の低下を招く可能性がある。しかし、企業はコストとレジリエンスのトレードオフを理解した上で意思決定を下すことができる。

「持つ者と持たざる者」シナリオでは、企業の関心は業界における自社の「ポジション」にある。すでにAIのフライホイールを回している企業は、データに基づく洞察を活用してベンチマーキング調査を行い、自社がその分野でのリーディングカンパニーとなる機会があるか見極めることができる。もしそうした機会があれば、必要な投資を行い、機会があまり見られない場合は、自社に適したニッチを特定し、そのニッチ戦略を確実なものとすることができる。

市場や製品ソリューションの中でその「ニッチ」の可能性を探索する際、テクノロジーがまた重要となる。具体的には、グローバルに張り巡らされたデータや外部パートナーのデータが重要となる。ニッチ戦略では、サプライヤーとの関係が密な企業が有望な見込み顧客となりうる。透明性向上とサプライヤーと共同での最適化を目指すことで、競合他社による攻撃や頻繁な供給・需要変動に対するレジリエンスを築くことができる。

Section 4 / 小売・消費財業界

小売業や消費財（CPG）企業の伝統的な強みは、**最終消費者**との密接な関係にあった。これら企業は、その親密さをさらに強化することでレジリエンスを構築できる。需要変化はどのように起きており、またその変化の理由まで理解する必要がある。また、その変化をバリューチェーン全体で解釈し、迅速に適応することも重要となる。本書の例として、デザイン・トゥ・バリューや製品ポートフォリオの最適化

（第3章「顧客に対する価値創出の源泉に立ち戻って考える」と「思考実験：ポートフォリオの簡素化を考えてみる」、第9章「顧客価値起点で製品ポートフォリオを再編成する」）がここにも当てはまる。同様に、消費者はオムニチャネルでの顧客体験を求めており、先進的な企業はこうしたニーズに応えるためにプロセス設計やシナリオプランニングを行っている。

したがって、企業は**サプライヤーと密に連携し**、共同で価値を創造する必要がある。デジタルを活用した連携強化により、変化する消費者の需要に応じた柔軟性と敏捷性が向上する。物流業者との密接な協力は、消費者の需要変化に適応するまでのリードタイムを短縮させる。そして、ラストマイル物流は競争が激しく、かつ変化スピードが速い分野でもあるため、賢明な戦略と深い連携体制によって予期せぬ事態へのレジリエンスを構築できる[9]。

多くの製品において、消費者の嗜好は**サステナビリティ**に向かって進化している。製品そのもの、輸送、パッケージングなど、さまざまな面でサステナビリティが重視されるようになってきた。そのため、消費財や小売業の企業は、上流のサプライヤーとも密接に連携し、二酸化炭素の排出量や労働条件に関する透明性を確保するべきである。サステナビリティの理想に口先だけで応えている企業もあるが、サステナビリティを考慮した設計（デザイン・フォー・サステナビリティ）を取り入れることで、より利益を拡大できる。

「長い冬」シナリオでは、需要が低迷している。企業が利益を上げるためには、なるべく高い利益率を確保し、市場シェアを最大限に獲得しておく必要がある。顧客と密接な企業は、限られた資源を最も価値を生む分野に振り向けることができる。顧客のニーズを理解しているため、より質の高い意思決定が可能である。そして製品を再設計し、ポートフォリオを簡素化することで、売上を失うことなくコストを削減できる。

一方、サプライヤーとの連携やサステナビリティ戦略に取り組む企業は、サプライヤーと協力して廃棄物を削減し、環境対応とコスト削減を実現できる。場合によっては、サステナビリティ実現に向け主要サプライヤーをサポートすることもできる。また、サステナビリティ問題に関する知識は、基準が異なる別の経済ブロックに進出する際も役立つ可能性がある。

「90年代の通常状態」シナリオでは、成長機会が存在するが、それ

を見つけることが鍵となる。顧客価値起点の企業は、需要予測や頻繁な顧客からのフィードバックを通じて顧客のニーズに応えることができる。顧客のニーズに合わせて製品をカスタマイズできる。サステナブルな製品は、おそらく重要な成長市場の1つになるだろう。サステナビリティをオペレーションに取り入れた企業は、強力なブランドと強いコミットメントで、その市場でより成長を実現できる。

　一方、サプライチェーンを強化した企業は、サプライヤーと密に連携することで製品やその使用方法に関するイノベーションを創出できる。資源調達に問題がないため、これらの企業はサプライヤーや顧客と協力して、革新的な新しい循環型のオペレーションやビジネスモデルの創出に注力できる。

　「適者生存」シナリオでは、企業は食料輸出の禁止や原材料の価格急騰といった外部環境の危機に直面する。消費者の支出は減少し、特に肥料不足が食品市場のひっ迫を招く。企業は従来の計画を変更できるか？　そして迅速に適応できるか？

　顧客重視の戦略をもつ企業は、需要予測を通じて先行者利益を確保できる。市場や製品の低迷を早期に察知できる。一方で、上流のサプライチェーンの透明性を確立した企業は、サプライヤーの倒産や該当地域の社会情勢における危機を早期に特定できる。また、サステナビリティに投資している企業は、資源を長持ちさせ自立性を高めることができる。

　「持つ者と持たざる者」シナリオでは、小売業者の関心は資源調達の危機を招く外部環境変化にある。サプライヤーや顧客との関係が深い企業では、各地でマルチローカル・サプライチェーンを構築できる状態にある。これにより、天候の影響や混雑、紛争などで容易に混乱しうるグローバルのサプライチェーンに対する依存を減らし、顧客により近い位置にとどまることができる。

　消費者の嗜好は急速に変化するため、これらの企業はサステナビリティを含むイノベーションをよりうまく進めることができる。上流の透明性や一部のティア２サプライヤーの管理を行うことで、危機にともなう供給リスクを軽減できる。また、顧客に対する深い理解をもっているため、競争の少ない新たな顧客セグメントへの進出もできる。さらに、ラグジュアリー商品などについては、購入ではなくレンタル型にするなどの新しいビジネスモデルも検討できる。

第 15 章

数々の変革事例が示した
共通の「勝ち筋」

　実際の未来は、我々が考えたどのシナリオとも異なる形になるだろう。おそらく、どの業界や企業に対しても予想外の連続となるだろう。しかし、そうしたシナリオを考える過程は、自社の戦略をストレステストする意味で有効である。このストレステストから、すべての業界に共通するいくつかのテーマがここに浮かび上がってくる。

　1つ目のテーマは「**透明性と可視性**」だ。レジリエンスとは、より迅速に適応できる能力のことだ。サプライチェーンの上流まで見えれば見えるほど、迅速な適応が可能となる。変動性が高いのか安定しているのか、資源が豊富なのか不足しているのかに関係なく、また必要なアクションが設計や仕様の変更、生産量の拡大、サステナビリティの向上、サプライヤーのサポート、変更のいずれであったとしても、まずは現在置かれた状況を把握することが第一歩となる。

　2つ目のテーマは「**データ**」だ。今日世界はデータであふれているが、成功の鍵はそのデータを有用な形で共有することにある。多くの情報をもっているほど、よりよい意思決定ができる。これは、意思決定の内容や条件が何であろうと同様である。データは、先に述べた「透明性」に必要な要素であり（透明性には関係構築も必要だが）、顧客、社内のプロセス、よい投資に向けた洞察を生む源にもなる。

　3つ目のテーマは、常に**顧客のために価値を生み出す**ことだ。これは明白に思えるかもしれないが、これまではコスト低減が優先されてきたことで見落とされがちな考えであった。低コストが価値となることもあるが、それだけではない。例えば、サステナビリティにはコス

トがかかることもあるが、顧客はサステナビリティ価値を高く評価することが多い。リショアリングはコストが増加する一面もあるが、リショアリングがもたらすレジリエンスを考えると総合的にはそうでもない。レジリエンスの構築もコストを要するが、危機への対応が可能となることで価値を創出するのである。

4つ目のテーマは「**挑戦**」だ。レジリエンスは、製品やその仕様に「挑戦」することによって得られる。どのように調達するか？　どのように製造するか？　顧客はその製品をどのように使用するか？　急速に変化する今日の世界では、そうした変化に応じて製品やオペレーションも変わる必要がある。したがって、積極的に挑戦してみよう。例えば、「どうすればよりサステナブルにできるか？」という検討も挑戦である。顧客の感情や規制が変化すると予想された際は、変化の波に押し流されるのではなく、その波に乗る準備を整えよう。

最後に、テクノロジーは優れたツールだが、**サプライチェーンの強さは「人」で決まる**。最適なテクノロジーから利益を生み出すには、適切な人材が必要である。適切な人材を採用し、維持するためには、従業員が働きたいと思える環境をつくる必要がある。また、従業員に仕事に対して目的意識と動機をもたせるためには、信頼し、力を与えることが重要になる。

第 16 章

オペレーション変革の前に
向き合うべき「問い」

本書を読むことは、単なる理論的な演習や思考実験ではなく、何かの会話のきっかけになってほしい。個人の具体的な問題解決に取り組むため、すぐに本書で得たことを活用してもらいたい。こうした問題解決が、あなたの状況に応じ、今すぐ、あるいはある程度将来に、あなたの企業全体を豊かにし生産的にする「変革」となるだろう。

変革はよいことだ。実際、VUCAの世界では変革は必須である。あなたにも変革の必要性は、遅かれ早かれ必ず現れる。もしかしたら、それは明日かもしれない。変革に向けた準備を進めるためには、今日からその答えについて考え始めることをお勧めする。

変革に向けた準備運動として、次のような疑問を考えてみよう。

ビジネスモデルはどのように変わるだろうか? 例えば、世界が顧客とより密接になる機会や循環型の実現に向けた取り組みの中で、収益を生み出すパラメータを変えてみるのはどうだろうか? ファスト・ファッション業界の成功事例が示したのは、単に服を早くつくることができるようになったのではなく、そのビジネスモデルを変えて新しい機会を活用したことである。

新しい顧客セグメントや地域に進出する予定はあるか? 我々は、自然災害、戦争、気まぐれな消費者感情などの変動を悪いものととらえることが多く、常に安定とシンプルを望んでいる。しかし、ヨーゼフ・シュンペーター (Joseph Schumpeter) がいったように、資本主義の魔法は「**創造的破壊**」にある。最も魔法のようなことを目指しているプレーヤーには常に大胆さがある。変動が速く不安定な世界をどのよう

に活用できるだろうか？

製品はどうなるだろうか？ デジタル化が進む中で、製品をつくる新しい方法はあるだろうか？ より協働して設計することはできるだろうか？ グローバル・サプライチェーンに物理的な障害が生じた場合、どのように対応するか？

各指標の評価・測定方法を変える必要はあるだろうか？ 例えば、消費者はリサイクル指標をますます重視するようになっているが、こうした指標は測定可能なものか？ また、オムニチャネルの領域では、あるチャネルでは意味のある取り組み（例えば、店舗での万引きを防止するためにパッケージを大きくする）が、別のチャネル（例えば、オンラインでは、過剰なパッケージは配送コストを不必要に増加させる）では不適になることがある。こうした非効率を減らすためには、全体での非効率性を測定する必要があるが、どうやって測定できるだろうか？

新しいパートナーシップモデルは必要となるだろうか？ より複雑性が増している現在、非株主のステークホルダー（サプライヤー、パートナー、従業員、政府、時には競争相手など）の役割が増している。これらとの協力を深めることで、よりレジリエントになるだろうか？ また、パートナーシップモデルをより形式化することで、より効果的になるだろうか？ 例えば、2022年にインテル社（Intel）とブルックフィールド・アセット・マネジメント（Brookfield Asset Management）は、半導体危機対応でインテルがアリゾナ州に半導体工場を建設するため、共同で300億ドル投資する契約を結んだ。この資金調達が示す革新的なアプローチは、新しいパートナーシップの考え方に基づいている[1]。

適切なオペレーションモデルをもっているか？ 世界がより複雑になると、オペレーションモデル（プロセス、構造、そして暗黙のルール）を簡素化させる必要がある。外部環境の複雑性が高いことは事実なのだが、社内では複雑性はビジネススピードを低下させ、硬直的にさせ、コスト増加を招く可能性がある。組織文化やオペレーションプロセスを最適化するためには、まず小さなステップから始めるとよいだろう[2]（コラム「あえて小さなスタート」参照）。

COLUMN
あえて小さなスタート

　「協働」は本書の大きなテーマであり、執筆においても我々の中でいくつかのアプローチが考えられた。我々の中には、大きな問いがより響く人もいる。例えば「これはオペレーションモデルに何をもたらすのか？」といった問いである。一方で、より小さな問いのほうがより響く人もいる。例えば、「今日から取り組み始め、すぐに終わらせることができるタスクは何か？」といったものだ。ここでは、そうした小さな問いをいくつかあげてみる。

- サプライヤーリスクのうち、特に重要なものは何かをあげられるか？　チームにサプライヤーのセグメンテーションを整理させ、単一サプライヤーや地理的リスクなどを特定できるか確認してみよう。
- 主要サプライヤーのCEOと会うことはできるか？　協働の初期ステップとして、あなたの戦略会議に招待してみよう。
- 世の中はあなたの企業をどう評価しているか？　ソーシャルメディアチームにX（旧Twitter）、Instagram、その他SNSプラットフォームであなたの企業名に言及されたテキストをデータマイニングしてもらうことはできるか？
- 主要顧客にとって重要なことは何か？　B2Bビジネスであれば、その顧客を戦略会議に招待することはできるか？　B2Cビジネスであれば、消費者の声を聞く接点をもつことはできるか？
- 従業員は自社の状況や戦略を正しく理解しているか？　全従業員向けのタウンホールミーティングを開いて、現状を更新するのは今がよいタイミングかもしれない。
- 最近、従業員から「聞きたくない」（しかし必要な）意見を聞いたのはいつか？　匿名の従業員調査を実施し、質問を通じてそうした不満やネガティブな意見を得ることができるかもしれない。
- 自社のデジタル化にかかわるステークホルダーの名前を書き出せるか？　どの企業と協力していて、それぞれがどのようなサービスを提供しているか、また見えているギャップは何かを確認してみよう。

- 自社のデータチームが分析／AIに取り組むために必要なものは何か？　そもそもデータチームがない場合は、まずチームを立ち上げる必要があるかもしれない。
- サステナビリティ目標に対するギャップはどこにあり、それにどう対処するか？　自社のサステナビリティレポートを読むことから始めるとよいかもしれない。
- KEARNEYのサステナビリティ・チェスボード (Sustainability Chessboard) での自社のポジションはどこか？　これを踏まえ次にとるべきアクションを考えてみよう[3]。

　本書を通じて、我々はいくつかの「答え」をあなたに提供した。レジリエンスとは何か、それには何が必要か。供給基盤についてどう考えるか、顧客ニーズをどこで予測するか、従業員の目的意識を再考する必要がある理由、AI／分析のフライホイールをどう生み出すか、そしてサステナビリティがなぜ重要なのか（これからさらに重要になるだろう）などである。しかし、これらの答えを提供した今、我々は最後にあなたに「問い」を残すことにした。

　なぜなら、それこそが変革の進め方であるためだ。それが知恵の在り方だ。ソクラテスはアテネで最も賢い人物とされていたが、彼は自分を無知な人間であると考えていた——彼の知恵は、自らの無知を認識できることから来ていた。映画『スター・ウォーズ』のヨーダ (Yoda) がいったように、「答えよりも問いのほうが常に多い」[4]。

　問いこそが変革への道のりを示す。もしあなたの企業が変革の「旅」を始めることになったとき、その「旅」が、我々が歩んだ「旅」のように充実したものとなることを願っている。

注

原著序文——混乱に負けず利益を創出する「最強のサプライチェーン」

1 VUCAという用語は、冷戦後の世界における軍事戦略について説明した米陸軍士官学校（Army War College）に由来する。https://usawc.libanswers.com/faq/84869（2022年12月6日アクセス）を参照。

2 KEARNEYのストーリーについては、https://www.kearney.com/about-kearney/our-story（2022年12月3日アクセス）を参照。

第1章
変化の激しい世界に求められるレジリエント・オペレーション

1 リーン生産方式については、Jeffrey Liker, *The Toyota Way: 14 Management Principles from the World's Greatest Manufacturer* (New York: McGraw Hill, 2020) を参照。

2 KEARNEYが実施したCOO調査については、Suketu Gandhi, Michael F. Strohmer, Marc Lakner, and Tom Adams, "Optimism in Operations: Why COOs Are the Key to Corporate Regeneration," https://www.kearney.com/operations-performance-transformation/article/-/insights/optimism-in-operations-why-coos-are-the-key-to-corporate-regeneration, March 1, 2023 を参照。

3 顕在化しつつあるリスクの全容については、World Economic Forum, The Global Risks Report 2022, 17th Edition (Geneva, Switzerland: World Economic Forum, 2022)［世界経済フォーラム「第17回グローバルリスク報告書2022年版」］を参照。

4 センス・アンド・ピボットについては、https://www.kearney.com/operations-performance-transformation/resilient-supply-chains（2022年12月21日アクセス）を参照。

5 レジリエンス・ストレス・テストの詳細については、*MIT Technology Review Insights*, "Building Resilient Supply Chains," https://mittrinsights.s3.amazonaws.com/SupplyChain.pdf, accessed December 21, 2022; Charisse Jacques, "Strategic Options to Build Resilience," https://www.kearney.com/operations-performance-transformation/article/-/insights/strategic-options-to-build-resilience（2022年12

注

月 21 日アクセス）を参照。

6　弱点を特定し攻略することがもたらす価値については、Steve Mehltretter, James Harford, and Subhash Shanmugasundaram, "Build a Robust Supply Chain by Putting a Spotlight on the Weak Spots", https://www.kearney.com/operations-performance-transformation/article/-/insights/build-a-robust-supply-chain-by-putting-a-spotlight-on-the-weak-spots, March 3, 2021 を参照。

7　ワービーパーカー社（Warby Parker）などについては、Laurent Chevreux, Michael Hu, and Suketu Gandhi, "Why Supply Chains Must Pivot," *MIT Sloan Management Review* (July 19, 2018), https://sloanreview.mit.edu/article/why-supply-chains-must-pivot/ を参照。医薬品業界における「ピボット」については、"The Future of Pharma: Three Critical Steps Toward Creating a Pivoting Supply Chain," https://www.kearney.com/health/pivoting-pharma-supply-chains-in-a-digital-world/article/-/insights/the-future-of-pharma-three-critical-steps-toward-creating-a-pivoting-supply-chain, October 21, 2019 を参照。

8　リショアリングの歴史については、KEARNEY サプライチェーン・インスティテュート（KSCI）が毎年発表している「KEARNEY・アメリカ リショアリング指数」（KEARNEY US Reshoring Index）(https://www.kearney.com/operations-performance-transformation/us-reshoring-index) を参照のこと。しかし、リショアリングは、アメリカ以外でも同様に重要であることに留意されたい。第 9 章で述べるように、たとえより労働コストが低い国であっても、"地産地消"の取り組みはメリットをもたらす。

....

第 2 章
方程式①　供給基盤の強化：供給危機に対するレジリエンスを獲得せよ

....

1　自動車用半導体不足の影響については、例えば Michael Wayland, "Ford Reports Smaller Sales Decline in April While Chip Shortage Weighs on Supply," CNBC (May 4, 2022); "Cox Automotive Lowers Full-Year New-Vehicle Sales Forecast as Persistent Supply Problems Continue to Hold Back Auto Industry" (June 28, 2022), https://www.coxautoinc.com/news/cox-automotive-lowers-full-year-new-vehicle-sales-forecast-as-persistent-supply-problems-continue-to-hold-back-auto-industry/; Alisa Priddle, "Ford Cuts F-150 Production Due to Semiconductor Chip Shortage," *Motortrend* (February 5, 2021) などを参照。

2　半導体と自動車メーカーについては、Mike Hales, Danish Faruqui, Dieter Gerdemann, Bharat Kapoor, Hieu Pham, and Archit Johar, "Why a Resilient Semiconductor Supply Chain Is Imperative–and How to Create One," https://www.kearney.com/technology/article/-/insights/why-a-resilient-semiconductor-supply-chain-is-imperative-and-how-to-create-one, May 11, 2021; Dieter Gerdemann, Guido Hertel, Thomas Luk, and Michael F. Strohmer, "Alleviating the Urgent Need for Semiconductors," https://www.kearney.com/technology/article/-/insights/alleviating-the-urgent-need-for-semiconductors, February 22, 2021; Cary Shiao, Bharat Kapoor, Dieter Gerdemann, and Guido Hertel, "Automotive Semiconductor Supply：Looking Beyond Yesterday," https://www.kearney.com/technology/article/-/insights/automotive-semiconductor-supply-looking-beyond-yesterday, March 24, 2021. などを参照。

3 トヨタと半導体については、River Davis, "Supply-Chain Savvy Spared Toyota from the Global Chip Crisis," *Bloomberg News* (April 7, 2021); "Carmakers to Suffer Chip Shortages Until at Least End of 2023," *Financial Times* (December 19, 2022) を参照。

4 SRM の詳細については、Mike Hales, Michael F. Strohmer et al., *Supplier Relationship Management: How to Maximize Vendor Value and Opportunity* (New York: Apress, 2014)、または、https://www.kearney.com/article/-/insights/supplier-excellence-procurement-capability-article の要約 "Supplier Excellence"（2023 年 1 月 3 日アクセス）を参照。

5 「破壊的な変化」をもたらす調達については、Michael F. Strohmer, "Disruptive Procurement：Reinventing and Transforming the Procurement Function," https://www.kearney.com/procurement/article/-/insights/disruptive-procurement-reinventing-and-transforming-the-procurement-function, January 5, 2020 を参照。

6 サプライチェーンの複雑化については、Per Kristian Hong, Nigel Pekenc, and Xavier Mesnard, "How Can We Achieve Resilient, Net-Zero Global Value Chains? A Summary of Discussions from the World Economic Forum Annual Meeting," https://www.kearney.com/global-strategic-partnerships/world-economic-forum/article/-/insights/how-can-we-achieve-resilient-net-zero-global-value-chains, July 26, 2022 を参照。

7 最初に何をリショアすべきかについては、Suketu Gandhi, "Leveraging New Tech to Boost Supply Chain Resilience," *Harvard Business Review* (October 26, 2022), https://hbr.org/2022/10/leveraging-new-tech-to-boost-supply-chain-resilience を参照。

8 リショアリング戦略については、Marc Lakner, Suketu Gandhi, Sherri He, and Philip Wessely, "The Reshoring Revolution：When to Reshore in a New Global Economy," https://www.kearney.com/operations-performance-transformation/article/-/insights/the-reshoring-revolution-when-to-reshore-in-a-new-global-economy, July 25, 2022 を参照。

9 アンチェインド（Unchained）モデルについては、Suketu Gandhi と Saad Farhard, "Will Supply Chain Tech Be Bigger than Fintech?" https://www.kearney.com/operations-performance-transformation/article/-/insights/will-supply-chain-tech-be-bigger-than-fintech, October 18, 2022 を参照。

第3章
方程式②　顧客価値起点のオペレーション：
需要危機に対するレジリエンスを獲得せよ

1　アパレル業界については、Pei Yun Teng, "Social Innovation Offers Five Golden Opportunities to the Apparel Industry," https://www.kearney.com/why-us/social-impact-and-sustainability/article/-/insights/social-innovation-offers-five-golden-opportunities-to-the-apparel-industry-article, November 8, 2017 を参照。

2　Donald Sull and Stefano Turconi, "Fast Fashion Lessons," *Business Strategy Review* 19, no. 2 (2008)：4–11. https://doi.org/10.1111/j.1467-8616.2008.00527.x.

3　Rachel Monroe, "Ultra-fast Fashion Is Eating the World," *The Atlantic* (March 2021).

4　顧客への直販チャネル（Direct to Consumer）戦略については、Rhiannon Thomas, Eric Gervet, Thibault Hollinger, and Guillaume Bochu, "Building Brands Through Online D2C," https://www.kearney.com/consumer-retail/article/-/insights/building-brands-through-online-d2c, March 7, 2023 を参照。

5　デザイン・トゥ・バリュー（Design-to-Value, DtV）については、Greg Portell, Arun Kochar, and Jesse Chafin, "Elevated, Agile, and Crowdsourced Design-to-Value Reaps Financial and Sustainability Gains," https://www.kearney.com/operations-performance-transformation/article/-/insights/elevated-agile-and-crowdsourced-design-to-value-reaps-financial-and-sustainability-gains, August 11, 2021 を参照。

6　SKU 最適化については、Marybeth Hays and Steve Cunix, "Merchandising in the No Normal–What Now?" https://www.kearney.com/consumer-retail/merchandising-in-the-no-normal-what-now（2023 年 1 月 11 日アクセス）を参照。

7　レゴ社（LEGO）やヘリックス・スリープ社（Helix Sleep）を含むプラットフォーマーについては、Bharat Kapoor, Brent Ross, Kushal Fernandes, and Alexander Bruns, "Platforming：The Best Solution to Product Line Complexity," https://www.kearney.com/operations-performance-transformation/article/-/insights/platforming-the-best-solution-to-product-line-complexity, March 1, 2021 を参照。

8　ポートフォリオを簡素化する方法については、Moritz Tybus and Gian Carlo Bauer, "Product Portfolio Simplification," https://www.kearney.com/communications-media-technology/article/-/insights/product-portfolio-simplification, September 2, 2020 を参照。

9　小売業のカレンダーについては Michael Brown and Greg Portell, "Traditional Retail Calendars and Staffing Models：Hays and Cunix, "Merchandising in the No Normal–What Now?" を参照。

10　顧客が抱く「品質」に対する意味合いについては、Katie Thomas and Tanya

Moryoussef, "The Death of Price/Value and Dissection of Quality," https://www.kearney.com/consumer-retail/article/-/insights/the-death-of-price-value-and-dissection-of-quality, August 16, 2022 を参照。

11 顧客と「利便性」については、Katie Thomas, "Deconstructing Consumer Convenience," https://www.kearney.com/consumer-retail/article/-/insights/easy-like-sunday-morning-kci-quarterly-briefing-q3-2021, August 13, 2021 を参照。

12 サプライチェーン計画については、Suketu Gandhi, Nikhil Mishra, and Erin Chiang, "Stop Looking in All the Wrong Place for Supply Chain Solutions–and Start with Planning," https://www.kearney.com/operations-performance-transformation/article/-/insights/stop-looking-in-all-the-wrong-places-for-supply-chain-solutions-and-start-with-planning, November 9, 2022 を参照。

13 需要予測については、Sameer Anand, Adheer Bahulkar, and Aman Husain, "What Got Us Here Will Not Get Us There," *Supply Chain Management Review* (January/February 2021), https://www.kearney.com/documents/291362523/291370161/SCMR2101_C_Ops_Adv.pdf/26a8e22f-f7ea-ca5a-cfdf-3f3389458951?t=1612948448000 を参照。

14 カスタムの需要予測機能である Janus by KEARNEY の詳細については、Sameer Anand and Adheer Bahulkar, "Navigating the Shape of Demand," https://www.kearney.com/operations-performance-transformation/article/-/insights/navigating-the-shape-of-demand, September 6, 2021 を参照。

15 ここでいいたいのは、パンデミックでより深刻化したラストマイル危機に対する一時的なレジリエンスについてである。ラストマイル／ファース・マイルのセグメントは、その後、はるかに洗練されたものとなっている。Balika Sonthalia, Rupal Deshmukh, Marc Palazzolo, and Elise Kerner, "How Can Retailers Build Resilience in Last-Mile Distribution?" https://www.kearney.com/telecommunications/article/-/insights/how-can-retailers-build-resilience-in-last-mile-distribution, December 21, 2021; Balika Sonthalia, Anna Kraft, Marc Palazzolo, and Abi Osunsanya, "Solving Tech's Last-Mile/First-Mile Problem," https://www.kearney.com/operations-performance-transformation/article/-/insights/solving-techs-last-mile-first-mile-problem, August 15, 2022 を参照。

....

第4章
方程式③　新しい働き方と多様性：レジリエントな組織を構築せよ

....

1 CEO の解任については、アレックス・リュー「イキガイとは何か、そしてリーダーシップとビジネスをいかに良い方向へ転換させるか？（What Is Ikigai and How Can It Trans form Your Leadership and Business for Good?）*World Economic Forum : The Davos Agenda* (January 17, 2022), https://www.weforum.org/agenda/2022/01/ikigai-how-it-can-transform-leadership-and-business-for-

注

good/ を参照。

2 フィッツジェラルドとヘミングウェイの間で交わされたとされるやりとり（CEO ではなく「金持ち」について）については、特に Deirdre N. McCloskey, "'You Know, Ernest, the Rich Are Different from You and Me'：A Comment on Clark's A Farewell to Alms," *European Review of Economic History* 12, no. 2 (2008)：138-148 を参照。

3 従業員の幸福度と株主リターンについては、例えば Alex Edmans, Darcy Pu, Chendi Zhang, and Lucius Li, "Employee Satisfaction, Labor Market Flexibility, and Stock Returns Around the World" (January 13, 2023), European Corporate Governance Institute (ECGI) - Finance Working Paper No.433/2014, Jacobs Levy Equity Management Center for Quantitative Financial Research Paper; Andrew J. Oswald, Eugenio Proto, and Daniel Sgroi, "Happiness and Productivity," *Journal of Labor Economics* 33, no. 4 (2015): 789-822; Christian Krekel, George Ward, and Jan-Emmanuel De Neve, "Happy Employees and Their Impact on Firm Performance," *London School of Economics Centre Piece* (July 15, 2019) を参照。

4 スキルに基づく従業員のアジリティについては、Neeti Bhardwaj, Steven Berger, Ira Gaberman, and Franziska Neumann, "Focusing on Skills to Win-the-war-for-talent," https://www.kearney.com/leadership-change-organization/article/-/insights/focus-on-skills-to-win-the-war-for-talent, May 17, 2021 を参照。

5 エンプロイー・バリュー・プロポジション（Employee Value Proposition, EVP）については、Neeti Bhardwaj, Ira Gaberman, and Preethi Prasad, "The New Era of Work Calls for a Next-Level Employee Value Proposition," https://www.kearney.com/leadership-change-organization/article/-/insights/the-new-era-of-work-calls-for-a-next-level-employee-value-proposition, May 3, 2022 を参照。

6 従業員をより効果的にリードする方法については、Neeti Bhardwaj, Steven Berger, Nigel Andrade, and Ira Gaberman, "Connecting People to Purpose," https://www.kearney.com/leadership-change-organization/article/-/insights/connecting-people-to-purpose, February 10, 2022; Markus Vejvar, "Davos 23 Reflection–Why We (Also) Need a Push from the Middle," *LinkedIn Pulse* (January 31, 2023), https://www.linkedin.com/pulse/davos-23-reflection-why-we-also-need-push-from-middle-markus-vejvar/; Liu, "What Is Ikigai and How Can It Transform Your Leadership and Business for Good?" を参照。

7 ポルマンの引用を含む、パーパスにおけるギャップに関する詳細は、Alex Liu and Abby Klanecky, "Overcoming the Purpose Gap: Why There's a Muddle in the Middle," https://www.kearney.com/article/-/insights/overcoming-the-purpose-gap-why-theres-a-muddle-in-the-middle, October 13, 2021 を参照。

8 パーパスがドライバーであるという考えについては Alex Liu, Abby Klanecky, and Matt Lubelczyk, "Mission, Metrics, or Somewhere in Between: Where Exactly Does the Purpose Gap Begin?" https://www.kearney.com/article/-/

insights/mission-metrics-or-somewhere-in-between-where-exactly-does-the-purpose-gap-begin, June 23, 2021 を参照。

9　パーパス導入のおける失敗については、"55% of Companies Have Yet to Fully Embed Purpose into Their Business," https://www.kearney.com/article/-/insights/55-percent-of-companies-have-yet-to-fuly-embed-purpose-into-their-business, September 22, 2021）を参照。

10　CXO とその他の従業員との間のパーパスに対する認識の差異については、Liu, Klanecky, and Lubelczyk, "Mission, Metrics, or Somewhere in Between" を参照。

11　喜びのギャップについては、Alex Liu, *Joy Works: Empowering Teams in the New Era of Work*）（New York: Wiley, 2022), pp.23-26 を参照。

12　会社のパーパスと、リーダーが一方的に語るパーパスの違いについては、Alex Liu, *Joy Works: Empowering Teams in the New Era of Work*, pp.5-59, 84, ブルームバーグ・ライブ・イベント「Reinvigorating Corporate Purpose」でのアレックス・リューのコメント、https://www.bloomberglive.com/blog/event-highlights-reinvigorating-corporate-purpose-nov30/, November 30, 2021 を参照。

13　組織全体に脱炭素に向けた文化を根づかせることについては、Soon Ghee Chua, Keat Yap, Young Han Koh, and Junru Li, "How to Make Real Progress on the Path to Net Zero," https://www.kearney.com/sustainability/article/-/insights/how-to-make-real-progress-on-the-path-to-net-zero, January 10, 2023 を参照。

14　KEARNEY のゲーミフィケーションに対する見解については、Nigel Andrade, Shannon Warner, Katherine Black, and Ben Bond, "Modernizing Loyalty：So much more than Points and Plastic," https://www.kearney.com/consumer-retail/article/-/insights/modernizing-loyalty-so-much-more-than-points-and-plastic, October 7, 2022 を参照。

15　学ぶ組織に関する利点については、Neeti Bhardwaj, Steven Berger, Ira Gaberman, and Dominique Harris, "Why the Time Is Now to Become a Learning Organization," https://www.kearney.com/leadership-change-organization/article/-/insights/why-the-time-is-now-to-become-a-learning-organization, November 4, 2021 を参照。

16　世代間での学習アプローチについては、KEARNEY とエゴンゼンダー社（Egon Zehnder）の報告書 "Different Generations, Same Ideals: What Workers of All Ages Value in Their Jobs"（2022 年）https://www.egonzehnder.com/different-generations-same-ideals、特に PP. 50-54 を参照。

17　学ぶ組織になる方法については、Neeti Bhardwaj, Steven Berger, Dominique Harris, and Ira Gaberman, "Making the Move to Become Learning Organization," https://www.kearey.com/leadership-change-organization/article/-/insights/making-the-move-to-become-a-learning-organization, June 1, 2022 を参照。

18　学ぶ組織における DEI については、Ramyani Basu et al., "Building Back Better for Women at Work," https://www.kearney.com/about/diversity-equity-and-

注

inclusion/women-at-kearney/article/-/insights/building-back-better-for-women-at-work, September 28, 2022 を参照。

19　物流業界における課題については、Anna Kraft, Erin Lai, and Mitchell Nikitin, "How Much Do Customers Really Care About Two-Day Shipping?" https://www.kearney.com/operations-performance-transformation/article/-/insights/how-much-do-customers-really-care-about-two-day-shipping, December 19, 2022 を参照。

第 5 章
方程式④　人間の判断力と人工知能の組み合わせ：
レジリエントな経営脳を強化せよ

1　倉庫の戦略的価値については、Suketu Gandhi, Mihir Tamhankar, and Brittany Cohen, "Warehouses：Hidden in Plain Sight," https://www.kearney.com/operations-performance-transformation/article/-/insights/warehouses-hidden-in-plain-sight, June 28, 2022 を参照。

2　倉庫管理に関するその他の視点については、KEARNEY のレポート "A Fresh Look：Perishable Supply Chains Go Digital," https://www.kearney.com/operations-performance-transformation/article/-/insights/a-fresh-look-perishable-supply-chains-go-digital, April 16, 2018; "Warehousing: Charting the Way to a Winning Strategy," https://www.kearney.com/operations-performance-transformation/article/-/insights/warehousing-charting-the-way-to-a-winning-strategy, March 17, 2017 を参照。

3　倉庫におけるテクノロジーについては、サプライチェーン・マネジメント・プロフェッショナル協議会（CSCMP）が KEARNEY と共同で作成した年次レポート State of Logistics（特に 2022 年、2021 年、2020 年）、https://cscmp.org/CSCMP/Research/Reports_and_Surveys/State_of_Logistics_Report/CSCMP/Educate/State_of_Logistics_Report.aspx（2023 年 1 月 3 日アクセス）を参照。

4　ナイキと RFID タグについては、Sara Silver, "How Kellogg's, Nike, and HP Handled 2020 Supply Chain Disruptions," *Financial Management* (January 25, 2021) を参照。

5　マースク社（Maersk）のドローンについては、Ned Calder, Alasdair Trotter, Conor Carlucci, and Erez Agmoni, "How Maersk Designed a More Resilient Supply Chain," *Harvard Business Review* (November 17, 2022) を参照。

6　物流業界におけるブロックチェーンについては、サプライチェーン・マネジメント・プロフェッショナル協議会（CSCMP）が KEARNEY と共同で作成した年次レポート State of Logistics（特に 2020 年と 2019 年）、https://cscmp.org/CSCMP/Research/Reports_and_Surveys/State_of_Logistics_Report/CSCMP/Educate/State_of_Logistics_Report.aspx（2023 年 1 月 3 日アクセス）を参照。

7 ウォルマート・カナダのブロックチェーンについては、Kate Vitasek, John Bayliss, Loudon Owen, and Neeraj Srivastava, "How Walmart Canada Uses Blockchain to Solve Supply-Chain Challenges," *Harvard Business Review* (January 5, 2022) を参照。

8 SKF Axios の詳細については、https://www.skf.com/us/news-and-events/news/2022/2022-05-30-skf-announces-launch-of-skf-axios-powered-by-aws（2023 年 1 月 23 日アクセス）を参照。

9 シーメンス・ファクトリー・オブ・ザ・イヤーについては、"Siemens Factory in Switzerland Wins Award for Production and Supply Chain Resilience", https://press.siemens.com/global/en/pressrelease/siemens-factory-switzerland-wins-award-production-and-supply-chain-resilience, December 15, 2022 を参照のこと。

10 「未来の向上」を形づくる 5 つのテクノロジーについては、Xavier Mesnard, "Technology and Innovation for the Future of Production：Accelerating Value Creation," https://www.kearney.com/operations-performance-transformation/article/-/insights/technology-and-innovation-for-the-future-of-production-accelerating-value-creation-article, March 9, 2020 を参照。また、Marc Lakner, Ben T. Smith IV, Sebastian Schoemann, Arndt Heinrich, Guido Hertel, and Philip Wessely, "How Is the Fourth Industrial Revolution Changing the Landscape of Manufacturing?" https://www.kearney.com/operations-performance-transformation/article/-/insights/how-is-the-fourth-industrial-revolution-changing-the-landscape-of-manufacturing, February 7, 2020 も参照。

11 Airbnb の大胆な決断については、Adam Dixon, "Setting a Bold Course for Leaders", https://www.kearney.com/leadership-change-organization/article/-/insights/setting-a-bold-course-for-leaders, October 18, 2020 を参照。

12 自動化とレジリエンスについては、Suketu Gandhi, "Leveraging New Tech to Boost Supply Chain Resilience," *Harvard Business Review* (October 26, 2022), https://hbr.org/2022/10/leveraging-new-tech-to-boost-supply-chain-resilience を参照。

13 KEARNEY ／ Drishti の調査も含め、コボットと人間の価値については、Bharat Kapoor, "The State of Human Factory Analytics", https://www.kearney.com/digital/the-state-of-human-factory-analytics（2022 年 1 月 9 日アクセス）を参照。

14 AI 導入の利点と落とし穴については、Soon Ghee Chua and Nikolai Dobberstein, "Racing Toward the Future：Artificial Intelligence in Southeast Asia," https://www.kearney.com/digital/article/-/insights/racing-toward-the-future-artificial-intelligence-in-southeast-asia, October 7, 2020 を参照。

注

第6章
方程式⑤　サステナビリティによる武装：
あくまで長期的なレジリエンスを確保せよ

1　SBTs とは科学的根拠に基づく温室効果ガス削減目標のことである。COP26 とは、2021 年にグラスゴーで開催された国連気候変動会議のことで、26 回目の年次 "Conference Of the Parties" の略称である。GRI とは Global Reporting Initiative の略で、サステナビリティの進捗状況を報告するための枠組み。SDGs は持続可能な開発目標であり、COP21 パリ協定の目標を達成するための手段であり、ロードマップである。Martin Eisenhut, Michael Strohmer, Imran Dassu, Richard Forrest, and Angela Hultberg, *The Sustainability Chessboard: A New Philosophy of Future Leadership* (Munich: SZ Scala GmbH, 2022), Chapter 2 を参照。

2　サステナビリティに対する顧客の支払い意欲（Willingness to Pay, WTP）については、Nigel Andrade, Viv Ronnebeck, and Peter Munro, "ESG: A Worthwhile Investment," https://www.kearney.com/sustainability/article/-/insights/esg-a-worthwhile-investment, April 27, 2022; Christina Carlson, Corey Chafin, and Greg Portell, "Consumer Support Still Strong as Earth Day Celebrates Its 50th Birthday," https://www.kearney.com/covid-19/article/-/insights/consumer-support-still-strong-as-earth-day-celebrates-its-50th-birthday, April 21, 2020; Katie Thomas, Angela Hultberg, and Tanya Moryoussef, "Closing the Consumer Aspiration Gap," https://www.kearney.com/consumer-retail/article/-/insights/closing-the-consumer-aspiration-gap, June 23, 2022 を参照。

3　ESG 達成に向けたリーダーシップアプローチについては、Dominique Harris, Karina Toy, Samantha Cochrane, and Emily Murphy, "Your People Will Lead Your Company to Its ESG goals," https://www.kearney.com/leadership-change-organization/article/-/insights/your-people-will-lead-your-company-to-its-esg-goals, October 21, 2022 を参照。

4　ESG に対する資本市場のアプローチについては、Pablo Moliner Szapáry, Eugenio Prieto Ibanez, Céline Bak, and Javier González, "The ESG Value and Leadership Index," https://www.kearney.com/sustainability/article/-/insights/the-esg-value-and-leadership-index, November 2, 2021 を参照。

5　原料別プロピレンの二酸化炭素排出量の世界推定値など、化学産業のスコープ 3 排出量の詳細については、Kish Khemani, Andrew Walberer, Sachidanand Sahoo, and Colin Etienne, "How Chemical Companies Can Reduce Scope 3 Emissions Now," https://www.kearney.com/chemicals/article/-/insights/how-chemical-companies-can-reduce-scope-3-emissions-now, July 11, 2022 を参照。

6　**サステナビリティ（sustainability）**戦略と**サステナブルな（sustainable）**戦略の違いについては、Kate Hart, Alasdair Johnston, and Dhananjay Bajaj,

"Climate Change: Is Your Organisation Looking at Only One Side of the Coin?" https://www.au.kearney.com/article/-/insights/climate-change-is-your-organisation-looking-at-only-one-side-of-coin, August 19, 2022 を参照。

7 コカ・コーラのサプライヤーの多様性調査については、Alexis Bateman, Ashley Barrington, and Katie Date, "Why You Need a Supplier-Diversity Program," *Harvard Business Review* (August 17, 2020) を参照。

8 Eisenhut, Strohmer, Dassu, Forrest, and Hultberg, *The Sustainability Chessboard.*

9 スコープ3の排出量に対する戦略については、Kish Khemani, Imran Dassu, Evangeline Philos, and Karina Toy, "Scope 3 Emissions Strategy：Why, What, and How," https://www.kearney.com/operations-performance-transformation/article/-/insights/scope-3-emissions-strategy-why-what-and-how, April 20, 2022 を参照。

10 中古ファッションについては、Victor Graf Dijon von Monteton and Sabine Spittler, "Think Twice: Why Fashion Brands Should Embrace the Secondhand Opportunity," https://www.kearney.com/consumer-retail/article/-/insights/think-twice-Why-fashion-brands-should-embrace-the-secondhand-opportunity, March 10, 2021 を参照のこと。

11 ファッション業界におけるCFXとサーキュラリティについては、Brian Ehrig, Faycal Baddou, Dario Minutella, and Frederic Dittmar, "The KEARNEY CFX 2022 Report：Are Fashion Brands Ramping Up Their Circularity Game?" https://www.kearney.com/consumer-retail/article/-/insights/the-kearney-cfx-2022-report-are-fashion-brands-ramping-up-their-circularity-game, April 19, 2022; Mirko Warschun, Saskia God, and Frederic Dittmar, "Can Circularity Save the Fashion Industry?" https://www.nl.kearney.com/consumer-retail/article/-/insights/can-circularity-save-the-fashion-industry, December 3, 2020 を参照。

12 サプライチェーンのデジタルツイン（AI/ML技術）については、Ben T. Smith IV and P. S. Subramaniam, "How Are Supply Chain Platforms Integrating with AI and Other Advanced Technologies?" https://www.kearney.com/operations-performance-transformation/article/-/insights/how-does-supply-chain-platforms-integrating-with-ai-and-other-advanced-technologies, March 5, 2021 を参照。

13 デザインにおけるサステナビリティについては、KEARNEYのホワイトペーパー、"Designing for Sustainability", https://www.kearney.com/product-design-data-platforms/product-excellence-and-renewal-lab/article/-/insights/designing-for-sustainability, December 2, 2021; "When Will Sustainable Design Simply Be Design?" https://www.kearney.com/operations-performance-transformation/article/-/insights/when-will-sustainable-design-simply-be-design, July 20, 2020 を参照。2022年の消費者のサステナビリティに対する考え方の調査については、Katie Thomas, Angela Hultberg, and Tanya Moryoussef, "Closing the Consumer Aspiration Gap," https://www.kearney.com/consumer-retail/article/-/insights/closing-the-consumer-aspiration-gap, June 23, 2022 を参照。

注

14 サーキュラリティ調査を含むサーキュラリティの詳細については、KEARNEY のホワイトペーパー "How Do You Move from Laggard to Leader in the Circular Economy?" https://www.kearney.com/energy/article/-/insights/how-do-you-move-from-laggard-to-leader-in-the-circular-economy, February 7, 2021 を参照。

第8章
サプライヤーとの協働で供給危機に対するレジリエンスを構築せよ

---

1 資源の調達可能性については、Dieter Gerdemann, Michael F. Strohmer, Dominik Leisinger, and Tobias Albers, "Design for Sourcing：How Engineering-Driven Companies Can Escape the Monopoly Trap,"https://www.kearney.com/operations-performance-transformation/article/-/insights/design-for-sourcing-how-engineering-driven-companies-can-escape-the-monopoly-trap, November 5, 2021 を参照。

2 架空のコヨーテ工業社については、Ian Frazier, *Coyote v Acme* (New York: Farrar, Straus and Giroux, 2002) を参照。

3 業界別のサプライチェーンに対するレジリエンスに向けたアドバイスについては、KEARNEY の論文 "7 Philosophies for Supply Chain Resilience," https://www.kearney.com/operations-performance-transformation/article/-/insights/7-philosophies-for-supply-chain-resilience, January 24, 2023 を参照。

4 ハリー・チャイルドについては、John Clayton, *Wonderlandscape: Yellowstone National Park and the Evolution of an American Cultural Icon* (New York: Pegasus, 2017), pp.40-44 を参照。

5 ドイツのサプライチェーン・デュー・ディリジェンス法については、https://www.loc.gov/item/global-legal-monitor/2021-08-17/germany-new-law-obligates-companies-to-establish-due-diligence-procedures-in-global-supply-chains-to-safeguard-human-rights-and-the-environment/（2023 年 1 月 14 日アクセス）を参照。

第9章
顧客のためのオペレーション体系をつくり上げ需要危機に備えよ

---

1 美容ブランドにおける顧客との親密性については、KEARNEY の論文 "Supply Chains to Embrace the Sharing Economy," https://www.kearney.com/consumer-retail/article/-/insights/supply-chains-to-embrace-the-sharing-economy, December 4, 2020 を参照。

2 消費者がどのように調査し学習するかについては、Katie Thomas,

"Reconsidering Consumer Education," https://www.kearney.com/consumer-retail/article/-/insights/reconsidering-consumer-education-kearney-consumer-institute-2022-q1-quarterly-brief, February 14, 2022 を参照。

3 需要予測モデルについては、Suketu Gandhi, Bharath Thota, Stuart Klein, and Marc Palazzolo, "Modern Retail Requires Modern Demand Sensing," https://www.kearney.com/analytics/article/-/insights/modern-retail-requires-modern-demand-sensing, January 20, 2023 を参照。

4 アルチェリク社（Arçelik）については、World Economic Forum（KEARNEY と共同）, "A Global Rewiring: Redefining Global Value Chains for the Future," https://www3.weforum.org/docs/WEF_A_Global_Rewiring_Global_Value_Chains_2022.pdf, January 2023, p. 14 を参照。

5 顧客が抱く「品質」の意味合いについては、Katie Thomas and Tanya Moryoussef, "The Death of Price/Value and Dissection of Quality," https://www.kearney.com/consumer-retail/article/-/insights/the-death-of-price-value-and-dissection-of-quality, August 16, 2022 を参照。

6 顧客が抱く「利便性」の意味合いについては、Katie Thomas, "Deconstructing Consumer Convenience," https://www.kearney.com/consumer-retail/article/-/insights/easy-like-sunday-morning-kci-quarterly-briefing-q3-2021, August 13, 2021 を参照。

7 ウノックス社（Unox）のオーブンについては、アマゾン・ウェブ・サービスのケーススタディ "UNOX Meets 95% of Service-Level Customer Requests, Drives Innovation by Going All In on AWS," https://aws.amazon.com/solutions/case-studies/unox/,（2023 年 2 月 8 日アクセス）を参照。

8 グレイブルバレー・プロデュース社（Greybull Valley Produce）については、Nathan Oster, "Greybull River Produce Flourishing in New Business Park," *Greybull* [Wyo.] *Standard* (March 11, 2021) を参照。

9 トイレットペーパー不足については、Will Oremus, "What Everyone's Getting Wrong About the Toilet Paper Shortage," *Marker/Medium* (April 2, 2020) を参照。

10 オムニチャネル・サプライチェーンの落とし穴については、KEARNEY のホワイトペーパー "Retail: The Omnichannel Supply Chain," https://www.kearney.com/consumer-retail/article/-/insights/retail-the-omnichannel-supply-chain, June 22, 2020 を参照。

11 ホーム・デポ（Home Depot）、クローガー（Kroger）、その他の小売企業のオムニチャネル戦略については、Jeff Sexstone, Ingo Schroeter, and Marc Palazzolo, "Great Expectations: Delivering on Customer Experience and Fulfillment Profitability," *Supply Chain Management Review* (November 2, 2022), https://www.scmr.com/article/great_ expectations_delivering_on_customer_experience_and_fulfillment_profit を参照。

注

第 10 章
「スキルの経済」を高め、レジリエントなチームを育てよ

1 女性、DEI、パンデミック後の労働条件については、Ramyani Basu et al., "Building Back Better for Women at Work," https://www.kearney.com/about/diversity-equity-and-inclusion/women-at-kearney/article/-/insights/building-back-better-for-women-at-work, September 28, 2022 を参照。

2 スティッチフィックス社（Stitch Fix）の DEI リスニングについては、Ramyani Basu et al., "Building Back Better for Women at Work" を参照。

3 ユナイテッド・パーシャル・サービス社（UPS）でのシャーリーン・トーマスの経験については、Alex Liu, *Joy Works: Empowering Teams in the New Era of Work* (New York: Wiley, 2022) の彼女の序文、pp. xv–xvii を参照のこと。

4 トーマス・カーニーについては、"Our Founder," https://www.kearney.com/about-kearney/article/-/insights/about-our-founder-article, June 1, 2017 を参照。

5 未来の働き方に影響を与える要因については、KEARNEY とミスク・グローバル・フォーラムのホワイトペーパー "Readiness for the Future of Work," https://www.kearney.com/documents/3677458/3679955/READINESS+FOR+THE+FUTURE+OF+WORK.pdf/, March 2019 を参照。

6 未来の働き方の特徴については、Steven Berger, Neeti Bhardwaj, Delphine Bourrilly, and Manale El Kareh, "A Glimpse into the Future of Work," https://www.kearney.com/leadership-change-organization/article/-/insights/a-glimpse-into-the-future-of-work, October 26, 2022 を参照。

7 アイルランド銀行（Bank of Ireland）のキャリア・ラボや他の企業の革新的なカリキュラムについては、Ramyani Basu et al., "Building Back Better for Women at Work" を参照。

8 手軽で、かつ短時間で習得できるようなコンテンツについては、Berger, Bhardwaj, Bourrilly, and El Kareh, "A Glimpse into the Future of Work" を参照。

9 農業用サイロについては、"History of the Silo," https://silo.org/about-us/history/history-of-tower-silo/ を参照。ビジネスにおけるサイロについては、Caitlin O'Keefe, Nick Anderson, and Will Shalosky, "Siloed Initiatives = Spooked Shareholders: Why Your Supply Chain Must Transform E2E," https://www.kearney.com/operations-performance-transformation/article/-/insights/siloed-initiatives-spooked-shareholders-why-your-supply-chain-must-transform-e2e, October 28, 2022 を参照。

第11章
テクノロジーの可能性を解き放つ、学習と共有、そして協働

1 フライホイールについては、Jim Collins, *Good to Great: Why Some Companies Make the Leap … and Others Don't* (New York: HarperCollins, 2001)［ジム・コリンズ『ビジョナリー・カンパニー 2 ——飛躍の法則』山岡洋一訳、日経BP、2001年］; Jim Collins, *Turning the Flywheel*：*A Monograph to Accompany Good to Great* (New York: HarperCollins, 2019)［ジム・コリンズ『ビジョナリー・カンパニー——弾み車の法則』土方奈美訳、日経BP、2020年］を参照。簡単な要約は、Adewale Adisa, "What Is The Flywheel Effect," *LinkedIn Pulse* (June 16, 2020) を参照。

2 調達における分析技術については、Elouise Epstein, "Nearly Everything You've Been Told About Procurement Analytics Is Wrong," https://www.kearney.com/procurement/article/-/insights/nearly-everything-you-ve-been-told-about-procurement-analytics-is-wrong, May 7, 2019; Elouise Epstein, *Trade Wars, Pandemics, and Chaos: How Digital Procurement Enables Business Success in a Disordered World* (Chicago: Kearney, 2021) を参照。

3 CXOや取締役会レベルAI課題については、Suketu Gandhi and Alanna Klassen Jamjoum, "SAFEguarding AI's trillion-Dollar Opportunity," https://www.kearney.com/digital/article/-/insights/safeguarding-ai-trillion-dollar-opportunity, August 19, 2021 を参照。

4 イベント駆動型アーキテクチャについては、Suketu Gandhi and Jeff Greer, "Transform Your Supply Chain with Event-Driven Architecture," https://www.kearney.com/operations-performance-transformation/article/-/insights/transform-your-supply-chain-with-event-driven-architecture, May 25, 2022 を参照。

5 データメッシュへの移行については、Ramyani Basu, Bharath Thota, and Glyn Heatley, "Delivering Data-as-a-Product," https://www.kearney.com/digital/delivering-data-as-a-product, accessed January 26, 2023 を参照。

6 優れたデータプラクティスについては、Ujwal Kayande, Enrico Rizzon, and Mohit Khandelwal, "The Impact of Analytics in 2020," https://www.kearney.com/analytics/article/-/insights/the-impact-of-analytics-in-2020, December 1, 2020 を参照。

7 ハイネケンのデータイニシアチブの詳細については、AWS re: Invent 2022 カンファレンス (https://www.youtube.com/watch?v=liMA7WabMlE&t=2s, 2022年12月6日) のビデオ録画されたブレイクアウトセッション "Heineken Brews a New Connected Manufacturing Business" を参照。

8 Internet of Cows については、Ryan Daws, "Internet of Cows：Ingestible IoT sensor monitors the health of livestock," *Internet of Things News* (November 2, 2021) を参照。

注

9 製造業におけるデータ統合については、Vidisha Suman と Steven Berger, "How Do We Address the Challenges in Integrating Robotics Data with Operational and Enterprise Systems?" https://www.kearney.com/operations-performance-transformation/article/-/insights/how-do-we-address-the-challenges-in-integrating-robotics-data-with-operational-and-enterprise-systems, March 27, 2020 を参照。

10 これは、Suketu Gandhi and Jeff Greer, "Transform Your Supply Chain with Event-Driven Architecture," https://www.kearney.com/operations-performance-transformation/article/-/insights/transform-your-supply-chain-with-event-driven-architecture, May 25, 2022 に記載されているイベント駆動型アーキテクチャの例である。

11 同社の整形外科部門については、World Economic Forum（KEARNEY との共同研究）, *Charting the Course for Global Value Chain Resilience*（2022 年 1 月）, https://www3.weforum.org/docs/WEF_Charting_the_Course_for_Global_Value_Chain_Resilience_2022.pdf：23; R. Capra et al., "Optimizing Surgical Instrumentation in Orthopedic Surgery：Single Center," *Medicine* 98, no. 7 (2019); Johnson & Johnson case study at https://www.jnjmedtech.com/en-US/service-details/acm, accessed January 28, 2023 を参照。

12 『I Love Lucy: Job Switching』ウィリアム・アッシャー監督（William Asher）、ジェス・オッペンハイマー（Jess Oppenheimer）、マデリン・デイヴィス（Madelyn Davis）、ボブ・キャロル・ジュニア（Bob Carroll Jr.）脚本（1952 年 9 月 15 日）。

13 データによる洞察をもとにした自動化技術の進展については、Daniel Angelucci, J. P. Morgenthal, Eric Stettler, and Pablo Escutia Lopez, "Transformative Technologies：Business Process Automation," https://www.kearney.com/digital/transformative-technologies-business-process-automation, （2023 年 1 月 28 日アクセス）を参照。

14 リヴィアン社（Rivian）の詳細については、Amazon Web Services のケーススタディ "Rivian Executes Vision of Agile Engineering on AWS," https://aws.amazon.com/solutions/case-studies/rivian-case-study/（2023 年 1 月 29 日アクセス）を参照。リビアンは KEARNEY ともパートナーシップを結んでいることを開示しておく。https://www.kearney.com/automotive/article/-/insights/polestar-and-rivian-pathway-report を参照。

第 12 章
サステナビリティを受け入れて長期的なレジリエンスを確保する

1 1,000 億トンの廃棄物問題については、KEARNEY の論文 "Think Fast and Fix Things," https://www.kearney.com/-/insights/think-fast-and-fix-things, December 2, 2021 を参照。

2　廃棄物とプラスチックに関する詳細は、KEARNEY の論文 "The American Plastic Imperative," https://www.kearney.com/operations-performance-transformation/article/-/insights/the-american-plastic-imperative, December 9, 2020 を参照。パンデミックによるプラスチック廃棄物の増加の詳細については、Monika Kumar, Nina Tsydenova, and Pawan Patil, "Unmasking the Pandemic's Impact on Plastics Waste Management Across South Asia," *World Bank Blogs* (December 13, 2021) を参照。

3　消費者のサステナビリティに対する選択については、Katie Thomas, Angela Hultberg, and Tanya Moryoussef, "Closing the Consumer Aspiration Gap," https://www.kearney.com/consumer-retail/article/-/insights/closing-the-consumer-aspiration-gap, June 23, 2022 を参照。

4　メルク社（Merck）のサステナビリティビジネス価値ツールについては、Eisenhut et al., *The Sustainability Chessboard: A New Philosophy of Future Leadership* (Munich: SZ Scala GmbH, 2022): 59; Herwig Buchholz, Thomas Eberle, Manfred Klevesath, Alexandra Jürgens, Douglas Beal, Alexander Baic, and Joanna Radeke "Forward Thinking for Sustainable Business Value: A New Method for Impact Valuation," *Sustainability* 12, no. 20 (2020): 8420. https://doi.org/10.3390/su12208420 を参照。

5　ペプシコ社（PepsiCo）のデータガバナンスについては、https://www.pepsico.com/our-impact/esg-topics-a-z/esg-data-governance（2023 年 1 月 22 日アクセス）を参照。なぜ価値があるのかについては、Eisenhut et al., *The Sustainability Chessboard*, pp.57-58 を参照。

6　アルコア社（Alcoa）のインセンティブ報酬の仕組みについては、Eisenhut et al., *The Sustainability Chessboard*, p. 81 を参照。

7　意思決定指標としての DEI 指標については、Preethi Prasad and Dominique Harris, "Unapologetically DEI：Designing Equity and Inclusion into the New Era of Work," https://www.kearney.com/leadership-change-organization/article/-/insights/unapologetically-dei-designing-equity-and-inclusion-into-the-new-era-of-work, May 7, 2021 を参照。

8　サステナビリティに対する取り組みを消費者に伝える方法については、Katie Thomas, "Reconsidering Consumer Education," https://www.kearney.com/consumer-retail/article/-/insights/reconsidering-consumer-education-kearney-consumer-institute-2022-q1-quarterly-brief, February 14, 2022 を参照。

9　サステナビリティを意思決定に取り入れる理由と方法については、Martin Eisenhut, "Charting a Path to Becoming a Sustainability Leader," *LinkedIn Pulse* (August 30, 2022), https://www.linkedin.com/pulse/charting-path-becoming-sustainability-leader-martin-eisenhut/; Martin Eisenhut, "Seven Steps on the Sustainability Journey," *LinkedIn Pulse* (September 13, 2022), https://www.linkedin.com/pulse/seven-steps-sustainability-journey-martin-eisenhut/ を参照。

10　データ主導の DEI 戦略については、Asha Nooh, Kimberly Bennett, and Silja

注

Baller, "Why Better Reporting on Racial and Ethnic Equity Can Improve Diversity and Inclusion Outcomes," World Economic Forum Annual Meeting, January 23, 2023 を参照。

11 DEI によるアカウンタビリティ手法については、Preethi Prasad, Douglas Sandy MacKenzie, Dominique Harris, and Kristen Robinson, "Closing the Corporate Equity Gap: How to Elevate More Women and People of Color in Leadership," https://www.kearney.com/leadership-change-organization/article/-/insights/, June 16, 2022 を参照。

12 ペプシコ社のウォーター・スチュワードシップ誓約については、Christopher Doering, "PepsiCo Aims to Replenish More Water Than It Consumes by 2030," *Food Dive* (August 19, 2021) を参照。

13 廃棄物削減から生産的な循環型社会への移行については、Axel Freyberg, Christophe Firth, and Nicole Keller, "When It's Waste, It's Almost Too Late," https://www.kearney.com/telecommunications/article/-/insights/when-its-waste-its-almost-too-late, January 10, 2023 を参照。

14 ヴェジャ社(Veja)の修理プログラムとサステナビリティ重視の姿勢については、Rachel Cernan-sky, "Inside Veja's Direct Supplier Model and Repairs Push," *Vogue Business* (April 29, 2021) を参照。

15 循環型社会へのステップについては、Richard Forrest and Oliver Dudok van Heel, "How Regenerative Business Practices Can Reshape Economies," https://www.kearney.com/sustainability/article/-/insights/how-regenerative-business-practices-can-reshape-economies, January 16, 2023 を参照。

16 プラスチックのリサイクル率については、Daniel De Visé, "Why Most Plastic Isn't Getting Recycled," *The Hill* (November 1, 2022) を参照。

17 プラスチックのリサイクルについては、Rajeev Prabhakar, Andrew Walberer, Kish Khemani, and Emily Rowe, "The Fight for Recycled Feedstock," https://www.kearney.com/sustainability/article/-/insights/the-fight-for-recycled-feedstock, December 21, 2022 を参照。

第 14 章
「5 つの方程式」に関する事例研究

1 特許切れのリスクを含む製薬の将来については、Marc P. Philipp and Martin Hodosi, "Refueling the Pipeline: How Pharma Can Up the Dose on R&D," https://www.kearney.com/health/article/-/insights/refueling-the-pipeline-how-pharma-can-up-the-dose-on-r-d, June 13, 2022 を参照。

2 地政学的リスク、需要急増、それに対する対応方法など医薬品サプライチェーンに関する詳細は、Vishal Bhandari, Mike Piccarreta, Pablo Moliner Szapáry, and Rosanna Lim, "Building Resilient Pharma Supply Chains," https://www.

kearney.com/health/article/-/insights/three-ways-to-build-resilience-into-pharmaceutical-supply-chains, February 23, 2022 を参照。

3　AIを含む将来の製薬トレンドについては、Todd Huseby and Jeffrey Woldt, "Video Forum: Todd Huseby: Trends Shaping the Healthcare Sector," *Chain Drug Review* (February 13, 2023), https://www.chaindrugreview.com/video-forum-todd-huseby-kearney-2/ を参照。

4　小規模・ニッチ戦略を含む小売医薬品のトレンドについては、Huseby and Woldt, "Video Forum" を参照。

5　サービスの統合要否の意味については、Kathryn Rauen, Kate Maheu, and D. J. McKerr, "In the Race to Integrate Care, Will Pharmacies Get Lost in the Shuffle?" https://www.kearney.com/article/-/insights/in-the-race-to-integrate-care-will-pharmacies-get-lost-in-the-shuffle, July 29, 2022 を参照。米国における価値を起点としたサービスモデルについては、Rodey Wing, Tonny Huang, and Laura Bowen, "Value-Based Care an Opportunity for Rx," *Chain Drug Review* (November 21, 2022) を参照。

6　特に半導体に焦点を当てたハイテク・サプライチェーンについては、Mike Hales, Danish Faruqui, Dieter Gerdemann, Bharat Kapoor, Hieu Pham, and Archit Johar, "Why a Resilient Semiconductor Supply Chain Is Imperative—and How to Create One," https://www.kearney.com/technology/article/-/insights/why-a-resilient-semiconductor-supply-chain-is-imperative-and-how-to-create-one, May 11, 2021 を参照。

7　テクノロジーを駆使した顧客価値提案については、Mike Chapman, Michael Felice, Amro Messaoudi, and Paul Weichselbaum, "Streaming Providers Need New Ways to Drive Growth," *Fierce Video* (March 13, 2023), https://www.fiercevideo.com/video/streaming-providers-need-new-ways-drive-growth-part-2-industry-voices-chapman を参照。

8　部品不足やその他の産業サプライチェーンの問題については、KEARNEYの論文 "7 Philosophies for Supply Chain Resilience," https://www.kearney.com/operations-performance-transformation/article/-/insights/7-philosophies-for-supply-chain-resilience, January 24, 2023 を参照。

9　ラストマイル・デリバリーにおけるレジリエンスについては、Balika Sonthalia, Rupal Deshmukh, Marc Palazzolo, and Elise Kerner, "How Can Retailers Build Resilience in Last-Mile Distribution?" https://www.kearney.com/telecommunications/article/-/insights/how-can-retailers-build-resilience-in-last-mile-distribution, December 21, 2021; Anna Kraft, Erin Lai, and Mitchell Nikitin, "How Much Do Customers Really Care About Two-Day Shipping?" https://www.kearney.com/operations-performance-transformation/article/-/insights/how-much-do-customers-really-care-about-two-day-shipping, December 19, 2022 を参照。

第16章
オペレーション変革の前に向き合うべき「問い」

1　インテルとブルックフィールドの取引の詳細については、インテルのプレスリリース "Intel Introduces First-of-its-Kind Semiconductor Co-Investment Program"（2022年8月23日）を参照。

2　オペレーションモデルについては、Hagen Götz Hastenteufel, Sarah Helm, Luca Spring, and Adithi Raju, "Countering Complexity：Time to Get the Operating Model on the Operating Table?" https://www.kearney.com/leadership-change-organization/article/-/insights/countering-complexity-time-to-get-the-operating-model-on-the-operating-table, January 27, 2023 を参照。

3　サステナビリティ・チェスボードについては、Martin Eisenhut, Michael Strohmer, Imran Dassu, Richard Forrest, and Angela Hultberg, *The Sustainability Chessboard：A New Philosophy of Future Leadership* (Munich: SZ Scala GmbH, 2022) を参照。https://www.kearney.com/sustainability/the-sustainability-chessboard（2023年3月15日アクセス）に無料のオンライン要約がある。

4　ヨーダは、Jude Watson, *The Mark of the Crown* (*Star Wars: Jedi Apprentice, Book 4*) (New York: Scholastic, 1999), p. 13 から引用。

謝辞

　最後に、執筆をサポートしてくれた我々の同僚たち、共同著者たちに深く感謝したい。あなた方の献身と洞察なくして本書の完成はあり得なかった。

　特に、グローバル・バリューチェーンに関する世界的な専門家であり、世界経済フォーラムと KEARNEY のパートナーシップから得られた知見を共有してくれたペア・ホン（Per Hong）に感謝したい。

　本書は、KEARNEY の数百名のコンサルタントの専門知識と深い考察の賜物であり、その多くは注記にて引用されている。特に、本書の作成に継続的に尽力してくれた以下の方々に感謝の意を表したい。

　マルクス・ベイバル（Markus Vejvar）：我々が締め切りを守り、本書の当初のビジョンに忠実でいられるよう、出版プロセスを最初から最後まで管理してくれた。

　ジョン・クレイトン（John Clayton）：我々の言葉を一段と洗練させ、表現の一貫性を維持できるよう、尽力してくれた。

　ヘイリー・ダンブラック（Haley Dunbrack）とグローバル・マーケティング・チーム：本書の出版とマーケティングをサポートしてくれた。

　アレックス・リュー（Alex Liu）：彼の模範的なリーダーシップと情熱、そして KEARNEY の未来についてのビジョンに感謝する。

　ゲイル・オルセン（Geir Olsen）：戦略オペレーションに対する彼の長年にわたる指導と献身に感謝する。

　デビッド・ヘンプランド（David Hanfland）、アルジュン・セティ（Arjun Sethi）、ボブ・ウィレン（Bob Willen）：彼らのリーダーシップと継続的な助言とサポートに感謝する。

　ドミニク・ハリス（Dominique Harris）、ベス・ボビス（Beth Bovis）、および LCO プラクティス（リーダーシップ・変革・組織）のメンバー：働き方の未来、組織の多様性についての深い視点を提供してくれた。

バラタ・カプア (Bharat Kapoor)、ドミニク・ライジンガー (Dominik Leisinger) と PERLab チーム：製品デザインとエンジニアリングの観点から、深い洞察と多くの事例を提供してくれた。

ケイティ・トーマス (Katie Thomas) と KEARNEY Consumer Institute (KCI) チーム：消費者についての深い洞察、またそれをビジネスに生かすためのオペレーティングモデルについて貴重な見識を提供してくれた。

ルパウ・デーシムク (Rupal Deshmukh) と KEARNEY Supply Chain Institute (KSCI) チーム：彼ら彼女らの経験とアイデアが、本書のビジョンを心強く支えてくれた。

グローバル・インダストリー・プラクティスの責任者であるリアノン・トーマス (Rhiannon Thomas)、ジョン・ウォルフ (John Wolff)、ニコライ・ドッバーシュタイン (Nikolai Dobberstein)、マイケル・J・ワイズ (Michael J. Wise)：各業界におけるオペレーションの未来について、的確なフィードバックと幅広い情報を提供してくれた。

ダニエル・ステンゲル (Daniel Stengel)、ファクトリー・オブ・ザ・イヤー・チーム：本書で取り上げた「現場からの」事例、特にラショナル社のサプライ・チェーン・マネジメントとスイス・ツークにあるシーメンス社のスマート・ファクトリーの事例を提供してくれた。

アンドレアス・カルテンブルンナー (Andreas Kaltenbrunner)、マクシミリアン・マクリンガー (Maximilian Merklinger)、サード・ファルハッド (Saad Farhad)：本書の最初の公開記事作成におけるサポートに感謝する。

トム・アダムス (Tom Adams)、ジュリアン・L・モーガン (Julian L. Morgan)、ミシェル・プトニック (Michel Putnik)、ジョセフ・ロージング (Joseph Rosing)、AWS (Amazon Web Services) チーム：サポートに感謝する。

スティーブ・メールトレッター (Steve Mehltretter)、ロバート・クロモザー (Robert Kromoser)、ファビアン・ジークリスト (Fabian Siegrist)、ギリス・ヨンク (Gillis Jonk)、トビアス・ルー (Tobias Lewe)、マーカス・ウェーバー (Marcus Weber)、ヤング・ハーン・コー (Young Han Koh) をはじめ、本書のアイデアについて議論し、関連するクライアントのプロジェクト経験を共有してくれた多くの方々に感謝する。

何百ものクライアント・プロジェクト実績を通じて、本書のベースとなる KEARNEY の知見と経験を形成したグローバル・戦略オペレーション・プラクティス (SOP) のリーダーシップ・チームに感謝したい。

メスート・コルハン・アカー（Mesut Korhan Acar）、ラーフル・アナンド（Rahul Anand）、ベンチ・アルン（Venky Arun）、イェンス・ベーア（Jens Behre）、ジョン・ブラスコヴィッチ（John Blascovich）、マリーナ・カティーノ（Marina Catino）、ジェシー・R・チャーフィン（Jesse R. Chafin）、ニティン・チャンドラ（Nithin Chandra）、マーク・R・クラウズ（Mark R. Clouse）、アナ・コンデ（Ana Conde）、イムラン・ダス（Imran Dassu）、レムコ・デ・ブルーイン（Remko de Bruijn）、デニス・キップ・ダウディン（Dennis Kip Dowding）、ウィリアム・J・ダフィー（William J. Duffy）、チン・F・エング（Chin F. Eng）、カイ・エンジェル（Kai Engel）、アザズ・ファルーキ（Azaz Faruki）、ジョン・ポール・フィオレンティーノ（John Paul Fiorentino）、ブノワ・グジョン（Benoit Gougeon）、デーブ・ゴワンス（Dave Gowans）、プラシャント・グプタ（Prashant Gupta）、パトリック・ハイシャー（Patrick Haischer）、濱口典久（Nori Hamaguchi）、ロブ・ハリス（Rob Harriss）、ケイト・ハルト（Kate Hart）、レネ・ヘラー（Rene Heller）、シッド・ジェイン（Sid Jain）、ヴィカス・コウシャル（Vikas Kaushal）、アンティ・カウトバーラ（Antti Kautovaara）、アルン・コーチャル（Arun Kochar）、小崎友嗣（Tomo Kozaki）、オレーグ・コズレンコ（Oleg Kozyrenko）、レムコ・クロース（Remco Kroes）、スミート・ラドサーンギカー（Sumeet Ladsaongikar）、ロビン・レムケ（Robin Lemke）、ブルックス・A・レバリング（Brooks A. Levering）、アダム・リー（Adam Li）、シルバーナ・L・リシュナー（Silvana L. Lischner）、ディパンカー・マガンティ（Dipankar Maganty）、フェデリコ・マリスコッティ（Federico Mariscotti）、アンドレアス・マイアー（Andreas Mayer）、マルコス・マヨ（Marcos Mayo）、スミット・ミトラ（Sumit Mitra）、スジート・モラル（Sujeet Morar）、シャキル・ナトゥ（Shakil Nathoo）、ケイトリン・オキーフ（Caitlin O'Keefe）、ガウラフ・パルマ（Gaurav Parmar）、ジム・ピアース（Jim Pearce）、ナイジェル・ペケンク（Nigel Pekenc）、ヘイマンス・ペイェイティ（Hemanth Peyyeti）、ヤロスラフ・ポジアドロ（Jaroslaw Podsiadlo）、フィリップ・ラウエン（Philip Rauen）、エンツィオ・ラインク（Enzio Reincke）、エンリコ・リッツォン（Enrico Rizzon）、インゴ・シュロータ（Ingo Schroeter）、ジェフ・セクストン（Jeff Sexstone）、サブラマニアム・パジュヤヌール・シャンムカン（Subramaniam Pazhayanur Shanmukham）、ジョン・ソング（John Song）、ベリカ・ナレンドラ・ソンタリア（Balika Narendra Sonthalia）、イーヴ・シル（Yves Thill）、パトリック・バン・デン・ボッシュ（Patrick Van Den Bossche）、ジョス・ヴァン・イヴァルデン（Jos Van Iwaarden）、ヘンニング・

ウォチェンドルフ（Henning Wachtendorf）、ファブリス・ヴァグナー（Fabrice Wagner）、ジェーン・ウォンクリン（Jane Wanklyn）、フィリップ・ウェセリー（Philip Wessely）、チー・チュウ・ウォン（Chee Chiew Wong）、キート・ヤップ（Keat Yap）、ファビオ・エイジ・ヨシトメ（Fabio Eiji Yoshitome）、そして、マイケル・W・ジマーマン（Michael W. Zimmerman）。

ワイリー（Wiley）社のみなさま、特に本書の出版契約を締結してくれたリチャード・ナラモア（Richard Narramore）、本書を積極的に支援してくれたザッカリー・シズガル（Zachary Schisgal）、執筆を監修してくれたベンカスタブラマニアン・チェリアン（Venkatasubramanian Chellian）、開発編集をしてくれたクリスティ・ベネット（Kristi Bennett）、校正を担当してくれた スーザン・ギャーリー（Susan Geraghty）、ソフィア・ホウ（Sophia Ho）に感謝する。

最後に、本書の原稿にフィードバックとお墨つきを与えてくれた多くのクライアント、同僚、友人、パートナーのみなさんにも、深く感謝したい。

監訳者あとがき

　原著のコンセプトの由来は KEARNEY というファームの発端までさかのぼる。我々の創業者であるアンドリュー・トーマス・カーニー（A.T. カーニー）は、他のパートナーたちとともに、1926 年に米国シカゴでコンサルティングファームを創業した。主に製造業のクライアントに対して、調達・生産・物流といった、今ではサプライチェーンと呼ばれる機能の、高度化と効率化を支援していたのである。1935 年には、戦略を重視したマッキンゼーと分社化し、よりオペレーションを重視する A.T. カーニーというファームが生まれた。つまり、KEARNEY というファームには、創業の時点から、サプライチェーン変革を通じた「目に見える成果」を重視する文化が根づいている。

　サプライチェーンを取り巻く環境は変わり続けている。特にここ 20 年の変化は、安定的な供給環境において効率的なオペレーションを求められた時代から、不安定で変わりやすい環境をどう察知・認識してオペレーションを適応させるかが優先される時代への変化であったと総括できる。このような環境で「目に見える成果」を出し続けるためには、危機が起こった後で対応するのではなく、事前に備えるための投資をしておく必要がある。これが本書を貫くレジリエンスの思想である。

　これは、狭義の投資、つまりサプライチェーンの能力増強のための設備投資だけを意味しない。本書で述べてきたような、業務プロセス設計、組織体制の見直し、スキル育成、カルチャー醸成、パートナーシップ構築といった広義の投資を含む。外部環境が変わったときの既存のサプライチェーンのパフォーマンスを冷静に測定し、いざ危機が発生したときの業務プロセスを事前につくり、周知し、サプライチェーン単独ではなく事業オペレーションや財務計画の各チームと一緒に資金配分とそのプロセスを決めておく。こういった構えをつくるための一連のプロジェクトが必要である。

我々は、不安定で予測困難な世界に立ち向かうための処方箋を長年のコンサルティング経験の中で培ってきたが、これをより多くの組織に浸透させて、地球の資源をより有効に価値と成長につなげるには、サプライチェーンに関わるすべての人々が、「レジリエンス」の意味を理解し、日々の活動に落とし込んでいくべきだと考えている。これが、本書に込めた執筆陣の思いである。

　今回の日本語版の発刊においては、日本企業に固有の事業環境や典型的な問題に合わせるために、若干のカスタマイズを施したものの、原著のコンセプトはそのまま踏襲している。

　監訳者が実務者として日本企業と日々接しながら感じるのは、コロナ禍のあとに企業の進む道が2つに分かれたということである。それは、レジリエンスの重要性に気づき新しい考え方で事前投資する道を選んだ企業と、危機をいったん乗り越えたあとは従来の事後的リスク緩和型の行動様式に戻ってしまった企業である。

　2つめの道、つまりレジリエンスに対する従来型のアプローチには、深刻な欠陥がある。これらの企業は、サプライチェーンの混乱後にレジリエンスに多額の投資を行い、次の危機まで問題にほとんど注意を払わないというパターンをたどっている。サプライチェーンを保護するこの事後対応的な方法は、破壊的なイベントが発生するリスクを軽減しようという考え方に基づいている。しかし、繰り返し述べてきたように、それだけでは真のレジリエンス、つまり混乱発生後にできるだけ早く回復する能力を生み出すには不十分である。より効果的なアプローチは、リスクではなく結果、つまり、サプライチェーンの混乱に係るコストではなく、逆境が発生した際にも業務を維持することで顧客や社会に価値を出し続けることに焦点を当てるべきなのである。

　ひとつめの道を選んだ企業もある。例えばある日系大手メーカーは、サプライチェーン全体において手作業でデータをつないだり分析したりする手間をひとつひとつ棚卸しして、それらをITシステムやAIによって自動化する一大プロジェクトに取り組んだ。結果として、今までの実に半分の人員数で、かつ、より全体最適なオペレーティングモデルをつくりつつある。ただし、目的は人減らしやコスト削減ではない（そもそも日本ではよほどのことがない限り大規模解雇はできない）。そうではなく、浮いた人員によって、バックアップとなる原材料サプライヤーの調査や事前審査をしたり、通常時から複数サプライヤーからの調達を

することによるサプライヤー管理に要する工数に充てたり、あるいは、いざというときの製造ラインへの原料投入の切り替えプロセスを設計したりできる。また、「スキルの経済」を成立させるために、通常業務を離れて、レジリエンスの概念と業務のあり方を教育するための研修プログラムを開発・実行することにも人員を充てることができる。つまり、将来のレジリエンスに備えることができるのである。

　監訳者は、島国であり資源に乏しく、しかも市場として成熟しつつある日本に存在する企業が、その競争力を高めるためのカギのひとつは、グローバルサプライチェーンにあると考えている。また、その際のキーワードが「レジリエンス」であると信じている。本書では、レジリエンスという考え方と、具体的なアプローチについて、豊富な事例を交えながら解説した。ただし、それを実現するためには、本書で書き切れなかった、データ経営やチェンジマネジメント等についても論ずる必要があるだろう。それらについても、KEARNEY の「最強」シリーズとして、および各種の論考という形を通じて、世に問うていきたいと考えている。

　最後に、本書が、日本企業にとって「最強のサプライチェーン」を築き上げる一助になること、また少なくとも、レジリエンスについて個々人が考え始めるきっかけになることを祈っている。

2024 年 12 月

濱口　典久

索引

【A ～ Z】

A.P. モラー・マークス社 ················ 70
A9 ····························· 47–48
ACM ····························· 169
AGV ····························· 67
AI ························· 68–69, 73, 77
Airbnb ······················· 74–75
AMR ····························· 67
AWS ························· 70, 173
BOM ····························· 23
Boohoo.com ····················· 38
CCUS ························· 85–86
CEO ··············· 24, 51–52, 76
CFX ························· 92–93
ChatGPT ························· 76
CIO ····························· 162
CMO ····························· 40
COO ····························· 8
COP26 ····························· 82
CPO ····························· 24
CSCO ····························· 40
CXO ························· 40, 57
DEI ········· 54, 61, 146, 185–186, 193
DHL 社 ····························· 94
DTC ························· 126, 140
DtV ························· 40, 132–133
EBITDA ························· 8, 102
ESG ················· 53, 83, 179
EVP ····························· 55
GHG ····························· 84
GRI ····························· 82

H&M ························· 36, 92
HI ························· 69, 77
IoT ············· 68–69, 73, 76, 165
KPI ····························· 163
LEGO ····························· 41
LkSG ························· 97, 119
ML ····························· 68
NFT ····························· 213
NIKE ····························· 70
NPRR ························· 116–117
Primark ························· 36, 38
QR 商品 ························· 143
Raas ····························· 67
RFI ····························· 111
RFP ························· 111–112
RFID ············· 70, 111–112
ROI ················· 90, 183, 186
S&OP ························· 24, 102
SAP ビジネス・ネット・ディスカバー
························· 110
SBTi ····························· 84
SBTs ····························· 82
SBV ····························· 184
SDGs ····························· 82
SKF ····························· 73
SKU ················· 41–42, 132–133
SRM ························· 22–23
Topshop ························· 36
Uber ····························· 74
UPS 社 ····························· 148
VUCA ························· iii, 12
WES ····························· 68

ZARA ……………………………… 36-37

【あ行】

曖昧性 ……………………………… iii
アイルランド銀行 ………………… 151
アジャイル ………………………… 40
アジリティ ……………………… iii, 55
アップル社 ……………… 25-26, 85
アパレル産業 ……………………… 35
アマゾン ……………………… 47, 160
アマゾン・ウェブ・サービス … 70, 173
アマゾン・フォーキャスト・サービス
……………………………… 47-48
アルコア社 ………………………… 185
アルゴリズム ………………… 79-80
アルチュリク社 …………………… 134
アンチェイン ……………………… 31
5つの方程式 ………………………… v
イベント駆動型アーキテクチャ … 162
インクルージョン ……… 54, 146, 185
インターネット・オブ・カウズ ……… 165
インテル社 ………………………… 224
ウーバー（Uber） ………………… 74
ウェアラブル ……………………… 73
ヴェジャ社 ………………………… 190
ウェハ ………………………… 19-20
ウェブクローリング ……………… 128
ウォルマート ………………… 6, 72
ウクライナ ……………………… 7, 21
ウノックス社 ……………… 135-136
ウルトラ・ファスト・ファッション ‥ 37-38
エアビーアンドビー（Airbnb） ……… 74
エクイティ ……………… 54, 146, 185
エクソンモービル社 ……………… 193
エコシステム ……………… 28, 175
エンド・ツー・エンド …… 25-27, 30-31
エンプロイー・バリュー・プロポジション
……………………………………… 55
屋内測位システム ………………… 68

オフショアリング ………… 8, 123-124
オペレーション …………… iv, 4-5, 8
オムニチャネル
……………… 13, 47, 136-140, 218
温室効果ガス（GHG） ……………… 84

【か行】

カーブラボー ……………………… 92
カイザーパーマネンテ社 …………… 210
カイリーコスメティクス …………… 126
学習能力 …………………………… 78
確証バイアス ……………………… 161
可視化 ………………………… 69, 221
カスタマー・ジャーニー ……… 44, 126
価値の源泉 ………………………… 22
カテゴリー・バイヤー ……………… 26
カラーポップ ……………………… 126
感情分析 …………………………… 128
緩和 ………………………………… 87
機械学習 …………………………… 68
気候変動 …………………………… 87
機敏性 ………………………… iii, 55
規模の経済 ………………… 59-60, 121
逆メンターシップ ………………… 61
90年代の通常状態
………… 199-201, 210, 213, 216, 218
競争優位性 ………………………… 121
クイックレスポンス商品（QR商品） …… 142
クラウドソース …………………… 40
グリーンウォッシング ……… 186, 188
グリーンハッシング ……………… 188
グレイブバレー・プロデュース社 … 136
クローガー ………………………… 139
グローバル・バリューチェーン ………… 4
グローバル化 ……………………… 10
グローバル経済 …………………… 6
クロスドック ……………………… 139
ゲーミフィケーション ……… 60, 151
権限委譲 …………………………… 27

コア・コンピタンス ……………………… 126
小売業 ……………………………………… 217
コールドチェーン ………………………… 208
コカ・コーラ社 ……………………… 88, 192
顧客 ………………………… 39-40, 43-44
顧客価値起点の設計 ……………… 135-136
顧客の声 …………………………… 125, 127
顧客への直接配送 ………………………… 126
コスラ・ベンチャーズ …………………… 67
コネクテッド・マニファクチャリング
………………………………………… 165
コボット …………………………… 77, 170
コンシューマー・エンド ………………… 47
コンテインジェンシープラン …………… 201
コンプライアンス違反 …………………… 53

【さ行】

ザ・ノース・フェイス ……………………… 92
ザ・リアルリアル ………………………… 91
サーキュラー・エコノミー ……………… 95
サーキュラー・ファッション・インデック
ス ……………………………………… 92
サーキュラリティ ……… 92, 95, 190, 193
サードパーティ・ロジスティクス・プロバ
イダー ………………………… 66-67
在庫管理単位（SKU） …………………… 41
再利用 ……………………………………… 95
サイロ ……………………………… 152, 154
サステナビリティ
……… 81-82, 86, 88, 94, 177-178
サステナビリティアワード ………… i, 185
サステナビリティビジネス価値 ……… 184
サプライチェーン ………………………… 4-5
サプライチェーン・デュー・ディリジェン
ス法 …………………………… 97, 119
サプライチェーン計画 …………………… 45
サプライヤー ………………… 22-24, 109
サプライヤー・フィットネス・プログラム
……………………………………… 23, 32

サプライヤー・リレーションシップ・マネ
ジメント ……………………………… 22
ザラ（ZARA）……………………………… 36
シーメンス ………………………………… 74
静かな退職 …………………………………… 7
自然言語処理 ……………………………… 128
自動化 ……………………………… 76-78, 80
自動車用半導体 …………………… 19, 67
シナリオ ……………… 197, 205, 221
シナリオプランニング …………………… 218
社会正義 …………………………………… 87
ジャスト・イン・タイム ………………… 79
需要 ……………………………… 45-46
需要感知 …………………………… 130-131
需要予測 ……………… 45, 130-131
循環型 ………………………… 92, 193
循環型経済 …………………… 189, 192
循環型ビジネスモデル ……… 193, 201
生涯学習 ……………………… 60, 151
消費財企業 ………………………………… 217
消費者直送 ………………………………… 66
情報提供依頼 ……………………………… 111
ジョンソン・エンド・ジョンソン社 … 169
自律移動ロボット ………………………… 67
信仰ベース ………………………………… 189
信頼関係構築 ……………………………… 25
スカウビー ………………………………… 110
スキルアップ …………………… 62-63
スキルの経済 …………………… 59-60
スコープ 1 ………………………………… 84
スコープ 2 ………………………………… 84
スコープ 3 …………… 84-85, 96, 179
ステークホルダー ………………………… 23
ステッチフィックス社 …………………… 147
スマート・マニュファクチャリング
…………………………… 165-166, 216
スマート生産プロセス …………………… 150
3D プリンター …………………………… 76
3D プリンティング ………… 73-74, 208
3PL …………………………… 66, 68

スレッドアップ ……………………… 91
成果報酬型 ………………………… 59
製造業 ……………………………… 214
製品設計プラットフォーム ……… 41
製品ポートフォリオ ……… 41, 127, 132
製薬業界 …………………………… 208
ゼネラルモーターズ社 …………… 92
センサー …………………… 165-167
先進ケース管理 …………………… 169
センス ……………………………… 13
センス・アンド・ピボット ……… 12
セントバード ……………………… 126
倉庫 ………………………… 65-68
倉庫管理システム ………………… 68
倉庫実行システム ………………… 68

【た行】

ダイバーシティ …………… 54, 146, 185
大量離職 …………………………… 7
タタハーパー ……………………… 126
脱炭素化 ………………… 81, 84, 96
多様性 …………………… 95, 148-149
弾力性 ……………………………… iii
地域分散型 ………………………… 29
チーム・オブ・チームズ ………… 150
チェーン …………………………… 28
地産地消 …………………… 29, 143
中古品ビジネス ………………… 91-92
挑戦 ………………………………… 222
調達チーム ………………… 26-27
提案依頼 …………………………… 111
ディーエイチエル社 ……………… 94
ティルブック ……………………… 110
データ ……………… 161-162, 221
データソース ……………… 173, 175
データマイニング ………………… 128
データメッシュ …………………… 162
データレイク ……………………… 163
適応 ………………………………… 87

適者生存
  …… 199-200, 202, 210, 213, 216, 219
テクノロジー業界 ………………… 212
デザイン …………………………… 94
デザイン・トゥ・バリュー（DtV）
  ……………………………… 40, 132
デジタル化 ………………………… 70
デジタルツイン …………………… 94
テスラ社 …………………… 20, 172
投資利益率 ………………………… 90
透明性 ………………… 69-70, 221
トゥラ ……………………………… 126
トップショップ …………………… 36
トピックモデリング手法 ………… 130
ドミナント戦略 …………………… 30
トヨタ …………………… 6, 21-22
トレーサビリティ ………………… 31
ドローン …………………… 68, 76

【な行】

ナイキ ……………………………… 70
長い冬 … 199-200, 209, 212, 215, 218
ニアショアリング ………………… 8, 14
二酸化炭素
  …… 82-85, 87, 101-102, 178-179
二酸化炭素の回収・利用・隔離（CCUS）
  ……………………………………… 85
ノーザン・パシフィック鉄道 ……… 116

【は行】

パートナーシップ ………… 114, 116-118
パートナーシップモデル ………… 224
パーパス …………………… 56-58
パーパス・ドリブン ……………… 56
廃棄物 …………………… 180-181
配送センター ……………………… 65
ハイネケン社 ……………………… 163
破壊的創造 ………………………… 223

弾み車 ……………………… 160
パタゴニア ……………………… 92
バックアップサプライヤー ……… 111, 181
バックアップ体制 ……………… 112
ハラスメント ……………………… 53
バリューチェーン ………………… 5
パンデミック ……………………… 7, 19
販売・オペレーション計画 …… 24, 102
ビジネスモデル ………………… 223
ピボット ……………………… 13
ヒムズ・アンド・ハーズ・ヘルス社
……………………… 210
ファクトリー・オブ・ザ・イヤー
……………………… 23, 74
ファスト・ファッション …… 36–38
フィードバック ……………… 146, 126
ブーフー・ドットコム ……………… 38
フェデックス社 ……………………… 5
フォード・モーター社 …………… 35, 92
不確実性 ……………………… iii
複雑性 …… iii, 41, 132, 134–135, 143
不足の経済 ……………………… 6
物流2024年問題 …………… ii, 6
部門横断 ……………………… 134
フライホイール ……… 160, 164, 226
プライマーク ……………………… 36
プラスチック包装 ……………… 101
ブルーアドバンテージ ……………… 92
ブルックフィールド・アセット・マネジメン
ト ……………………… 224
ブロックチェーン ……………… 70–72
分散型台帳 ……………………… 71
ベイン・キャピタル・リアル・エステート
……………………… 67
ペプシコ社 ……………… 185, 189
ヘリックス・スリープ社 ……… 41–42
ヘルスケア業界 ……………… 208
変動性 ……………………… iii
ポートフォリオ簡素化 ……………… 42
ポートフォリオの合理化

……………………… 132–133, 135
ホーム・デポ ……………… 139
ポカヨケ ……………………… 170
ボッシュマーク ……………………… 91

【ま行】

マークス社 ……………………… 70, 75
学ぶ組織 ……………………… 151
マルチローカル・サプライチェーン
……………………… 29, 141, 144
無線自動識別 ……………………… 68
メタバース ……………………… 213
メルク社 ……………………… 184
モジュラー・ポートフォリオ …… 134
モジュラー化 ……………………… 134
持つ者と持たざる者
……199–200, 203, 211, 214, 216, 219

【や行】

ユニリーバ社 ……………… 56, 192

【ら行】

ラーニング・ジャーニー ……………… 63
ラショナル社 ……………………… 23
ラストマイル・デリバリー …… 46, 83
ラストマイル／ファーストマイル ……… 46
ラストマイル物流 ……………… 218
ラックス・キャピタル ……………… 67
リーバイス ……………………… 92
リーン生産方式 …………… i, 36, 170
利益創出の鍵 ……………………… 10
リショアリング
……………8, 13–14, 28–30, 46,
122–124, 142–143
リスキリング ……………………… 129
リスクイベントデータ ……………… 176
リスクベース ……………………… 189

リバース・ロジスティクス ………… 46, 66

リビアン社 ……………………… 172–173

レゴ ………………………………… 41

レジリエンス
　………………… iii–iv, 3, 5, 8, 25, 54, 86

レジリエンス・ストレス・テスト ……… 13

レジリエンスのある人材 ……………… 53

レジリエンスの欠如 ………………… 21

レジリエント・オペレーション
　………………… 7, 11, 14–17, 81, 83

レジリエント・サプライチェーン … 22, 27

ロジスティックス ……………………… i

【わ行】

ワービーパーカー社 ………………… 13

ワール社 ……………………………… 93

●会社概要

KEARNEY

KEARNEYは、世界40カ国以上で5,300人以上の社員を擁する世界有数の経営コンサルティング会社である。我々は、フォーチュン・グローバル500社の4分の3以上、また最も影響力のある政府機関や非営利団体と一緒に新しい価値をつくり出している。

我々は、仕事そのものだけでなく、ともに働く人々から多くの喜びを得ている。1926年の設立以来、我々は世界中の組織から信頼されるアドバイザーとして、創業者アンドリュー・トーマス・カーニーが提唱した、「コンサルタントとしての成功は、私たちが提供するアドバイスの本質的な正しさと、それを権威ある人々に納得させる能力にかかっている」という原則を守り続けている。

KEARNEYは、組織的または地理的な境界こそ世界中にまたがるものの、一貫した価値観と文化をもつパートナーたちによって所有・運営されているファームである。我々は、クライアント、従業員、そして社会に対し変化を生み出すことを目指している。我々は5つのコア・バリュー（好奇心、寛大さ、大胆さ、連帯、情熱）にしたがい、実直で親しみやすいコンサルタントにより、短期的にも長期的にもクライアントに利益をもたらす革新的な仕事に情熱を注いでいる。

KEARNEYサプライチェーン・インスティテュート（KSCI）

数十年前、KEARNEYはオペレーション・コンサルティング・ファームの元祖だった。今日、その伝統はKEARNEYサプライチェーン・インスティテュート（KSCI）によって受け継がれている。KSCIは、グローバルなビジネスリーダーが戦略的なインサイトを得るためのサポートを提供している。KSCIの定期的な研究や大会には、毎年発表されるKEARNEYリショアリング・インデックス（Reshoring Index）、毎年の物流情勢レポート（State of Logistics report）、調達業務に対する表彰（Assessment of Excellence in Procurement）などが存在している。成長促進、コストの改善、サステナビリティ、またはレジリエンスといったトピックを問わず、KSCIはグローバル・バリューチェーンのトレンドを解明し、ビジネスリーダーがサプライチェーンの変革に取り組むための支援を行っている。

KEARNEYと世界経済フォーラム（WEF）のコラボレーション

KEARNEYと現在の世界経済フォーラム（WEF）との協力関係は1971年までさかのぼる。テクノロジーや環境問題に至るまで、多岐にわたる分野での協力を通じて、世界をよりよくするという我々のコミットメントを果たしている。コラボレーションによる近年の成果としては、「レジリエンシー・コンパス（The Resiliency Compass）」がある。これは、企業が将来の混乱を理解し備えるための包括的なフレームワークである。

KEARNEYのファクトリー・オブ・ザ・イヤー

KEARNEYは1992年以来、「ファクトリー・オブ・ザ・イヤー」と称し、製造業を対象とした世界で最も厳格なオペレーション評価を実施している。自動車、消費財（CPG）、ハイテク、鉱業、エレクトロニクスなどの業界における2,000以上の工場が、業界横断のベンチマーク指標を利用して、卓越したオペレーションの順位づけを行っている。パフォーマンスは、価値創造、経済性、品質、アジリティ、デジタル化、サステナビリティなど、100以上のベンチマークに沿って評価される。

KEARNEYのPERLab

KEARNEYのプロダクト・エクセレンス＆リニューアル・ラボ（PERLab）は、顧客が熱狂的に支持する製品をつくり出すことをサポートしている。デザイン起点のアプローチによって粗利益の改善を実現し、製品ライフサイクルのあらゆる段階における成長をサポートする。PERLabの専門家たちは、製品デザイン、製品開発、サステナビリティ、顧客体験、デザイン、IoT、消費者インサイト、製品エンジニアリング、パッケージデザイン、製造の優秀性など、幅広い分野から集結している。これら専門家たちは、クライアント組織が市場を変革し、競争をリードするためのサポートをしている。PERLabのスタジオはシカゴ、シュトゥットガルト、ベンガルールにあり、クライアントにはフォーチュン500企業からプライベート・エクイティまで多岐にわたる。

KEARNEYコンシューマー・インスティテュート（KCI）

KEARNEYコンシューマー・インスティテュート（KCI）は、今日のビジネスの課題や機会に対し、消費者第一の視点や経験を通じた評価を行っている。消費者の立場で考えることにより、今日起きている消費者革命を分析する。KCIは、世界中の消費者行動やインサイトを分析し、消費者のニーズに応える「顧客価値」を生み出す方法について議論を導き、最終的にはアクションをうながす。KCIの消費者中心のアプローチでは、流行や消費者コミュニティ、利便性、ロイヤリティ、サービス、価格、製品開発、技術などのトピックについて、新しく、シンプルで明確、かつわかりやすい議論をリードしている。

●著者紹介

スケットゥ・ガンジー (Suketu Gandhi)

KEARNEYの戦略オペレーション・プラクティスの共同グローバルリーダー。シカゴオフィスに拠点を置き、幅広いオペレーションに関する業界のリーダーであり、専門家として認識されている。特に、エンド・ツー・エンドのサプライチェーンに重点を置いている。「私は、特にサプライチェーンの再設計に最も注力し、これは成長、コスト削減、レジリエンス、サステナビリティの4つすべてに変化をもたらすものです」と彼はコメントしている。「その効果を最大にするための鍵は、人間の知恵、AI、そして自動化を組み合わせることであり、グローバルなオペレーションがどのように機能するかを深く理解することにあります」。スケットゥのオペレーションに対する情熱は、彼のキャリアの初期、ある小売業者での勤務経験に由来する。彼は、優れたサプライチェーンとオペレーションが顧客価値の提供に不可欠であるとすぐに認識し、オペレーションのすべての側面を習得しようと決心した。現在、彼はこの知見を消費財および小売業界のクライアントに対し活用している。あるエンド・ツー・エンドの変革プロジェクトでは、彼のチームがクライアントにこうした成長をもたらし、ほぼ2桁のコスト削減を実現した。スケットゥは、『ハーバード・ビジネス・レビュー』『MITスローン・マネジメント・レビュー』『ウォール・ストリート・ジャーナル』などのメディアで、オペレーション変革に関する記事や論文を頻繁に掲載している。

マイケル・F・ストローマー (Michael F. Strohmer)

KEARNEYの戦略的エンド・ツー・エンド・オペレーション、調達変革、サステナビリティのエキスパート。ウィーンを拠点とし、2001年にKEARNEYに入社。KEARNEYでは、戦略オペレーション・プラクティスの共同グローバルリーダーおよび調達部門のリーダーとして、サステナブルな調達に関する専門チームのスポンサーを務めている。マイケルは、主にM&A後の統合プロセス (PMI) やプライベート・エクイティ主導の分社化に関するプロジェクトを幅広いグローバルクライアントと共に進めてきた。主にプライベート・エクイティに焦点を当て、消費財・ラグジュアリー、自動車、防衛、オペレーションなどを取り扱っており、地域としてはヨーロッパ、アジア、アメリカが中心である。調達の専門家としては、特に原材料、大規模な設備投資、調達における破壊的な手法に取り組んでいる。マイケルはまた、*The Purchasing Chessboard, The CPO, Supplier Relationship Management, Disruptive Procurement* などの著書の共著者でもあり、特に未来のオペレーションについて、多くのCxO (経営幹部) によって信頼されるアドバイザーである。彼はオーストリアの山間の村で、自然に囲まれた生活を送っている。

マーク・ラクナー (Marc Lakner)

KEARNEYのドイツ、オーストリア、スイス担当マネージング・ディレクター、

およびヨーロッパのリーダーシップ・チームのメンバー。オーダーメイドのミッションクリティカル・ソリューションを開発し、クライアントの導入をサポートする。変革プログラムの開発、ハイレベルな業績改善、組織・業務モデル設計プロジェクトの実施など、主に工業製品の製造業界のグローバルクライアントのために、日々奔走している。加えて、デジタル・マニュファクチャリング、インダストリー4.0、サプライチェーン管理、革新的な材料コスト削減の専門家でもある。また、長年にわたりKEARNEYファクトリー・オブ・ザ・イヤーのグローバルスポンサーおよびホストを務めてきた。

ティファニー・ヒッカーソン (Tiffany Hickerson)

KEARNEYの戦略オペレーション・プラクティスのパートナー。20年以上の業界およびコンサルティング経験をもち、調達の価値創出、ESG（環境・社会・ガバナンス）、組織設計、能力開発に焦点を当てた大規模な変革をリードすることで知られている。クライアントに対する価値提供に加え、ティファニーはリーダー、相談アドバイザー、メンタルヘルスの大使、そしてBlack@KEARNEYコミュニティのスポンサーでもある。ティファニーは、『コンサルティング・マガジン』から「新興リーダー」として、『ダイバーシティMBAマガジン』から「50歳未満の新興リーダー100人」の1人として、また『ワーキング・マザー・マガジン』からは「KEARNEYのワーキングマザー・オブ・ザ・イヤー」として選ばれている。シカゴオフィスに拠点を置き、2人の息子の母親でもある。

シェリー（シャオチン）・ホー (Sherri (Xiaoqing) He)

KEARNEYグレーターチャイナ・ユニットのマネージング・ディレクター、およびグレーターチャイナにおける消費財・小売プラクティスのトップを務めるグローバル・パートナー。20年以上のコンサルティング経験をもち、多国籍企業や中国の現地企業のうち、消費財、小売、プライベート・エクイティ、その他の業界を担当してきた。専門分野には、戦略、デジタル変革、eコマース、小売、営業・マーケティング、業務改善、M&A/PMI、組織変革などがあげられる。2022年には、『コンサルティング・マガジン』から「卓越したクライアントサービス」賞にノミネートされた。

●監訳者紹介

濱口 典久（はまぐち　のりひさ）

KEARNEY戦略オペレーション・プラクティスの東京オフィスのリーダー。キャリアの初期に、プライベート・エクイティの投資先である外食チェーンの再生を支援した経験から、戦略にとどまらずオペレーションまで一貫した計画と実行の重要性に気づいた。その後、食品・飲料、ファッション・アパレル、日用品、一般・専門小売、外食チェーン、サービス業といった、消費者との接点に位置するビジネスに軸足を置き、事業会社およびプライベート・エクイティのクライアントを支援している。サプライチェーン、営業、マーケティング、プライシング、バックオフィスの戦略策定からオペレーション支援、およびそれらを可能とするためのデジタル変革や組織変革を通じて、企業の成長と利益創出のためのアドバイスをしている。科学的な経営手法を現場まで落とし込み、「目に見える成果」を出す仕事を信条としている。

最強のサプライチェーン
VUCA時代を勝ち抜く　レジリエンスを高める5つの方程式
2025 年 1 月 28 日発行

著　　者——スケットゥ・ガンジー／マイケル・F・ストローマー／マーク・ラクナー／
　　　　　　ティファニー・ヒッカーソン／シェリー・ホー
監訳者——濱口典久
発行者——山田徹也
発行所——東洋経済新報社
　　　　　〒103-8345　東京都中央区日本橋本石町 1-2-1
　　　　　電話＝東洋経済コールセンター　03(6386)1040
　　　　　https://toyokeizai.net/
装　　丁………竹内雄二
ＤＴＰ………村上顕一
製　　版………朝日メディアインターナショナル
印　　刷………TOPPANクロレ
編集担当……黒坂浩一
Printed in Japan　　　　ISBN 978-4-492-55143-1

　本書のコピー、スキャン、デジタル化等の無断複製は、著作権法上での例外である私的利用を除き
禁じられています。本書を代行業者等の第三者に依頼してコピー、スキャンやデジタル化することは、
たとえ個人や家庭内での利用であっても一切認められておりません。
　落丁・乱丁本はお取替えいたします。